東西学術研究所研究叢書第７号
近世近代日中文化交渉（日中移動伝播）研究班

東アジア圏における文化交渉の軌跡と展望

井上克人 編著

関西大学
東西学術研究所

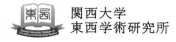

はじめに

主幹　井上克人

本書は、関西大学東西学術研究所「近世近代日中文化交渉（日中移動伝播）研究班」の平成二十八年度から平成三十年度に渉る三箇年の各研究員、客員研究員および非常勤研究員の研究成果を収載した論文集である。当研究班の前回の研究成果報告書は『近世近代日中文化交渉の諸相』というタイトルで上梓したが、今回は新たに『東アジア圏における文化交渉の軌跡と展望』と題して各研究員の研究成果を報告することになった。当研究班が開設された経緯については、前著で紹介したので、本書では省略する。

当研究班は、前期（平成二十五年度〜平成二十七年度）に引き続き、東アジア圏における近世近代の文化交渉の様態に研究の対象を限定し、どのような情報がどのような人々によってどのようなプロセスを経て伝播したのか、さらに伝播した情報がいかなる文化的影響を引き起したのかに着目して、文化事象相互の比較研究を行うことを目的とし、各研究員のそれぞれの専門分野に立脚しながら、近世近代における東アジア圏の文化交渉の俯瞰図の一部を構築することをめざしてきた。

本書は三部門に分かれる。（1）歴史部門、（2）芸術部門、（3）哲学・思想部門である。各部門に於いて研究員、客員研究員、非常勤研究員がそれぞれ自らの三年間に渉る研究成果を投稿したものだが、非常勤研究員の論文はすべて、研究員によって綿密に査読されて採択されたものであることを断っておきたい。ここで各論稿の概略を紹介しておきたい。

【歴史部門】

藤田髙夫「ナショナルヒストリーとグローバルヒストリーの間」

近年の歴史学会では、「海域アジア史」、「東部ユーラシア史」など、「広域史」の模索が活発に行われており、「東アジア史」もそうした「広域史」の一つである。同時に、さらに広汎な事象を視野に収めようとする「グローバルヒストリー」が提唱される一方で、近代国民国家の成立以来の「ナショナルヒストリー」の意義を再認識する言説も登場している。本論文では、こうした歴史学会の動向の中で、「東アジア史」という枠組みはどのような歴史叙述を志向し、どのような意義を持ちうるのかを、現実の学術状況を踏まえて検討したものである。

松浦章「清代長蘆塩商王世棨と日本銅貿易」

清朝政府は、清初から貨幣政策として、明代からの制度を受けて秤量貨幣としての銀両と鋳造貨幣である銅銭との二種を使用していた。とくに銅銭の原料となる銅は、国内の雲南から産出される滇銅か、その他に日本から輸入される洋銅が、鋳造貨幣の主要な原料となっていた。その洋銅を調達した長蘆塩商に王世棨がいる。

王世棨は、清の乾隆四十八年、日本の天明三年（一七八三）以降から乾隆五十三年、天明八年（一七八八）まで、舊商范清濟を引き継いで日本から銅を調達する事業に従事し、輸入した日本銅を中国国内の直隷・陝西・湖北・江西・浙江・江蘇六省に輸送する業務をおこなった。本論文では、王世棨が鼓鑄用の洋銅すなわち日本銅を、長崎から中国へ輸入する貿易業務に関与した状況について論じたものである。

熊野弘子「岡本一抱『医学三蔵弁解』における情志――現代中医学と比較して」

情志とは、外界からの刺激によって惹起される怒・喜・思・憂・悲・恐・驚といった情動反応の意である。古来、情志の失調による病は認識されてきた。本論文では、江戸時代を代表する医家である岡本一抱の『医学三蔵弁解』を取りあげ、日本における中国医学の受容と展開を見ることによって日本と中国における現在と近世とを比較考察したものだが、情志の失調による病において、各情志に関連するそれぞれの五行・臓腑や、各情志がトリガーとなって起こるそれぞれの気機の詳細を見つつ、岡本一抱の診療理論の核心を探っている。

中村朋美「ロシアからみた日本の外国貿易——一八一七年にロシアで出版された書物『日本および日本貿易について』——」

本論文は、一八一七年にロシアのサンクトペテルブルクで出版された『日本および日本貿易について』に着目し、十九世紀初頭、ロシアでは日本の外国貿易についてどのような知識が蓄積されたのかを論じている。まず著者と目されるコロトゥィギンが元日本人の漂流民であり、イルクーツクで日本語教師として名をはせたことを述べ、次いで、当書物が出版された時代背景を明らかにしている。続いて、当書物が依拠した情報源に触れつつ、当書物が語る日本のオランダ貿易と中国貿易の内容、特に輸出・輸入品目を紹介した上で、当時ロシアが通商関係構築を期待した日露貿易に関して有望視した輸出・輸入品目を明らかにしている。これにより、当書物はロシアの首都サンクトペテルブルクで出版されたものの、イルクーツクを中心とするシベリア商人らがシベリア経済を計画の中心に据えて、長崎での外国貿易の情報を活用しようとしたことで生まれたことを明らかにした。

陶徳民「明治末年に現れた三教会同と帰一協会の影響——西洋型の文明化を目指す有識者たちの新たな努力」

「明治」から「大正」に改元された一九一二年七月三〇日前の半年間に、日本の宗教界に二つの重要な動きがあり、二月下旬に開催された神仏耶三教会同と、六月二〇日に発足された帰一協会であった。三教会同は一過性の会合とはいえ、それまで非公認となっていたキリスト教をも含む宗教界の総力を結集して徳育現状の改善と社会事業の推進に当たらせるという政策は、当時の西園寺公望首相、原敬内相と床次竹二郎次官が行った重大な決断だった。一方、一九四二年の事実上の解散まで三〇年間活動を続けていた帰一協会は当時の学界・財界・宗教界の大物によって結成されたシンクタンクであり、宗教的教育の導入による学校の徳育現状の改善などを図り（残念ながら、一九三五年以降の国内政治と国際緊張で実現できなかった）、大きい影響力を発揮した。

【芸術部門】

桑野　梓「近世彫刻史における黄檗彫刻とその展開――梅嶺道雪の活動と関連して――」

承応三（一六五四）年、隠元隆琦が来日し、寛文元（一六六一）年に京都・宇治の地に黄檗山萬福寺を開創した。黄檗派は、近世の日本の仏教界に中国臨済禅の正脈と明末の厳格な清規を伝え、大きな影響を与えた。もたらされた影響のひとつとして、中国式の伽藍配置や諸堂に安置する仏像彫刻があげられる。萬福寺に安置される彫像は、これまでの日本にはなかった独特なものであり、そのスタイルは「黄檗様」と呼ばれている。

隠元と共にあるいは隠元の後に来日した中国人僧の日本各地での活動によって、黄檗派の寺院は発展と展開をみせたが、その後、中国人僧の渡来数が減っていく中で、次世代としてその意志を受け継ぐ法系の日本人僧が活躍を見せはじめる。本論文で取り上げるのは、梅嶺道雪（一六四一～一七一七）という日本人僧である。梅嶺は出身地である肥前（佐賀）から近江（滋賀）、伊勢（三重）と活動地域を広げ、それぞれの地には梅嶺の開創になる寺院が多く遺っている。本論文では悉皆調査を実施した寺院を中心に、なかでもそこに遺される美術工芸品等に注目して、ひとりの日本人僧の活動と、かたち作られる「黄檗様」について、その一端を明らかにしたものである。

はじめに

豊田　郁「土田麦僊における中国絵画受容」

大正時代から昭和初期にかけて活躍した京都の日本画家土田麦僊（一八八七〜一九三六）においては、さまざまな西洋絵画から思想の感化を受け、手法を摂取したことが論じられてきたが、中国絵画の問題については深く言及されてこなかった。本論文では、第一に大正初期の風景作品における南画（文人画）の影響について、第二に昭和初期の花鳥画における宋元絵画の影響について、制作思想および表現技法を検討し、麦僊における中国絵画受容について考察している。それによって、麦僊における西洋近代絵画を媒介にした錯綜する中国絵画受容の一事例が明らかになった。

中谷伸生「岡倉天心（覚三）についての覚書――新伝統主義・ガンダーラ美術・西洋との対決――」

およそ数十年前から、世界はアジアの時代に入りつつある。従来、ほぼ一世紀にわたって大きな誤解を受け、過少に評価されてきた明治の思想家、岡倉天心（覚三）が、現在再び脚光を浴びつつある。天心に対する評価は、第二次世界大戦の終結に伴って、その思想が、軍部の植民地主義的支柱、あるいはスローガンになったとして批判的にみられ、危険な思想家として半ばタブー視された。また、晩年には日本中心の文化史観へと傾斜していったともいわれる。これについては、確かに、天心の思想にも批判されるような内容があったことも事実だが、「文化」と「政治・経済」の異なる内容をめぐって両者の解釈がしばしば混同され、大きな誤解を受けたことも事実である。究極的に考えると、こうした問題についての核心は、「アジアは一つである。（Asia is one.）」（『東洋の理想』）というよく知られた天心の言葉に帰結されるのではなかろうか。ただし、Asia is one. という言葉は、さまざまに解釈されることから、その真意を読み解くことは、今なお、かなり難しい。

本論文は、以上の問題提起を踏まえて、①「新伝統主義」の概念、②インドのガンダーラ美術成立の問題、③

西洋文化との対決、の三つを柱にして、天心をいかに理解すればよいか、という問いに答えたものである。この思想家については、危険だと感じさせるだけの大きな魅力がある。天心の思想は、時期的にも大きく変化している部分があり、その振幅はあまりにも大きい。注意しなければならないのは、部分的な主張を恣意的に採り上げて礼賛することや、また批判することを控えねばならないことであろう。天心を理解しようとすれば、枝葉に拘泥せずに、幹としての骨格をしっかりと把握することであろう。そうした場合にのみ、その大きな功績の全体像が姿を現すにちがいない。

【哲学・思想部門】

末村正代「鈴木大拙における「自由」と「創造」——『荘子』を手がかりとして」

本論文は、鈴木大拙（一八七〇〜一九六六）と中国とのつながりを紹介したものである。従来の鈴木の思想研究は、その仏教的側面を強調するものが多数であったが、実際には中国思想からの影響も色濃い。本稿では、鈴木がとりわけ重視した『荘子』への言及を著述に沿って確認しながら、鈴木の宗教思想の眼目である自由論・創造論との関連を検討し、その多様な思想的背景の一端を明らかにすることを試みている。自由論については、libertyやfreedomとは異なる漢語「自由」について必然や自然の概念を手がかりとしながら、また創造論については近現代社会への警鐘としてしばしば鈴木が言及した『荘子』の寓話「はねつるべ」を手がかりとしながら、鈴木の「自由」と「創造」の内実を考察している。

井上克人「近世日本における古典籍理解の解釈学的問題」

近世近代における日中文化交渉の実態を捉えるには、いわゆる中華の文化と正面から向き合った人々に焦点が向けられる。先ずは日中貿易の実務に当たった商人であろう。通商外交のパイプとなるのは公的には僧侶であったかも知れないが、実務に当たったのはもちろん商人である。中国貿易に携わる以上、中国知識も必要であろう。商人たちにとっては最新の中国事情に関する情報は欠かせぬものであったに違いない。彼らは当然、中国の書物に無知無関心ではありえなかった。しかし、商人や長崎通詞は自分の肌で中国人を知っていたとはいえ、中国文化を知っていたとは言えない。通詞の職は朱子学を知らずとも、漢詩が読めなくても務まったのである。

さて、本論文では、そうした商人による文化交渉ではなく、主として日本の近世における漢籍受容のあり方、とくに伊藤仁斎の古義学、荻生徂徠の古文辞学、そして漢籍ではないが日本の古典籍を独自に解釈した本居宣長の近代的学問方法を、ドイツ解釈学に照らし合わせて、それらの特質を探ってみたものである。

ところで日本においては、漢籍を読む場合、「素読」による音読が重視された。それは「黙読」による近代的・知性的な批判精神に則ったものではなく、いわば身をもってテキストを理解しようとする姿勢、言い換えれば「情念」で内容を把握しようとする学問姿勢である。徳川期の伊藤仁斎の古義学がその代表であろう。また荻生徂徠の古文辞学では、和訓に依拠せず、中国語の古語に習熟することによって中国の古典テキストをいわばテキストから語らしめるような解釈が重視された。本居宣長の古学も、後代の解釈に依拠せず、どこまでも古代の古語に付き従ってテキストを解釈しようとした。本論文は、こういう解釈学的視点から彼らの思想を考えてみたものである。

さて、今回このような纏まったかたちで刊行するに至ったが、一つお断りしなければならないことは、客員研究員の竹内洋教授が、加齢による体調不良が続き、論文の投稿を断念されたことである。教授はこの三年間の研究成果報告として論文執筆に意欲を示されており、また大変貴重なご研究内容であったので、研究班としてもその成果を楽しみにしていただけに、甚だ残念である。

最後に、わが研究班の合計六年に及ぶ長い研究活動において、研究所事務グループの奈須智子氏および赤井靖子氏には、いろいろと煩瑣な業務のお世話になり、細やかなご配慮をいただいた。ここに改めて心より感謝の意を表明したい。

令和二年二月吉日

関西大学東西学術研究所研究叢書
近世近代日中文化交渉（日中移動伝播）研究班

東アジア圏における文化交渉の軌跡と展望

目　次

Ⅱ【芸術部門】

Ⅲ【哲学・思想部門】

Ⅰ

【歴史部門】

ナショナルヒストリーとグローバルヒストリーの間

藤田高夫

一

「東アジア史」とは何か、そして今日の歴史研究において「東アジア史」はどのような意味を持ちうるか。本論は、こうした問いかけに対して、「東アジア」を講義題目に含む授業を学生に向かって行い、「東アジア史とはどのような歴史研究か」という問いに日々直面している立場からの、ささやかな思索のメモランダムである。(1)

そもそも「東アジア」という地域がどこを指すかは、自明のようであって実はそうではない。日本において、それが歴史的に形成され時代によって揺れ動くものであったことは、荒野泰典の的確な整理がある［荒野泰典二〇〇五］。荒野は西川如見の『増補華夷通商考』を手がかりに、近世日本が認識した東アジアの範囲を示唆している。それによれば、西川如見の対外認識は、「中華」、「外国」、「外夷」に大別され、「外国」（朝鮮・琉球・大寃・東京・交趾）は「国は唐土の外なりといえども、中華の命に従い中華の文字を用い、三教通達の国なり」としている。「中華」と「外国」に日本を加えた範囲が、今日の東アジアにほぼ重なることは了解できよう。(2) つまり、「東アジア」は近世以来の日本人が「外部」を認識する際の自然な現れであり、「日本から見た外の世界」という性格を色濃く有するものであった。

この一方で、「東洋」という言葉がある。言うまでもなく、もともとは中国で広東を通過する経線以東の地域を漠然と指す言葉であった「東洋」は、近代以降の日本においては「西洋」に対置する言葉として使われてきた。一九世紀末に、「西洋史」に対する歴史分野として「東洋史」が出現したことは、この言葉の含意の変化を明白に物語っている。(3)

この日本で生まれた「東洋史」が対象とする歴史空間と今日の「東アジア」の範囲との関係には実際にはかなりの懸隔があった。周知のように「東洋史」という学問分野が定着していく上で大きな影響力を有したのが、桑原隲蔵が中等教育の教科書として執筆した『中等東洋史』であった［桑原隲蔵一八九八］。この教科書はまもなく羅振玉の主催する上海・東文学社で『東洋史要』の書名で翻訳され、その序文は王国維が東文学社の教師であった藤田豊八による解説を翻訳したものである［羅振玉一八九九］。その中で藤田は次のように述べている。

そもそも古来より西洋各国はおのずから一つの歴史世界（原文は歴史団体）を形成し、それが今日の西洋文化となっている。我が東洋諸国もまたおのずから一つの歴史世界を形成し、東洋数千年の固有の文化となっている（筆者訳）。

藤田の認識では「東洋史」とは西洋史と並んで世界史の一半を構成するものであった。その意味では、これを「アジア史」と言い換えてもよいはずのものである。しかしながら、現実に桑原が著述した「東洋史」の範囲は、それとは異質のものであった。桑原は『中等東洋史』の総説で、次のように定義する。

東洋史とは、主として東方アジアに於ける、民族の盛衰、邦国の興亡を明かにする一般歴史にして、西洋史と相並んで、世界史の一半を構成する者なり。

ここでいう東方アジアとは、パミール高原を起点に、一辺を天山・アルタイ山脈、一辺を崑崙山脈として、東に広がる扇形の空間を指す。桑原は、アジアを「第一　東方アジア」「第二　南方アジア」「第三　中央アジア」「第四　西方アジア」「第五　北方アジア」という五つに区分した上で、次のように述べる。

東洋史は主として、東方アジアに於ける、古来の沿革を明かにすれども、亦同時に之と幾多直間接の関係ある、南方アジア及び中央アジアの沿革をも略述せざるべからず。北方アジアに至りては、気候寒烈にして、人煙も亦稀少、従うて東方アジアの大勢に、大関係ある事変の舞台とならず。西方アジアは、寧ろ欧洲の大勢と分離すべからざる関係を有するが故に、共に東洋史の範囲以外に在り。

ここで桑原は「東洋史」が東アジアを中心的な対象とする歴史であることを明言している。そこには東方アジアの歴史的展開に関連のある限りにおいて、中央アジア・南アジアが一部含まれるけれども、今日イスラム圏を形成する西アジアは切り離されている。ただ、桑原の北方アジアは主としてシベリア地域を想定しており、日本で「北アジア史」と呼ばれた領域、すなわち中国北方の草原地帯で展開した歴史は、桑原の「東洋史」の範囲に含まれており、そのことは「中等東洋史」の目次を一瞥すれば明かである。

要するに、誕生した頃の「東洋史」は東洋全般をひとし並みに扱うものではなく、日本を除いた東方アジアにおける歴史過程を対象とするもので、畢竟それは中国を軸として大陸で展開した歴史を扱うものになる。そしてそれは、近世の漢学の学問伝統を基礎に、漢文史料を主たるリソースとする中国史研究を軸とするものにならざるを得なかった。

二

今日の日本の学術体制では、東洋史のなかに北アジア史・中央アジア史に加えて、東南アジア史・南アジア史・西アジア史を含めることが通例である。西洋に対する東洋の諸地域がほぼすべて対象となっており、その意味では西洋史とならんで世界史を構成する本来の「東洋史」の姿に近づいているとも言える。(4)

しかしながら、現実にはこれら諸地域を包括して通時的・共時的に東洋の歴史を描くことはできていない。東洋諸地域の歴史は、いくつかの歴史世界に分節され、それぞれの歴史的展開が叙述されているのが現状である。これまで刊行された「東洋史概説」と題する書籍は、どれも一体としての東洋の歴史的展開を述べるものではなく、とりわけ近代以前の東洋をいくつかの地域圏・文化圏に分けて、それぞれの歴史を叙述するものである。試みに、大学での授業内容を公開シラバスなどで探ってみると、「東洋史」「アジア史」と銘打ちながらも、実際には「中国史」を軸に、その周辺諸国・諸民族の動向を概説するものがほとんどであることに気づく。実はこの枠組みは、桑原の『中等東洋史』のそれと基本的には同一なのであり、「東洋史」の枠組みはその誕生から一〇〇年以上の時間が経過してもなお、根本的には変わっていないという、見方によっては驚くべき状況にあると言えるのかも知れない。

東洋をいくつかの地域に分節して把握する視角が明確に現れたのは、おそらく上原専禄をリーダーとする世界史構想を具現化した歴史教科書の出現であろう［上原専禄編一九六〇］。この書は文部省の教科書検定で不合格となった教科書を出版したものであるが、世界史を叙述する全体構想に特色がある。この書は、世界が一体となって展開する世界史は一九世紀以降であり、それ以前の歴史はいくつかの文明圏が併存していたという認識のもとに、「第一部　東洋文明の形成とその発展」「第二部　西洋文明の形成とその発展」「第三部　西洋の近代化と世界」「第四部　現代の世界」という構成をとる。さらに第一部の東洋文明は中国文明・インド文明・西アジア文明に三分され、その並立について「これら三つの文明圏はそれぞれ独自の世界であり、各々の世界ごとに独自の歴史が展開された」と述べる。また「第一編」は「中国文明の形成とそれを中心とする東アジア史の展開」と題されている。ここですでに「東アジア史」という枠組みが明示されていることに注意すべきである。世界史教科書であるゆえに、日本史との棲み分けは不可避であったが、それについては以下のような説明がある。

われわれが東洋文明圏の歴史から書き始め、…東洋文明圏の中では「中国文明の形成とそれを中心とする東アジア史の展開」を最初に書きしるすことにしたのは、どういうわけであろうか。…それは、世界史を学ぼうとし、世界史を書こうとしているわれわれ日本人の歴史というものが、ほかならぬ東洋文明圏における歴史であったからである。それは、われわれの祖先たちがつくり出した日本文明が、中国を中心とした東アジア世界の歴史の動向のうちに形成されたものであるからである。

ここでは、日本文明が中国を中心とする東アジア世界の動向と不可分であることが強調されており、東アジア世界の歴史、つまり東アジア史のなかに日本の歴史が含まれることが前提であったことが了解される。

この認識を継承して、今日東アジア史を論じる上でのグランド・セオリーの一つとなっている西嶋定生の東アジア世界論が展開される。「冊封体制論」として定式化された西嶋説についてはすでに多くの分析や批判が行われていることもあり、ここでその内容を詳細に再吟味する必要はないであろう。ここでは東洋史の分節化という観点からの指摘にとどめたい。

西嶋説が想定する東アジアの空間的範囲は、中国本土・朝鮮半島・日本列島およびベトナム北部である。中国本土には、モンゴル高原やチベット高原は含まれていない。これは、西嶋が東アジア世界のメルクマールとして指摘した「漢字」文化の受容圏に他ならない。日本を東アジア世界に含めることを必須とする点では、伝統的な中国中心の外国史としての東洋史とは一線を画するものであるが、東洋史が東アジア世界の歴史的展開における重要な要素としてきた遊牧民族の活動は、西嶋説では位置づけを失うことになる。つまるところ、西嶋説は日本史を一国史研究の枠から解き放ち、東アジアの歴史的展開の中に位置づけることを志向するものであった。これを日本の歴史学界が必要とした要請と評価することもできようが、日本史を日本列島のなかで完結する営みとして捉えるのではなく、日本を含むより大きな構造の中に位置づけて理解すること自体は正しい。問題は、日本を位置づけるべき「大きな構造」が今なお実体の見えないところにある。

三

従来の東洋史あるいは東アジア史の枠組みに対して、近年二つの新しい構想が提起されている。「海域アジア史」と「東部ユーラシア史」である。

「海域アジア史」は、従来の歴史研究に対してきわめて挑戦的である［桃木至朗編二〇〇八］。中堅・若手の研究者を中心とするその構想は、「主戦場」という刺激的な言葉を用いて何を刷新しようとするかを明確に宣言している。編者の整理によれば、それは（1）「自国史」の刷新と「対外関係史」「海上進出史」、（2）「東洋史」「東西交渉史」「大航海時代史」の刷新と海域史、（3）近代史像の刷新と世界システム・アジア交易圏、となる。海のネットワークを研究対象とするため、時代的には九世紀から一九世紀初頭までをカバーすることになるが、この時代幅の設定には前近代と近代との間の懸隔・断絶を歴史学として超克しようとする意味も込められている。「海からの視点」によって、各国史を超えて全体像を把握しようとする試みの蓋然性は首肯できるものであろう。また刷新すべき課題も歴史学の直面する問題と直接に関わるもので、このチャレンジが「主戦場」での勝利を収めるならば、歴史学の革新をもたらす可能性を有している。問題は「海域アジア」の中身である。「入門書」として刊行された本書の執筆者は、多くが日本対外関係史、琉球史、東南アジア諸国史の研究者である。そのため本書が扱う海域は、アジア海域全体ではなくその東半分に留まっており、これについては生田滋が率直に違和感を表明している［生田滋二〇〇九］。そもそも「海」からの視点を導入することで、見えてくるものと見えなくなるものがあることは当然予想できるのであり、「海域アジア史」という枠組みも、東洋史あるいはアジア史の一つの分節化に他ならないという評価もありうるだろう。

一方「東部ユーラシア史」については、「海域アジア」のような明確な自己規定は見られないように思われる。(5) この枠組みを意識した研究を概観すると、日本の対外関係史研究者のほかに、北アジア史・中央アジア史の研究者、あるいはその地域の勢力と中国王朝との関係史を専門とする研究者が多いように感じられる。そうした研究者の間に「東部ユーラシア」の概念や範囲についての共通認識や合意はあるのだろうか。筆者の管見の限りでは、漠然とユーラシア大陸の東部というよりも、中国とその北方の二つの勢力が並立あるいは対峙する構図の該当する状況が前提とされているように見て取れ、その認識のもとにかつての中国史中心の東洋史の刷新を図っているように思われる。同時に、「東部ユーラシア史」はどうしても陸の歴史事象を中心とするものであり、近世以降比重が大きくなる「海域」を視野に入れての議論には、親和性が乏しいだろう。

ここで指摘しておきたいのは、「海域アジア史」「東部ユーラシア史」いずれにも共通するトーンが存在するという点である。それは極言すれば従来の東洋史に対する異議申し立てという色あいである。こうした新しい構想は、漢文史料（その多くは編纂史料）を主たるリソースとして、中国王朝を歴史展開の主語とし、それに関係する国家・民族を「周辺」ととらえることへの対抗軸の提示という方向性をもっているのではなかろうか。穿った見方かも知れないが、かつて伝統的中国史研究に対して「南方史」「塞外史」などと呼ばれた分野からの反撃という印象も拭えない。もちろん、その反撃が正当で建設的なものであることは承知しているのだが、それぞれが提起した枠組みがどのような要請に由来するのかを省察しておく必要はあるだろう。

いったい、「海域アジア史」にせよ「東部ユーラシア史」にせよ、それが歴史研究の枠組みとして有効性を持つからこその提起であろう。ただその枠組みは、特定の地域・個別の時代の把握に役立つことは確かだろうが、ただちに全体像の把握に見通しをもたらしてくれるものである保証はない。歴史事象のある部分を深く理解するのに適合的なフレームとして方法的に採用されているわけであり、その意味ではこれも一つの分節化と言えるのではないだろうか。

そうだとするならば、「東アジア史」はどのような適合性を持つであろうか。西嶋定生の東アジア世界論は、日本史の展開を世界史の中に位置づけるという方向性において適合的なものであった。それはおそらく朝鮮史の場合にも、中国東北部の勢力を視野に入れるならば妥当性を持つだろう。しかし中国史の展開においては必ずしもそうではない。草原と海をオミットしては、中国史の叙述は不可能だろう。つまり、現状での「東アジア史」は、東洋地域における歴史叙述の分節化の一つに過ぎないのであり、「大きな構造」となりえるかどうかは、なお不透明なままなのである。

四

次に歴史学界において近年大きな潮流となっているグローバルヒストリーとの関連で、「東アジア史」を考えてみたい。その際に格好の材料となるのは羽田正の業績であるが、ここでは近著『グローバルヒストリーと東アジア史』［羽田正編二〇一六］を採りあげる。そのなかで羽田はいくつかの重要な発言をしている。羽田は、歴史を語る単位となる人間集団や空間の恣意性を指摘した上で、次のように述べる。

ある人間集団や空間は、なんらかの理由でそれが重要だと考えられた時点で集団や空間として意識されるのであり、そのときにその歴史もはじめて意味を持って研究され、語られるようになるのである［羽田正編二〇一六：二二頁］。

ある歴史家がある国、地域の通史を描くなら、それはその国、地域は昔から存在し、そして現にいまも存在するということをその歴史家が宣言していることにほかならない。それはすぐれて政治的な行為である。…また通史でなくても、現代のある国や地域概念の存在を前提とし、その過去の一側面を解釈し叙述することも同じ効果を持っている。これらはすぐれて政治的な行為なのである。彼らはそのことに十分自覚的でなければならない［同：二二頁］。

この主張を受け入れるならば、「東アジア」という地域設定には、どのような政治的意味が含まれるであろうか。西嶋定生の東アジア世界の設定には、明言されてはいないが、その背景として、一九五〇年代から六〇年代にかけての日本の現実、つまり冷戦体制のもとでアメリカとの結びつきを深めながら、その一方で東アジアの諸国のうち台湾を除けば、中国・南北ベトナム・韓国・北朝鮮との関係を構築できずにいた状況があったと見ることができる。ならば、この状況が大きく変化した今日、「東アジア」という地域を設定し、「東アジア史」を考えることにはどのような意味を見いだしうるだろうか。羽田の言をもう少し続けよう。

私は、いま歴史叙述によって実体化させるべきなのは、「地球」だと確信している。そこに排他的な空間があった、あるいはあるという事実自体は指摘されるべきだが、その排他的空間の存在をあらかじめ組み込んだ過去の通時的理解の叙述は、新しい世界史にはふさわしくない。新しい世界史を構想する際に「東アジア」という空間概念を用いることには十分に慎重でありたい［同：二六〜二七頁］。

羽田は「東アジア史」という枠組みを否定しているわけではない。羽田が警告しているのは、「東アジア史」を一つの完結した世界の自律的展開としてとらえることに、常に鋭敏な警戒心を持ち続けなければならない、ということである。さもなければ、「東アジア史」は二十一世紀の「大東亜」論に変貌しかねないであろう。

本書で羽田が主張していることは、端的に言えばいかにして「世界史」を叙述するかという課題に集約される。羽田の言をさらに引用しよう。

ある集団への帰属意識を人がはぐくむ際に、歴史認識は重要な役割を果たす。このことは、一九世紀から二〇世紀にかけての主権国民国家建設の時代に実証済みである。しかし、個々の国家史、地域史、文明史の集合の色が濃い現代日本の世界史を学んでも、人々は国家、地域、文明の違いを意識するだけで、自分が地球社会に帰属しているとは考えないだろう。もし本当に地球社会という単位が人類にとって重要ならば、その歴史こそが描かれねばならない［同：二七頁］。

こうした世界史の叙述が容易な業でないことは明らかで、それに対する戦略も羽田は言及しているが、ここでは立ち入らない。

ここで気づくのは、羽田の力点は世界史にあり、必ずしも英語圏のglobal historyと同義ではないことである。この点について羽田は、global historyと日本語のグローバルヒストリーとが完全に対応し意味が一致しているとはいえない、とした上で、

（グローバルヒストリーに対する秋田茂の説明は具体的、水島司の定義は包括的、一般的だが…、）ともに、従来の世界史が、ヨーロッパを中心に置き、それとの関係で他地域の過去を解釈してきたことと、一国史的理解を寄せ集めて世界史とみてきたことを問題にしており、グローバルヒストリーはこのような既存の世界史研究の解釈や理解を乗り越え、広い視野に立って新しい視角と方法、特に、相互連関や地域横断的な視点から研究を行うところに特徴があるとしているからである［同：三頁］。

と述べ、秋田・水島のいうグローバルヒストリーは羽田の提唱する「新しい世界史（世界を一つの枠組みとし、人々に地球の住民であることを強く意識させる世界史の解釈と叙述の創成）」のための有力な研究方法となる、としている。

ヨーロッパ中心主義と一国史的理解の超克は、なにも目新しいことではない。羽田も述べるように、カタカナのグローバルヒストリーは、歴史研究と歴史叙述の一つの「方法」なのである。ならば「東アジア史」は、どのような歴史研究の方法であり得るだろうか。その歴史叙述は何を目的としてなされるものになるのだろうか。

五

グローバルヒストリーの隆盛に対する誤解の一つに、それがナショナルヒストリーの上位に位置するメタ歴史学のように捉えられたことがある。歴史が究極的には世界史として叙述されるべきだ、という主張は、一国史の意味を否定するものではない。この点に関しては、同書に収められた葛兆光の論考「グローバルヒストリーの潮流の中で各国史にまだ意義はあるのか」がきわめて示唆に富む［同：三三五〜四五頁］。葛は次のような疑念を投げかける。

現在の「グローバルヒストリー」が、ある種の自己中心的立場——特に欧州中心主義的な「世界史」に対して出現したものであることは疑いようがない。その背景には「ポリティカル・コレクトネス」と「ポストモダン」の理論があり、往々にして自身が特定の立場や特定の場所からの世界史観察者ではないことを公言してはばからない。しかし、これは執筆者を普遍的に、「俯瞰的位置」や「全知全能」の立場に置くようなもので、このような「偏見」のないグローバルヒストリーが可能かどうかには疑問が残る［同：三三六頁］。

葛は、「多くの歴史執筆者も一つの世界的歴史現象に対し、それぞれ異なる価値判断と意義の尺度をもっているはず」であり、個人の立場・視点・背景から無縁ではあり得ない以上、歴史を見る「まなざし」の問題が不可避である、と論じている。

逆に葛は、政治史としての各国史が今なお重要だと強調する。葛はヨーロッパと東アジアでは、国家形成の過程と国家の文化に対する影響が大きく異なることを指摘し、相違点を次のように列挙する［同：三九～四〇頁］。

（1）東アジアには、共同体内での交流と相互認識にプラットフォームや媒体となる、「国家」や「皇室権力」を超える普遍的な宗教（例、カトリック）が存在しない。

（2）中国にも多民族融合期が存在したものの、日本・朝鮮と中国の間では、大規模な人口の流出入や民族集団の移動、政権の交錯はない。

（3）一九世紀以前のこれらの諸地域には、国家や民族を超えて情報を共有し、連帯する知識人集団が存在しなかったため、それぞれの国家的立場は明確だった。

（4）中国はかつて宗主国や大皇帝としての立場にあったが、実際には周辺諸国に対する全面的な支配力を持っていたわけではなく、中国と周辺異民族との間には観念上の境界が存在した。

これらから、葛は東アジアの歴史において「各国別であることは歴史を考えるにあたって依然として重要性を持つ」と結論する。実際、東アジアにおける国家形成は、中国では二〇〇〇年以上前に現在の中国のコア部分が政治的に統一され、それから数百年の間で朝鮮半島でも日本でも現在に続く国家の中核部分が形成されている。つまり国家を単位として歴史を語ることのできる時間が他の諸地域に比べて群を抜いて長期に及ぶのである。

このことが、東アジア史が中国を中心とする国家群の振る舞いとして叙述されてきたことの背景であろう。西嶋定生の東アジア世界論でも、国家の存在は議論の前提であり、李成市が指摘するように、そこに一国史の超克

という意識は希薄である

西嶋が共同執筆者となった『日本国民の世界史』の発想をみればわかるように、そもそも西嶋は国民を主体とした世界史像の形成を念頭に置いているのであって、西嶋自身の著作からも、当初より一国史を克服するというような問題意識は希薄である。…あくまでも、日本の歴史を日本列島の中で動いた歴史として理解するのではなく、日本列島そのものが包含される完結した構造の中に位置づけて、この興亡の一環として理解しようとするところにその眼目がある。ここには従前の日本史という一国史の枠組みに対する疑いは全くないといってもよい［李成市二〇一六］。

また、東アジア世界という舞台でのアクターが、結局は国家であることに対しては、村井章介の鋭い批判もある［村井章介一九九八］。しかし、国家を単位として、その相互関係の集積として東アジア史を描くことが適合的ならば、一国史研究の枠組みを無下に否定してただちに全体像としての東アジア史の構築を試みることは、実態としての東アジアからかえって遠ざかることになるのではないか。葛兆光の疑念は、この懸念の表明であると理解できる。

ナショナルヒストリーの隘路を突破すべく、より広い空間を対象とする地域史（広域史）が構築され、その止揚としてグローバルヒストリーが模索される、という流れで現在の歴史研究の趨勢を捉えるならば、それは歴史研究に不毛なヒエラルキーを持ち込むことになりかねないのである。

現実に遂行されている東アジア史研究は、中国・朝鮮・日本（さらにベトナム）を主要な対象としてきたし、おそらくこれからもこの枠組みは大きく変化することはないであろう。その場合に、この枠組みが対象を把握するのに有効か否かを自問し続ける必要があろう。「海域アジア史」「東部ユーラシア史」の構想も、それが対象を把握し、従来の理解を刷新していく可能性を持つ限りにおいて、ナショナルヒストリーとグローバルヒストリーの間に介在する「広域史」の試みとしてさらに深く追求していくべき枠組みである。

これらのどれが正しくてどれが誤っているか、どちらが上位でどちらが従属分野か、という問題ではない。競うべきものがあるとすれば、それはどのような枠組みが対象とする事象の叙述に最も適合的かを考察し、さらにそのフレームを最適化するための不断の営み、そして何より重要なのはその共有・共同化であろう。グローバルヒストリーにせよ、広域史にせよ、歴史研究者が単独で取り組めるものではないからである。

参考文献

荒野泰典二〇〇五「近世日本における「東アジア」の「発見」」、貴志俊彦・荒野泰典・小風秀雅編『「東アジア」の時代性』、渓水社。

生田滋二〇〇九　新刊書紹介『海域アジア研究入門』、『東南アジア――歴史と文化』№.38。

上原専禄編一九六〇『日本国民の世界史』、岩波書店。

桑原隲蔵一八九八『桑原隲蔵全集』第四巻所収、岩波書店、一九六八年。（原著は大日本図書株式会社の出版）

羽田正編二〇一六『グローバルヒストリーと東アジア史』、東京大学出版会。

廣瀬薫雄二〇一〇「倭国・日本史と東部ユーラシア――六～一三世紀における政治的連関再考」、『歴史学研究』八七二号。

藤田高夫二〇一七「東アジア史をめぐる言説について――歴史研究の枠組みとしての東アジアを考えるための覚書――」、井上克人編『近世近代日中文化交渉の諸相』（東西学術研究所研究叢書第四号）、関西大学東西学術研究所、ユニウス。
村井章介一九九八 「〈地域〉と国家の視点」『新しい歴史学のために』二三〇・二三一合併号。
桃木至朗編二〇〇八 『海域アジア史研究入門』、岩波書店。
羅振玉一八九九 『東洋史要』（桑原隲蔵著、樊炳清訳）、上海・東文学社。
李成市二〇一六 「東アジア世界論と日本史」『岩波講座日本歴史』第二二巻、岩波書店。

注

（1）「東アジア史」という一定の地域を対象とした歴史研究に対する言説については、不十分ながら別稿［藤田髙夫二〇一七］で論じた。本稿の論点と重複する部分もあるが、併せて参照されたい。
（2）荒野も指摘しているが、西川如見の中華と外国が後述の西嶋定生の想定する「東アジア世界」と重なり合うという事実は、日本人にとっての東アジアが三〇〇年の時間を超えて持続してきたということを示唆しているだろう。
（3）東洋の一国であるにもかかわらず、日本の歴史を扱う「国史」が「東洋史」から分離されたことの意味については、［藤田二〇一七］ですでに論じた。
（4）近年、大学の学科編成で従来の東洋史をアジア史と改称する例が見られるが、我々がこれに対する違和感をさほどいだかないのは、東洋とアジアとの含意の差がなくなっていることの反映であろう。
（5）そのなかで比較的早くに東部ユーラシアという考え方を打ちだした業績として、［廣瀬薫雄二〇一〇］が挙げられる。

清代長蘆塩商王世榮と日本銅貿易

松浦　章

一　緒言

乾隆九年（一七四四）に晏斯盛が「錢幣國家大政也、民生日用急需也[1]」と指摘しているように、錢幣は国家の大成であると同時に人々の日常生活にとって欠くことができないものであった。このため鋳造貨幣の原料となる銅が必要とされた。清朝の銅務に関して嚴中平氏の『清代雲南銅政考[2]』があり、清朝政府の鋳造貨幣のための銅の問題を解明したが、洋銅すなわち日本銅に触れられ[3]、日本銅の供給が減少した中で、滇銅すなわち雲南銅を重視したとされ、雲南銅に関して詳述された。

乾隆元年の『上諭條例』に見る「辦銅條例」によれば、

康熙五十五年、始隷八省分辦、原係滇洋並採、每年採辦洋銅二百七十七萬一千九百九十斤零、採辦滇銅一百六十六萬三千一百九十九斤零、共計辦銅四百四十三萬觔。(4)

とあるように、康熙五十五年（一七一六）に清朝は八省で鼓鑄銅錢のための銅を調達する。八省とは、『清朝文献通考』巻十四に、

康熙議定京局、額銅改交江蘇・安徽・江西・浙江・福建・湖北・湖南・廣東八省、督撫委員辦解、……每年寶泉局額銅二百九十二萬三千三百八十四觔、寶源局額銅一百五十一萬一千八百十六觔、共需銅四百四十三萬五千二百觔、歴年商人、虧空不便、仍交採辦、即以五十五年爲始分派江蘇・安徽・江西・浙江・福建・湖北・湖南・廣東八省、督撫遴委賢能官承辦。(5)

とあるように、江蘇・安徽・江西・浙江・福建・湖北・湖南・廣東の八省であった。その必要とする銅が四四三万斤であった。その需用を満たすために、洋銅が二、七七一、九九九斤に対して、滇銅が一、六六三、一九九斤と、必要とする銅の約六二・五％が洋銅によって賄われていたことがわかる。

乾隆三十四年（一七六九）十一月二十二日付の浙江巡撫覺羅永徳の奏摺に、当時の清朝の鋳造貨幣に関する原料の銅の調達に関して述べられている。すなわち、鋳造のために中国国内の雲南から調達する滇銅か、日本から輸入される洋銅かの問題であった。

浙省係濵海之區、向來商船出洋、前往日本、販銅倶諭江南之上海關、及浙江之乍浦口進出、康熙・雍正年間、江浙等五省辦運京局銅斤、原係委官赴蘇州銅商聚集之所、選商給價、往洋採買、嗣因倭銅漸少、返棹愆期、商欠纍累。(6)

と見られるように、浙江沿海の乍浦から日本に銅を調達のために貿易船が赴いた。この洋銅を調達することが清

朝にとっても急務であった。浙江の乍浦は、日本への貿易の基地となっていた。道光『乍浦備志』巻十四、前明倭變の條に、「以彼國（日本）銅斤、足佐中土鑄錢之用、給發帑銀、俾官商設局、備船由乍浦出口、放採辦[7]」とあるように、日本の銅を求めるために官商を設けて、乍浦から日本へ船を送り出していた。その船は、同書に、「尋分官民二局、各三船每歲、夏至後、小暑前、六隻、裝載閩・廣糖貨、及倭人所需中土雜物、東抵彼國。[8]」とあり、官局、民局から派遣された貿易船が、毎年夏至の後およそ六月下旬、小暑前すなわち七月上旬ころに日本に向かった。

その後、「九月中、從彼國裝載銅斤、及海帶・海參・洋菜等回乍[9]」と農暦九月頃に、日本から銅や海帯、海参そして洋菜などを積載して帰帆した。また小雪後、大雪前に乍浦から出港して日本に向かい、翌年の四、五月頃に帰帆していた。[10]

このように、日本銅すなわち洋銅の輸入は、清朝にとっても重要な要件であった。

山西商人范毓馪の伝において、「乾隆三年、奉命採辦洋銅、運京局、以抵分限、應輸之數[11]」とあるように、乾隆三年（一七三八）に清朝政府の命を受けて、洋銅を採辦して、北京にある戸部配下の寶京局に納入したとされる。また晏斯盛も「范毓馪所洋銅、足供六年之用、而其間或有緩急之需[12]」と指摘するように、范毓馪が洋銅を六年にわたって調達した。その後、乾隆四十八年（一七八三）まで范毓馪とその子供及び甥が継続して、洋銅の調達をおこなった。

しかし、乾隆四十八年に、范氏に替わって洋銅調達を行うのが、天津商人とも長蘆鹽商とも言うべき王世榮である。王世榮の官商として対日銅貿易に関して山脇悌二郎の成果があり、乾隆四十八年（一七八二）から乾隆五十三年（一七八八）まで対日貿易に関係したことを提示された。[13]しかし、その業務の内容はあまり触れられていない。その後、松浦章は、王世榮が天津商人であることを指摘したが[14]、その対日貿易の状況については未解決である。

そこで、本稿において長蘆鹽商王世榮の洋銅調達について述べたい。

二　天津商人王世榮の家族とその事業

『乾隆朝上諭檔』乾隆四十八年（一七八三）十二月十六日の條に次の上諭が見られる。

乾隆四十八年十二月十六日奉上諭、拠和珅奏、天津商人王起鳳、于乾隆四十三年領買戸部三庫綢布絨麻等項、原估價銀十八萬九千二百餘兩、業經五年限滿、除交過銀五萬兩、尚未完繳銀十三萬九千二百餘兩、據王鳳起之子王世榮呈請、將自置直隸・河南兩省所属引地塩窩六處、抵交未完官項變價銀兩等語。該商應交銀兩、逾限不交、本應將伊產業、抵繳治罪、但念其領貨後、猝被火災、報明有案、且現在王世榮接辦范清濟銅務、尚知奮勉、著加恩免、其抵繳所有未完銀兩、分作八年、令徵瑞督飭該商、按年帶交銀一萬七千四百餘兩、陸續搭解廣儲司歸欵、倘仍前遲延拖欠、不但將其引地塩窩入官、并王世榮加倍治罪、將此傳諭徵瑞知之欽此。軍機大臣遵旨傳諭長蘆塩政徵瑞[15]。

この上諭は『高宗實錄』にも見られる。『高宗實錄』巻一一九五、乾隆四十八年十二月癸酉（十六日）の條にも同様な記述が見られ、王世榮の父の名が知られる。

諭軍機大臣等、據和珅奏、天津商人王鳳起、於乾隆四十三年。領買戸部三庫綢布絨麻等項。原估價銀十八萬九千二百餘兩。業經戸部限滿。除交過銀五萬兩。尚未完繳銀十三萬九千二百餘兩。據王鳳起之子王世榮、呈請將自置直隷、河南、兩省所屬引地鹽窩六處。抵交未完官項變價銀兩等語。該商應交銀兩。逾限不交。本應將伊產業抵繳治罪。但念其領貨後、猝被水災。報明有案。且現在王世榮接辦范清濟銅務尚知奮勉。著加恩免其抵繳。所有未完銀兩。分作八年。令徵瑞督飭該商。按年帶交銀一萬七千四百餘兩。陸續搭解廣儲司歸款。倘仍前遲延拖欠。不但將其引地鹽窩入官。并將王世榮加倍治罪。將此傳諭徵瑞知之。[16]

天津商人の王起鳳が乾隆四十三年（一七七八）年に戸部三庫から調達した綢布、絨麻等項の代金が銀十八萬九千二百餘兩について五年の期限で返済することになっていたが、そのうち五萬両は既に返済が完了し、十三萬九千二百餘兩については、未返済であった。おそらく王起鳳が返済しないうちに亡くなったのであろう。その返済を王起鳳の子供である王世榮が担当する直隷・河南の自己の担当区域の塩窩すなわち塩商としての販売區域からの売り上げによって償うと申し出たのであった。しかし王世榮は范清濟の銅務を引き継いだこともあり、その未納金は八年の年賦により支払うことになったのであった。

この上諭から、天津商人王起鳳の子供が、范清濟の事業を引き継ぎ銅務を担当した王世榮であった。范清濟とは、山西商人で、対日銅貿易を行っていた范毓馪の甥で、毓馪の事業を継承したものであった。[17] このことから王世榮が行った銅務とは、対日銅貿易のことである。

王起鳳は、清朝政府とも関係の深い商人であった。そのことは、『高宗實錄』巻八九三、乾隆三十六年（一七七一）九月己未（二十二日）の條に次のように見られる。

又諭曰、商人王起鳳、聞土爾扈特歸順入覲之信。即攜帶貨物。來熱河貿易。以供遠人之需。頗屬曉事得體。著加恩賞給五品職銜。仍賞數珠一盤。以示嘉獎。[18]

王起鳳は、清朝に帰順した土爾扈特の献上品の品々を扱い、乾隆帝から褒美を受け取っている。先の實録の記述とともに考えれば、清朝の内務府に関与していた商人と考えられる。

『高宗實錄』卷一二八〇、乾隆五十二年（一七八七）五月戊寅（十二日）の條に、

又諭、據穆騰額奏、長蘆商人王世榮、承辦引地。應交帑利並帶徵銀二十五萬四千一百餘兩。現在貲本不能接濟。難以清繳懇請分年暫予緩交等語。該商王世榮承辦官引。虧折成本。告運維艱。本應照例斥革。另召新商接辦。姑念該商行銷引地。多在河南。而豫省連年旱歉。商鹽停滯。以致工本虧耗。未能將應交官項。按限清還。尚屬有因。著照該鹽政所請。將王世榮五十二、三、兩年。每年應交官引地帑利銀九萬五千餘兩。並應交帶徵四十八年兩限、帑利銀六萬三千四百餘兩。暫予緩交。自五十四年起。分作六年帶徵。每年交銀四萬二千三百餘兩。扣至五十九年。照數清款。以紓商力自此次清釐之後。倘該商不知節儉妥辦。再有延宕。必須參革治罪。不能復邀寬貸也。[19]

とあり、長蘆商人王世榮が承辦した長蘆鹽の引地の問題が浮上した。

長蘆塩商王世榮の活動について黃掌綸撰の嘉慶『長蘆鹽法志』卷十二賦課下、商雜課目に、

參課、繫於乾隆四十八年巡鹽御史徵瑞奏言長蘆各參商虛懸帑本息銀悉屬無著之項據通綱衆商議請分作五年歸款、……再查商人王世榮、因獨肩銅務、資本不敷、據呈準令自五十一年爲始、免交二錢銀兩、原以爲貼補銅費之用、今銅務業於上年奏交錢鳴萃辦理、則五十三年以後、王世榮除官引準其免交外、其自置引地、仍令按引交納、以昭畫一、五十四年、又奏言、商捐二錢參課内、請除每年應發撥船津貼飯食、……[20]

とあり、乾隆五十三年まで、王世榮が長蘆塩商として活動していたことがわかる。

『仁宗實錄』卷二六三、嘉慶十七年（一八一二）十一月辛巳（十二日）の條に、

諭内閣、本日内務府議奏、長蘆鹽商義和泰、懇借運本銀兩摺、已依議行矣。摺内引照乾隆五十一年商人王世榮請借帑銀原案、敘稱奉高宗純皇帝特旨准借、措詞殊未審慎、各部院章奏、關繫重大典禮、書寫廟號尊謚、進呈時朕必敬奉展觀、倍加虔肅、若尋常事件輒引用書寫、轉涉輶褻、嗣後各衙門具奏尋常事件、凡引用乾隆年間以前舊案、但載明年分、將奉旨字樣、三擡書寫、即足以表示敬恭、遇有典禮奏章、必應恭引廟號尊謚者、方准敬謹書寫、以昭慎重。(21)

とあり、乾隆五十一年（一七八六）の王世榮の清政府からの借帑銀が、他の鹽商の事例に参考とされた。

陳忠倚編『清經世文三編』巻三十六、戸政十五、漏税にも同様な記述が見られる。

乾隆五十一年、商人王世榮請借帑銀、嘉慶十七年蘆商義和泰懇借運本、均敕部議行之例、是誠無損於國、而大有便於民也。總之出口之貨、宜求其多、而税則輕之、入口之貨、宜杜其來、而税則重之、收我利權、富我商民、擴我遠圖、胥於是乎。

その後も王世榮の借帑銀が戸部の借帑銀の事例として掲げられる。

さらに、王起鳳の孫とみられる王佩がいる。『高宗實錄』巻一四九六、嘉慶二年（一七九七）三月戊午（十八日）の條に、

敕諭據董椿在行在面奏、長蘆商人王佩無力、行運辦課。懇請告退。當即交軍機大臣内務府大臣等、督同該鹽政酌籌妥辦。今日詢及此事據大臣等奏稱、該鹽政董椿、擬欲借無利帑本。接辦之商、並將長蘆通綱鹽價、每觔增加制錢四文。其從前未完帑課。俱請展限二十五年分、年帶繳等語。殊非情理。王佩祖父王起鳳、本係無力窮民。因承辦長蘆引地。屢次特加恩借帑藉資行運起家積有厚貲。今王佩得承祖業坐享溫飽。不知感激急公辦運。遽思告退。(22)

とあるように、王佩も長蘆商人であったが、嘉慶二年当時において、鹽商としての才覚が乏しかったのであろう。この記述から王佩の祖父が王起鳳であったことがわかる。

嘉慶『長蘆鹽法志』巻十一、賦課上、商課の條に、

乾隆五十六年、巡鹽御史穆騰額奏、長蘆商人王珮、自祖王起鳳、於乾隆二十八年、承辦永慶號・直豫二省官引地二十一州縣、迄今循照章程辦理、尚貽誤。但引目繁多、成本綦重、設遇告運不時、行銷遲滞、關繫内府官產。一有虧闕、不免通綱賠累。(23)

と、巡鹽御史穆騰額の奏に見られるように、王珮とあるが上記の王佩のことである。珮の異体字が佩である。王珮の祖父が王起鳳とあることから、王佩であつことは確かであろう。その祖父王起鳳の時代の乾隆二十八年(一七六三)に永慶號等の引地を承辦したのであり、既に三十年近く営業を行っていた。

この乾隆四十年代から五十年代にかけて長蘆鹽政の監督官庁の最高責任者が長蘆巡鹽御史である。順治初年に、長蘆巡鹽御史が一人、一年更差として置かれた。その管轄は「長蘆鹽、以長蘆鹽政總理、駐箚天津、兼轄山東」(24)と、天津を拠点に山東をも兼轄していた。その巡鹽御史に就任したのが乾隆四十七年(一七八二)から五十年(一七八五)にかけて徵瑞、内務府正白旗人であり、乾隆五十一年(一七八六)から五十七年(一七九二)まで就任していたのが穆騰額、内務府満洲正白旗人であった。なお徵瑞は乾隆五十八年(一七九三)の途中から五十九年(一七九四)に再任され、嘉慶二年(一七九七)六—七月に三任された。(25)

穆騰額の乾隆五十二年(一七八七)五月十二日付の奏摺に次のようにある。

奏爲查明蘆商王世榮現在情形、據實奏聞、仰祈睿鑒事。竊照長蘆商人王世榮、自父王起鳳承辦永慶號官引地二十一州縣。又自置引地一十七州縣、二十餘年、仰蒙皇上深仁至爲優渥、王世榮先後借領各項帑本銀三十八

萬四千二百餘兩、五十年六月、前任鹽政徵瑞奏准、緩徵帑利銀三十萬兩。迨奴才抵任後、於本年春間、見其告運維艱。[26]五十一年三月又奏准、緩徵帑利銀

王世榮は父王起鳳が承辦した永慶號の引地を管理していた、王起鳳が清朝から引き受けたのが乾隆二十八年のことであるから二十余年に及んでいたことがわかる。

『上諭條例』乾隆五十二年夏季條例の戸例に次の記述が見られる。

長蘆商人王世榮應交帑利帶徵銀兩分作六年完繳

乾隆五十二年五月十九日奉上諭、據穆騰額奏、長蘆商人王世榮承辦引地、應交帑利、並帶徵一百二十五萬四千一百餘兩、現在資本不能接濟、難以清繳、懇請分年、暫予繳交等語。該商王世榮承辦官引地、虧耗底本、告運維艱、本應照例、斥革另新商接辦、姑命該商行銷地名、在江南・豫省、連年旱歉、商塩停滯、以致二年、虧耗未能、將應交官項、按限清還、尚屬有因着照該塩政所請、將王世榮五十二、三兩年、應交官項、地帑利銀九萬五千餘兩、並應交四十八年兩項、利帑一百六萬三千四百餘兩、暫予繳交、自五十四年起限、分作六年、帶徵每年交銀四萬二千三百餘兩、扣至五十九年、照數清還、以紓商力、自此項清釐之後、倘該商不知、即儉妥辦、再有延宕、必須參革治罪、不能復繳寛貸也。欽此。京報。[27]

王世榮は長蘆塩商として乾隆五十二年時点で、一二五万四、一〇〇両余りの政府への未納金を抱えていた、それを乾隆五十四年以降に六年分割によって完済するように命じられたのであった。

王世榮の一族とみられる王佩は、清軍の西北への軍事活動に協力している。

『高宗實錄』巻一三九六、乾隆五十七年（一七九二）二月壬寅（三日）條に、

諭曰穆騰額奏、長蘆山東商人王佩等呈稱、現聞大兵進勦廓爾喀賊匪。蘆商願捐銀三十五萬。東商願捐銀一十

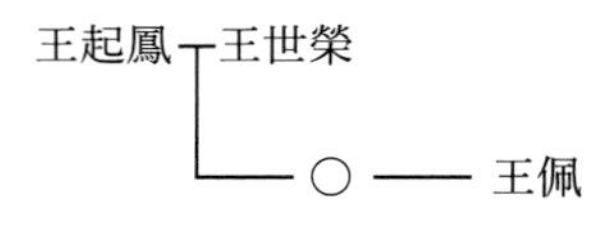

天津・長蘆塩商王氏系譜

五萬。共五十萬兩。以備凱旋賞賚之需等語。廓爾喀賊匪滋擾。計日即可蕩平。本不致多費軍餉。令既據穆騰額奏稱、該商等籲懇誠切。著准其捐銀五十萬兩並著照所請、於運庫本年奏銷五十六年引課項下借撥分作五年完交歸款。所有捐餉商人等、著該鹽政査明咨部。照例議敍。(28)

王佩が長蘆商人、山東商人の代表として、清朝に〝廓爾喀賊匪〟の軍事活動の捐銀五十万両を献金した。その内、長蘆商人が三十五万両と七〇%を占めていた。

以上のように、長蘆塩商の王起鳳、その子供の王世榮、起鳳の孫である王佩の三代にわたる王氏の系譜が知られる。王世榮と王佩との血族関係は不明であるが、おそらく、王世榮の兄弟の子供が王佩であったと思われる。

三　長蘆塩商王世榮と日本銅貿易

天明戊申八年（乾隆五十三、一七八八）四月に江戸を出発して十月に長崎に至った画家の司馬江漢の旅行記に、

帝命を奉て渡海する者、古は范氏、中は王氏、今は錢氏の人來る。此外十二家なり、是は自分一己の交易に渡海し、皆蘇州の人也。蘇州は日本の大坂の如き地にして南京第一の繁栄の所なり。今は七八艘のみ渡海して十三艘は来り……(29)

と記している。清朝の命令を受けて、日本の長崎との間で貿易する商人に、范氏があり、ついで王氏そして天明

八年（一七八八）、清の乾隆五十三年頃には錢氏がいた。その他に十二家商人と呼称された商人がおり、彼等は皆蘇州の人々で、蘇州は日本の大坂のような所で、南京と言っているが、江戸時代の日本人は南京と言えば、当時の江南の意味で使用していたので、蘇州は江南で最も繁栄している地であると見ていた。

ここで言われる范氏が范毓馪とその家族[30]であり、王氏が王世榮であり錢氏が、王氏の後の錢鳴萃[31]を言っていることは間違い無い。

日本の長崎貿易に関する『長崎會所五冊物』に、次の記述が見られる。

范氏之儀、唐國商賣方不操合ニ而、取續相成かたく及潰候故、天明二寅年より王氏と唱荷主王恩輪引請商賣相遂候處、是又卯年以來、唐國官銅之役目難相調、不操合ニ罷成、范氏同様之成行ニ成候ニ付、同八年申より新商錢氏と唱荷主錢恩榮引請通商仕度願立候故、願之通御聞届被爲成[32]。

范氏の中国での商業活動が不調になり、天明二年（乾隆四十七、一七八二）に新しく王氏と言う商人が引き継ぎ、王恩輪がそれを担うこととなった。しかし、卯年天明癸卯三年からその業務は不調であり、范氏と同様に經營困難として、天明八年（乾隆五十三、一七八八）に新商錢氏に交替することとなって、錢氏の錢恩榮がその代表として業務を継承している。

以上が日本側に残された商人王氏の情報であり、これからは乾隆四十七から五十三年まで、日本貿易に従事したのが王氏であったことになる。

王世榮が范氏にかわって銅務を担当する時期について、『高宗實録』巻一一七二、乾隆四十八年（一七八三）正月壬寅（十日）の條に、

諭軍機大臣等、據内務府議覆、長蘆鹽政徵瑞奏請、選派能事妥商王世榮等、代范清濟辦運各事宜一摺。雖就

所奏情形、逐條覈覆、朕思范清濟承辦長蘆鹽務、並採辦洋銅、原令其彼此通融、以鹽務餘息、接濟銅觔、互為調劑、若專辦銅觔、不辦鹽務、是辦鹽之商人、得霑餘潤、而辦銅者更形竭蹷、未免苦樂不均、殊非酌盈劑虚之道、徵瑞因范清濟不善經理鹽務、獲息無多、選派能事妥商十人、並先行墊借銀三十萬兩、代辦鹽務、此事在商人等自所樂從、設選派商人、專為范清濟代辦銅務、即一體借給銀三十萬兩、亦未必有人肯為接辦、此一定之情理也、今范清濟既不能辦理鹽務、另選他商代辦、而其每年蘇局所辦銅觔、仍著伊姪范柴、照舊承辦、是伊既無鹽務餘息、可以通融調劑、而所發銅費銀八萬兩、前赴外洋接濟銅船、其往返需時、不能周轉、亦屬實在情形、銅觔關六省鼓鑄、倘有遲誤、所係匪輕、不可不妥為籌畫、著傳諭徵瑞、或即交代辦鹽務之商人、並辦銅務、或另行設法調劑之處、悉心熟籌妥議、務使銅鹽兩事、互相接濟、永無貽誤、方為妥善、将此諭令知之、所有内務府原摺、及范清濟原呈、一併發交閲看[33]。

とあるように、乾隆四十八年（一七八三）のことである。

総管内務府奏銷檔案の乾隆四十八年二月初日の條に次のように見られる、

総管内務府謹奏爲遵旨議奏事、據長蘆塩政徵瑞具奏、范清濟引地分派十商、代辦王世榮專辦銅務、並令范李完納、上年欠課銀兩、及范重棨接受范氏產業等因一摺、於乾隆四十八年二月十六日奉硃批、該衙門議奏欽此、查該塩政奏稱、范氏二十州縣引地、肩任非輕、雖蒙賞借帑銀三十萬兩、尚須自添資本、方能周轉、若只交一二人、其力實難兼顧、恐大少力絀易、致悞公人衆日久、或有一二不妥、随時調劑、可以不形掣肘、請仍照前奏分派十商辦塩、俾衆擎易擧等語、……據該塩政於辦塩十商之中、選得商人王世榮、係故商王起鳳之子承辦引地、從未悞公人、亦謹慎明白情願獨力承、當急公報効可以接辦銅務、請照原議於范氏引地、餘息内每年撥給銅費八萬兩、照舊辦鮮可期無悞、……該塩政已經行文江蘇巡撫就行、嚴行查封、勿使絲毫走漏、至蘇州辦

銅官局、并出洋船隻及應需一切什物、飭令范清濟全行交代新商王世榮接収、以資辦運、……[34]

長蘆鹽政徵瑞によって、范清濟の長蘆塩商としての業務は、十人の商人に分担され、銅務は、王世榮が行うことになった。王世榮は長蘆塩商王起鳳の子であり、おそらく長蘆塩政の徵瑞の推薦によって決められたものと思われる。

つづいて『高宗實錄』巻一一七五、乾隆四十八年（一七八三）二月壬午（二十一日）にも、

諭軍機大臣等、據總管内務府大臣議覆、長蘆鹽政徵瑞奏、選派商人王世榮、接辦范清濟銅務一摺、已依議行矣。據稱蘇局存銅、並已發洋船未經辦回之銅、盡屬官物、恐范清濟因接辦有人、私將現有之銅、盜賣隱匿、新商甫經接手、船隻尚未開洋、則本年應解六省額銅、必致貽誤等語、該商存局銅觔、關係六省鼓鑄、現在選商代辦、新舊接手、恐其中隱匿偷漏之弊、在所不免、著傳諭閔鶚元、就近嚴行查封、勿使絲毫走漏、所有蘇州辦銅官局、并出洋船隻、及應需一切什物、並飭令范清濟、全行交代新商王世榮接收、以資辦運、仍將查辦情形、分繕清單、據實覆奏、[35]

とあり、王世榮が范清濟にかわって洋銅の採辦を担当することになった。日本から採辦された洋銅を関係する六省へ輸送することになる。

『高宗實錄』巻一一八六、乾隆四十八年（一七八三）八月丙寅（八日）條に次のようにある。

又諭、據閔鶚元奏、蘇州官商承辦洋銅、除每年額解六省官銅五十一萬餘觔外、其多餘之銅、俱令一律繳官、俟年清年款之後、仍准該商變賣餘銅等語、此項銅觔、前因范清濟辦理不善、壓欠甚多、是以餘銅不准其自行變賣、今新商王世榮、代為接辦、若能實力經理、趕緊轉運、所有從前壓欠之項、原可陸續帶交、况該商王世榮、係接辦之人、若俟積欠全完、始准其變賣餘銅、該商不能少霑餘利、未免偏枯、嗣後除每年額運正項銅觔

交清、并酌量分年帶交積欠若干外、其餘銅觔、即准其照舊變賣、以紓商力。(36)

王世棨が採辦した洋銅は、六省に送る官銅五十一万觔が基本であった。

王世棨が銅務を担ったことは、宋如林撰、道光『蘇州府志』巻十七、田賦十に蘇州官商の交替として知られる。

國朝康熙六年、詔復各省鼓鑄鑪座、添設蘇州、鞏昌等、處、鑄局式鑄字。……

〔乾隆〕四十八年八月奉上諭、據閔鶚元奏、蘇州官商承辦洋銅、除毎年額解六省官銅五十一萬餘觔外、其多餘之銅、倶令一律繳官俟年清年款之後、仍準該商變賣餘銅等語、此項銅斤、前因范清濟辦理不善、壓欠甚多、是以餘銅不準其自行變賣、今新商王世棨代為接辦、若能實力經理趕緊轉運、所有從前壓欠之銅、原應陸續帶交、況該商王世棨係接辦之人、若俟積欠全完、始準其變賣餘銅、該商不能稍霑餘利、未免偏枯、嗣後除毎年額運正項銅斤交清、并酌量分年帶交積欠若干外、其餘銅觔、即準其照舊變賣、以紓商力、欽此。(37)

乾隆四十八年に蘇州官商が辦銅の成績不振から范清濟から王世棨に交替した、その蘇州官商に関して、道光『蘇州府志』巻十七、田賦十、鼓鑄舊則には、

寶蘇局、在蘇州府城内、設爐十二座、一月兩卯、毎卯爐一座、用對搭生熟銅二千四百觔、十二爐共用生熟銅二萬八千八百觔、工料錢四百三十六串三百二十文、加串繩錢四串三百二十文、計銅本銀三千一百八兩五錢八分五釐、實得制錢二千五百六十三串二百文、毎串值銀一兩作銀二千五百六十三兩二錢、仍不敷銅本銀五百四十五兩三錢八分五釐、自十七卯起、又增爐四座共設爐十六座。(38)

とあるように、江蘇省の貨幣鋳造を担っていたのは寶蘇局であり、爐すなわち鑪が十二座あった。鑪十二座が合計、二八、八〇〇斤の熟銅を必要としていた。

その銅を採辦するため、寶蘇局に官商と民商各一人が設けられていた。

局設官商・民商各一人、採辦洋銅、毎年共發銅船十隻、民商額繳蘇州省銅二十萬觔、浙江省二十萬觔、江西省八萬觔、毎百觔、給價銀十五兩三錢、官商額繳蘇州省銅五萬五千九百六觔、又直隷・江西銅内劃蘇銅三萬五千觔、直隷省銅二十七萬觔、江西省銅二萬五千觔、湖北省銅四萬觔、陝西省銅四萬觔、浙江省銅四萬觔、毎百觔給價銀十二兩、其浙江省銅價、係商人自赴浙藩庫具領、其餘各省銅價、倶於蘇庫放給、其官商具領價值與民商較少、因從前官商情願報效、自請減價、是以與民商銅價不同。(39)

清代中国の各省に鋳造局が設けられ、江蘇省において蘇州に設置されていたのが寶蘇局であり、そこでの鋳造貨幣の原料となる銅が、〝洋銅〟として日本から供給された。蘇州官商は、江蘇省に五五、九〇六斤、その他に直隷省二十七万斤、江西省へ二五、〇〇〇斤、湖北省と陝西省と浙江省へは四〇、〇〇〇斤の調達が必需であった。これだけで毎年四十七万余斤の洋銅の採辦が必要であった。

高晋と永徳の乾隆三十六年（一七七一）頃の奏摺に、日本との銅貿易事情を記している。

據官商范清濟在蘇事之陶陞、及額商李豫來等稟稱、外洋日本長崎一島、開採年久、毎年産銅、不過一百餘萬斤、多發洋船無益、從前原定洋船一十三隻、内范商一年發辦五隻、一年發辦六隻、兩年合算、毎年發五隻半、續於乾隆三十一年增定毎年發船七隻、額商發六隻、……(40)

乾隆三十一年前後のことであるが、官商范清濟の配下のもと蘇州で差配する陶陞と、額商李豫來らからの事情徴収として、日本の長崎に赴いて採辦できる銅は毎年一〇〇万斤に過ぎず、もともとは派遣する船が十三隻であり、官商范氏は一年目には五隻、次年は六隻と、二年で十一隻を出船し、一年平均にすると五隻半であった。しかし乾隆三十一年からは官商が七隻、額商が六隻となったようである。こうして日本の長崎から毎年百萬斤の銅が中国へもたらされていた。

しかし、乾隆四十九年十一月初五日付の徴瑞の奏摺によれば、范清濟による洋銅採辦の事業が停滞し、新商王世榮に交替することとなった。

奴才徵瑞跪奏、爲新商赶辦洋銅、積壓全清、可復年限、恭摺奏聞事、竊照参商范清濟貽悞銅務、虧欠各省額銅四十餘萬觔、經奴才奏選商人王世榮代爲接辦、并奉恩旨、得賣餘銅、該商原俟積欠全清、再將餘銅變賣、亦經奏准在案、查新商王世榮於四十八年四月接辦、起扣至本年冬底、該兩年正額及代補舊商積欠、共應交銅一百四十五萬餘觔、前據該商將運到洋銅、於四十八、九年秋夏兩季報解過直隷・陝西・湖北・浙江・江蘇等省、額銅七十六萬餘觔、今復據稟續到洋銅、現在在案、包請咨分解、所有范清濟名下虧欠、及四十八、九兩年額銅六十九萬餘觔、足敷掃數全清、并現亦赶緊發船五十年之額銅、亦可無悞等情、具稟前來。(41)

范清濟の洋銅の採辦は困難となり、納入未納が続き、清政府の鼓鑄政策に問題を生じていたのである。未納の洋銅額が四十万斤を越えることになったのである。そのため、官商の交替と言う事態に至った。

日本では、明和元年（乾隆二十九、一七六四）秋田の銅の減産のため、中国側に売却する銅が二十萬斤減り、そのため唐船の来航数の削減が行われ、唐船主側の要望で、一隻当たり十萬斤の売却となり、明和二年より来航唐船数は十三艘と決められた(42)。このため明和二年すなわち乾隆三十年（一七六五）より、毎年十三隻の唐船が長崎に来航することとなる。この制限策は、寛政三年（乾隆五十六、一七九一）まで続き、寛政三年四月に、日本国内の銅の減産によって、来航唐船数を三隻減じ、寛政四年より毎年十隻の唐船数に制限され(43)、幕末まで続いている。

このことから、乾隆三十年より范清濟と王世榮とが官商として洋銅を採辦した時代の、日本への派遣商船数は、毎年十三隻であった(44)。

范清濟から王世榮に交替直後の対日貿易船の状況が、浙江巡撫福崧の乾隆四十八年（一七八三）十二月初五日付の奏摺に見られる。

據布政使盛住詳、據嘉興府知府恒寧等、先後申報、乾隆四十八年分舊商范清濟辦回、林永順銅船一千箱、計十萬斤、於四月十二日、由嘉興府屬之乍浦進口入境、五月二十八日起運赴蘇、二十九日出境。又接辦新商王世榮辦回、萬日新船、銅一千箱、計十萬斤、於十一月初一日、由乍浦進口入境、十五日起運赴蘇、十六日出境、俱經沿途各縣加緊稽查防護、並偸盜沈溺情弊、照例彙詳請奏前來、臣副核無異、理合循例、恭摺奏聞、伏祈皇上睿鑒、謹奏。

硃批「覧[45]」

乾隆四十八年分の洋銅として、舊商范清濟が差配した林永順銅船が四月十二日、乍浦港に入港した。また新商王世榮の差配の萬日新船が十一月初一日に乍浦に帰港し、それぞれ十萬斤の洋銅をもたらし、ともに蘇州に送られている。

この林永順船と萬日新船がどれほどの資金で運営されていたのであろうか。乾隆四十八年三月二十一日付の江蘇巡撫閔鶚元の奏摺に、派遣された林永順船と萬日新の積載貨物の金額がわかる。

范清濟、於乾隆二十九年接銅務、自三十六年至四十五年、毎年辦發洋船七隻、毎船一隻、俱照洋規額配銅十萬觔運回、別項雜貨銷售。四十六年因資本缺乏、止洋船六隻、已全行回棹。四十七年止發洋船三隻。内春季辦發林永順字號一隻、共貨本銀二萬八千餘兩、尚未回歸。夏季辦發萬日新字號一隻、共貨本銀二萬四千餘兩、於上年十月回來、帶回條銅一千箱湊歸[46]。

乾隆四十七年（一七八二）に派船された林永順船には「貨本銀」が二八、〇〇〇余兩、萬日新船が二四、〇〇〇余両とあるように、一隻当たり二四、〇〇〇余両から二八、〇〇〇余両であったことがわかる。

日本が長崎来航唐船に給付した長崎通商照票の「信牌」に記された貿易額は、

……壹艘所帯貨物限定估價、約玖千伍百兩、以通整理、……[47]

とあるように、日本では長崎に来航する中国商船の積荷額を約九五、〇〇〇両と決めていたことからみて、中国側の記録に商船の「貨本銀」が二四、〇〇〇から二八、〇〇〇両であったと考えられ現実には、日本が指定した貿易金額の二―三倍の積荷額を積載して長崎に来航していたことになる。

乾隆四十九年（一七八四）十一月初五日付の徵瑞の奏摺に、王世棨の銅務の事業の状況が見られる。

查新商王世棨、於四十八年四月接辦、起扣至本年冬底、該兩年正額及代補舊商積欠、共應交銅一百四十五萬餘觔。前據該商將運到洋銅、於四十八、九年秋夏兩季、報解過直隷・陝西・湖北・浙江・江蘇等省額銅七十六萬餘觔。今復據稟續到洋銅、現在築包、請咨分解、所有范清濟名下虧欠及四十八、九兩年額銅六十九萬觔、足數掃數全清、并現又赶緊發船五十年之額銅、亦可無悞等情。[48]

王世棨は乾隆四十八年四月に、銅務を接辦した際の最初の事業が、洋銅一四五万斤の調達であった。舊商の未納額六十九万斤と、王世棨の事業分七十六万斤との合計の洋銅を調達する必要があった。

王世棨は、銅務をどのように行っていたのであろうか。そのことについて徵瑞は次のように報告している。

辦銅遠在蘇州、王世棨承辦永慶號官引地、不能親身赴蘇、另行夥同王元章、在蘇料理、先經奴才面爲奏明、今王元章經理一切、迅速見功、亦屬能事之人、應請仍令夥同妥辦、毋許諉卸、以期濟公。奴才仍不時留心查察。[49]

王世棨は長蘆の永慶號官引地の銅務に専念し、自ら蘇州に赴くことが出来ず、商い仲間の王元章に任せることとなった。王元章は經理に精通し、事務処理も迅速であると徵瑞も会って確かめた人物であった。

乾隆四十九年（一七八四）十一月初五日付の徴瑞の再奏に、日本へ送る船舶数を取り上げている。

再、海洋風汛靡常、動多阻滞、新商銅務、本非素諳、乃能赶辦迅速、此皆鼓鑄攸關、仰頼聖主宏福、往返平順之所致、第銅既清欵、斷不准再有積壓、則先事預防、尤當妥籌永久、查范商從前初辦之時、奏明銅船七隻、實另有預備二隻、輪流更替、是以轉運得周、後被颶風漂没二船、竟不買補、一年僅發七船、即不能七船全回。又時有重洋、險阻拆板、修舩等事、七船并不能全發、以致銅到日少、積欠愈多、此其前鑒也。奴才飭令新商、查照范商初辦章程、於七船之外、再行添備船一二隻、以資周轉、至東洋發銅、向來毎船、止帶回十萬觔。(50)

范清濟の時は、日本へ送る船数は七隻に限られ、台風に遭遇して漂流、沈没することも考えられ、七隻では必要とする洋銅の調達は困難であるとした。そこで新商王世榮は予備の船を一、二隻準備しておく必要があるとしたのである。日本から購入できる銅は、船一隻に銅十万斤に限定されていたため、確実に必要な洋銅を採辦するには予備の船が必要であった。

乾隆五十年（一七八五）正月十二日付の江蘇巡撫閔鶚元の奏摺に、

官商王世榮辦解陝西省乾隆四十九年分鼓鑄正額餘銅、并補觧前商范清濟四十六年、七年兩年正額餘銅共、銅十萬七千六百六十八觔、乾隆四十九年十二月初三日、自蘇起程、據司道會詳奏前來。(51)

とあるように、乾隆五十年正月には、王世榮は前商范清濟が未納にしていた陝西省への洋銅納入を行っている。その額は乾隆四十六年、四十七年の両年で一〇七、六六八斤にのぼっていた。

乾隆五十年正月十八日付の山東巡撫明興の奏摺では、次のようにある。

據布政使馮晉祚具詳、直隷官商王世榮解運、乾隆四十九年分額銅二十五萬觔、又補前商范清濟毎年積欠、現年短平銅一萬二千五百斤計四隻、於乾隆四十九年八月十六日辰時、入山東嶧縣境、沿途州縣衛嚴加稽查、接逓催儹、已於乾隆四十九年十月初七日卯時、催出山東徳州衛境、交與直隷之呉橋縣接催北上、訖詳請奏咨前來。臣伏査該運銅船、在東省境内行走、共計四十九日十一時、除在嶧縣・濟寧・汶上・陽穀・聊城・臨清等州縣、因各閘守板、及因風頂阻等事、躭延十八日六時一刻外、合計應行程限四十一日三時、並未逾違統限、除將各結送部、並咨前途接催儹運外、理合恭摺具奏、……(52)

王世榮は、北京の寶京局に輸送する乾隆四十九年分の洋銅二五〇、〇〇〇斤と、前商范清濟の時の未納分一二、五〇〇〇斤を合計四隻の船に積載して、蘇州から山東省内に至った。山東北西部の徳州から直隷省の呉橋縣に赴くことになっていた。山東省内では嶧縣・濟寧・汶上・陽穀・聊城・臨清等の大運河すなわち京杭運河を北上して輸送していたことがわかる。運河航行の船四隻で二十六万二、五〇〇斤の銅を政府御用の銅を輸送したから、平均一隻あたり六五、六二五余斤の銅を輸送したことになる。

乾隆五十年十二月二十八日付の浙江巡撫福崧の奏摺によれば、

據布政使盛住詳稱、乾隆五十年分、據官商王世榮節次、辦獲鼓鑄洋銅、共五千六百箱、計五十六萬斤、先後由嘉興府屬之乍浦進口入境、倶即催令運赴蘇州官局交収、沿途各縣、加謹防護、催儹出境、並無逗留、及偸盗沈溺等弊、將該商辦運銅斤數目、並入境・出境日期、詳請彙奏、并聲明尚有何延寶等銅船出洋未回、應歸入下届辦理等情前來。(53)

王世榮が採辦する乾隆五十年分の銅が五、六〇〇箱、五十六万觔が、嘉興府下の平湖縣乍浦口に陸揚げされ、蘇州の官局に送られている。ただ、日本に赴いている何延寶船などがまだ帰港していなかった。

乾隆五十一年(一七八六)十二月二十六日付の浙江巡撫覺羅琅玕の奏摺に、

據布政使顧學潮詳稱、乾隆五十一年分、據官商王世榮節次辦獲鼓鑄洋銅一萬三千二百三箱、計一百三十二萬三百觔、先後由嘉慶府屬之乍浦進口入境、除浙省錢局酌留十萬四千觔外、餘銅一百二十一萬六千三百觔、倶即催令運赴蘇州官局交收、經沿途各縣、加謹護催儹出境、並無逗遛及偸盗沈溺等弊、將該商辦運銅觔數目、並入境出境日期、詳請彙奏前來。(54)

とある。乾隆五十一年分として、官商王世榮は一三二万三〇〇〇斤の洋銅を日本から採辦し、乍浦に陸揚げされ、浙江省の寶浙局に送られる十万四、〇〇〇斤を除いた一二一万六、三〇〇斤が蘇州の官局に送られることとなった。途中での盗難、輸送船の事故などに注意し、発送と到着の期日などを入念に報告されるよう注意を促した。

乾隆五十二年(一七八七)二月初三日付の江蘇巡撫の閔鶚元の奏摺には、

竊照官商辦觧各省鼓鑄銅觔起程入境出境日期例、應随時具奏、茲査蘇州官商王世榮辦觧陝西省乾隆五十一年正帶銅觔、除寶陝局上屆多収外、寔應觧銅五萬一千六百觔、又辦觧湖北省乾隆五十一年正帶銅五萬八百觔、於乾隆五十一年十二月初六日、自蘇州起程、於二十八日出江寧縣境、據司道會詳請奏前來。(55)

とあるように、官商王世榮の差配のもとに蘇州に届いた一二二万余斤の洋銅から陝西の寶陝局へ五万一、六〇〇斤が、湖北省へは五万八〇〇斤が蘇州から運ばれることになっていた。

乾隆五十二年二月十三日付の江西巡撫の何裕城の奏摺に、

茲査江蘇官商王世榮、解運湖北省、乾隆五十一年額銅五萬斤、餘銅八百斤共五萬八百斤。又解陝西省、乾隆五十一年額銅五萬斤、餘銅一千三百六斤零、乾隆五十二年額銅五萬斤、餘銅一千六百斤、共十萬二千九百六斤零、倶於乾隆五十二年正月初十日、自安徽東流縣水路入江西彭澤縣境在鏡子山、阻風十三日、一日船被風撃壊沈銅五萬一千五百斤、當即全數、撈獲換船裝載、共計躭延六日、十九日經九江關、査驗納料躭延一時、即於是日出江西徳化縣境、二十一日交湖北蘄州接替、訖據布政使李承鄴、査明入境出境日期、詳報前來。臣

査該官商銅船、除阻風換船、及赴關納料外、並無躭延、亦無生事、盗賣帶貨等弊、理合恭摺具奏。(56)

とある。官商王世榮は、湖北省に乾隆五十一年分の洋銅五万八、〇〇〇斤を、陝西省へは、乾隆五十一年分と乾隆五十二年分の合計十万二、九〇六斤を安徽省を経由する水路を利用して輸送したが、江西省の澤縣境在鏡子山付近で風のため遅延し、また輸送の一隻が風のため遭難して沈没し、五万一、五〇〇斤が水底に沈んでしまった。しかし全て引き上げ、別船に積み替えた。また九江關での検査などを経て、数日の遅延となったが、湖北省城に至っている。

乾隆五十二年三月初十日付の安徽巡撫の奏摺によると、次のように見られる。

奏報官商運解湖北・陝西二省銅斤、過境日期事、竊照隣省辦運銅斤船隻、過境例應一體催儹、稽査随時奏報、茲據安徽布政使陳歩瀛會同按察使馮光熊、安徽道張士範詳稱、江蘇官商王世榮辦解湖北省、乾隆五十一年正額、餘銅五萬八百斤。又辦解陝西省、乾隆五十一年正額餘銅五萬一千三百六斤零、五十二年正額餘銅五萬一千六百斤、於乾隆五十一年十二月二十七日、入安省之當塗縣境、在蕪湖縣阻風三日、於五十二年正月初十日交替、江西之彭澤縣接護出境、訖沿途押護員弁稽査催儹嚴密防範、並無遅延及偸抛盗賣情弊、又據蕪湖縣申稱該船、實因大江風阻、並非無故逗遛各等情、會詳呈請具奏前來。(57)

乾隆五十二年二月十三日付の江西巡撫の何裕城の奏摺に関連するが、王世榮が湖北、陝西二省に輸送した洋銅の輸送状況の前の様子がわかる。安徽省から江西省に至る間にも風の影響を受け輸送が遅延している。

乾隆五十二年四月二十九日付の陝西巡撫覺羅巴延三の奏摺に次のようにある。

奏爲収過官商運陝銅觔恭摺、奏聞事、竊照西安省城寶陝局鼓鑄錢文、毎年由官商採辦洋銅五萬觔、運陝交局充用、茲據布政使奏承恩鹽法道舒弼會詳、官商王世榮解到乾隆五十一年、并五十二年兩年額銅一十萬觔、随帶餘銅二千九百六觔三兩霊、經該司等督同局員、於本年四月初一二三等日、用部頒官秤公平弾兌照例、核除色耗銅觔、實収得該商浄洋銅九萬九千三百九十九觔八兩零。内除収五十一年額銅五萬觔、又収五十二年額銅四萬九千六百九十三觔四兩零、計不敷五十二年額銅三百六觔十一兩零。據請俟下届照數補交、再運銅、自蘇州起程運陝西省局例限四個月十四日十一時。今該商於乾隆五十一年十二月初六日、自蘇起程於五十二年四月初一日、運局交収、共三個月零二十五日、尚在限内、並未逾違、除咨江蘇撫臣將該商應觧、乾隆五十三年額銅五萬觔、並今次掛欠短少銅三百零六觔零、飭令照數採辦運陝外、理合恭摺具奏。(58)

官商王世榮が陝西省の西安にある寶陝局に送る乾隆五十一年、五十二年分の洋銅一〇万斤を乾隆五十一年十二月初六日に蘇州から出発して、五十二年四月初一日に届けられたのであった。

それから間もなく、王世榮の辦銅事業が調査され、乾隆帝に報告されている。

乾隆五十二年五月三十日付の河南巡撫畢沅の奏摺に以下のようにある。

再査、東洋採辦洋銅、關係鼓鑄、最爲緊要。乾隆四十八年二月參商范清濟退辦引地後、其東洋採辦洋銅一事、經前鹽政徵瑞奏派商人王世榮辦理、毎年於范宗文引地餘利内、撥銀八萬兩、解蘇照額、赴東洋採辦洋銅五十萬五千九百六斤、解交直隷・陝西・湖北・江西・浙江・江蘇六省、以供鼓鑄之用、嗣於四十九年十一月、復經徵瑞奏明、王世榮有承辦永慶號官引地、不能蘇採辦洋銅事務、即責成商夥王元章辦理、繼因王元章因病回籍、即係商夥錢鳴萃、在蘇經理。奴才到任後、留心査察、知蘇州辦理銅務、尚屬妥協、自四十八年承辦以來、於四十九年即已償歸年清年欵、並代完過參商范清濟歴年積欠各省銅四十三萬餘斤、皆商夥錢鳴萃等經理妥善之故。奴才伏査東洋採辦洋銅關係鼓鑄必資熟手、方保無悞、錢鳴萃乃浙江湖州府人、原辦銅熟手人、地相宜且知奮勉。今王世榮承辦永慶號直豫引地、現經査辦、尚需選派妥商、代爲經理、則蘇州銅務、尤關緊要、自當一併妥籌、以期無悞。査錢鳴萃委係辦銅熟手、前此辦理、既經著有成效、理合奏明、嗣後所有東洋採辦洋銅事務、請即交錢鳴萃一人、經理以専責成、以免諉卸、毎年應需銅費銀八萬兩、照舊在范宗文引地、餘利内如數、撥給倘有貽悞、惟該商錢鳴萃、是問。奴才仍留心、不時査察、如有不妥、随時奏明辦理、如此則事歸實。在該商錢鳴萃瞻顧責成、自必益加奮勉銅務、可期永遠無悞矣。理合附摺奏聞、謹奏。

硃批「覧」(59)

河南巡撫畢沅が、東洋すなわち日本からの採辦洋銅について述べた。乾隆四十八年二月に范清濟が長蘆鹽商としての業務が停滞し、新商王世榮が承辦し、洋銅採辦事業も、王世榮が引き継ぐこととなった。しかし、王世榮は引き継いだ永慶號引地の経営が多忙であり、蘇州に赴いて銅務を行うこと無く、王世榮の商夥である王元章に任したままであった。その王元章が病のため本籍に帰郷したため、同じく商夥である錢鳴萃が蘇州で經理することとなった。錢鳴萃は浙江省湖州府の人で、范清濟の時代より銅務に従事し、この業務を熟知した人物であった。

そこで、王世榮に替わって錢鳴萃が東洋採辦洋銅の業務を担当することになった。

長蘆巡鹽御史の穆騰額の乾隆五十三年（一七八八）六月二十四日付の再奏に、

再査、乾隆五十年十二月商人王世榮因獨肩銅務、資本不敷、呈請自五十一年爲始、免交二錢銀兩、當據署運使龍舜琴、詳請前鹽政徵瑞、俟届期具奏時、另於摺内聲明在案。奴才査前鹽政徵瑞、准令王世榮免交二錢銀兩、原以此項爲貼補銅費之用、今銅務業於上年、經奴才奏明、另交錢鳴萃辦理、自五十三年以後、王世榮名下、王繳二錢銀項、除官引地、准其免交外、所有自置引地、仍令按引交納、以昭畫一、謹奏。

硃批「覧」(60)

とあるように、王世榮の銅務を錢鳴萃が引き継ぐのは乾隆五十三年以後であったことは確かである。しかし、それ以前の乾隆五十年十二月以降において王世榮の銅務が不調を来していたことが知られる。

官商王世榮の時代における民商の存在であるが、江蘇巡撫閔鶚元の乾隆四十九年（一七八四）の奏摺に見える。

査蘇州民商、自備資本出洋、採買銅觔、於乾隆三十二年奏定、毎年額發船六隻、買回銅觔例、以六分交官、四分准變賣、以資運本、所有毎年應繳江蘇・浙江・江西三省、抽収官銅四十八萬觔、毎百觔例、准給部價銀十七兩五錢、歴届於蘇州藩庫、給領此成例也[61]。

民商は自己資本で日本へ赴いて銅を購入することになっていた。乾隆三十二年（一七六七）に、民商のみで六隻の船を送り、購入した銅の六〇％を政府に納め、残りの四〇％は自己の販売が認められた。毎年、江蘇、浙江、江西の三省に四十八万斤の銅を納め、その価格は一〇〇斤につき十七両五銭であって、全て蘇州の官局に納めることになっていた。この時の民商の呈稱が、この閔鶚元の奏摺に見られる。

今該省呉鳴鑾等呈稱、商等自承辦洋銅以來、仰托聖主洪水福、海不揚波、船帆順利、従前認完、舊商趙宸贍・趙光謨・伊升吉等欠觧一十八萬八千餘兩、早已先後、代爲交清、今商力稍裕、毎年交辦官銅之外、得以餘利、安業養家、飲水思源、報効無地。伏查商等、毎年承辦江蘇・浙江・江西三省官銅、毎百觔、准領銀十七兩五錢、而三十四年、四十三年、奉文撥運京局、銅毎百斤、止銷正價十五兩三錢、連外加水脚部飯銀、二兩二錢、始合十七兩五錢之數[62]。

呉鳴鑾ら民商は洋銅を承辦するが、舊商の趙宸贍・趙光謨・伊升吉等の未納銅觔が十八万八千余兩になっていた。これを完済して江蘇、浙江、江西三省の官銅を納入するとのことである。

民商呉鳴鑾の他の商人であるが、安永九年（乾隆四十五、一七八〇）に日本の房州すなわち今の千葉県の東南端に漂着した長崎来航の唐船乗員と兒玉琮との筆談記録『漂客紀事』に当時の長崎の中国貿易の實情が見られる。

今長崎互市船共十三艘、其六艘范氏、實官船也。其七財東七人、各一船、開創惣商共十二家、故今猶名號十二家、其實七家也。

七家爲誰曰、沈雲瞻、王履階、高山輝、呉有光、兪會時、楊岳懐、呉鳴鑾也。沈則沈敬瞻同宗、王高二子、嘗往崎陽者。(63)

この記録から、王世榮が官商となる三年前のことであるが、十二家と呼称された民商は、乾隆四十五年頃には七家があり、その一家に呉鳴鑾が居たことが、日中の史料から知られる。

呉鳴鑾は、民商として洋銅の採辦事業に従事していたのであった。七家の中の沈雲瞻の同族である沈敬瞻は長崎に来航する船主で、天明五年（乾隆五十、一七八五）の巳二番船船主(64)として長崎に来航していたことが知られる。王高二子とは王履階(65)と高山輝(66)であるが、いずれも長崎来航唐船主であった。

以上のように、官商と民商とが日本銅の採辦事業に従事していた。

四　小結

長蘆商人王世榮は、直隷・河南を中心とする鹽務に従事する天津商人であり、父親の王起鳳や王起鳳の孫である王佩とともに長蘆塩商であった。その王世榮が、同じく長蘆塩商の范清濟が塩商とともに、政府から命じられた行っていた洋銅の採辦事業が破綻したことで、王世榮にその替わりを求められたのであった。

こうして王世榮は洋銅採辦事業に従事することとなる。乾隆四十八年四月、日本の天明三年（一七八三）以降、乾隆五十三年（一七八八）まで、舊商范清濟を引き継いで日本から銅を採辦する事業に従事していた。王世榮は范清濟の事業を引継、鼓鑄用の洋銅すなわち日本銅を、長崎から中国へ輸入する貿易業務に関与し、直隷・陝西・湖北・江西・浙江・江蘇六省に輸送する業務をおこなった。

しかし長蘆塩商王世榮にとって、長蘆における永慶官引地の塩務があり、自ら蘇州に赴いて、銅務に専念することも困難なため、配下の王元章に銅務を託さざるを得ない事情もあった。ところが乾隆五十年末頃から、銅務が停滞し、乾隆五十三年以降は浙江湖州出身の錢鳴萃が行うことになり、王世榮の洋銅採辦事業は乾隆四十八年四月から乾隆五十三年までの僅か五年ほどの短い期間であった。

注

（1）賀長齢編『皇朝經世文編』巻五三、戸政二八、晏斯盛「開銅源節銅流疏」。
（2）嚴中平『清代雲南銅政考』中華書局、一九四八年八月、一―一〇〇頁。
（3）嚴中平『清代雲南銅政考』中華書局、一九四八年八月、三―四頁。
（4）国立公文書館所蔵『上諭條例』不分巻、第五冊（六四冊）、函號二五七―一九、三二九丁裏。
（5）『清朝文献通考』一（全二冊）、浙江古籍出版社、二〇〇〇年一月、考四九七八―四九七九頁。
（6）中国第一歴史檔案館所蔵、財政類、財政貨幣項、膠片六一巻、一九七二―一九七四。
（7）道光『乍浦備志』巻十四、『中國地方志集成　郷鎮志専輯二〇』上海書店、一九九二年七月、二二九頁。
（8）道光『乍浦備志』巻十四、『中國地方志集成　郷鎮志専輯二〇』上海書店、一九九二年七月、二二九―二三〇頁。
（9）道光『乍浦備志』巻十四、『中國地方志集成　郷鎮志専輯二〇』上海書店、一九九二年七月、二三〇頁。
（10）道光『乍浦備志』巻十四、『中國地方志集成　郷鎮志専輯二〇』上海書店、一九九二年七月、二三〇頁。
（11）『國朝耆獻類徴初編』巻四五二、卓行一〇、范毓馪。『國朝耆獻類徴初編』第十九冊、江蘇廣陵古籍刻印社影印、一九九〇年八月、一九七（一九六―一九七）頁。

(12) 賀長齢編『皇朝經世文編』巻五三、戸政二八、晏斯盛「開銅源節銅流疏」。
(13) 山脇悌二郎「清代塩商と長崎貿易の独占」、山脇悌二郎『近世日中貿易史の研究』吉川弘文館、一九六〇年十月、四六―四八（三八―六五）頁。
山脇悌二郎『長崎の唐人貿易』吉川弘文館、一九六四年四月、一八三―一八四頁。
(14) 松浦章『清代貿易史の研究』朋友書店、二〇〇二年一月、一五〇頁。
松浦章著・李小林譯『清代海外貿易史研究』上冊、天津人民出版社、二〇一六年五月、一四二―一四三頁。
(15) 中国第一歴史檔案館編『乾隆朝上諭檔』第十一冊、檔案出版社、一九九一年六月、九二八―九二九頁。
(16)『清實録』第二三冊、高宗實録十五、中華書局、一九八六年五月、九七一―九七二頁。
(17) 松浦章『清代貿易史の研究』朋友書店、二〇〇二年一月、一五〇頁。
松浦章著・李小林譯『清代海外貿易史研究』上冊、天津人民出版社、二〇一六年五月、一四二―一四三頁。
(18)『清實録』第十九冊、高宗實録十一、中華書局、一九八六年三月、九八七―九八八頁。
(19)『清實録』第二五冊、高宗實録十七、中華書局、一九八六年五月、一五二頁。
(20) 嘉慶『長蘆鹽法志』、『續修四庫全書』八四〇、史部、政書類、八四〇、上海古籍出版社、二二七頁。
(21)『清實録』第三一冊、仁宗實録四、中華書局、一九八六年七月、五六五頁。
(22)『清實録』第二七冊、高宗實録一九、中華書局、一九八六年六月、一〇三四頁。
(23) 嘉慶『長蘆鹽法志』巻十一、『續修四庫全書』八四〇、史部、政書類、八四〇、上海古籍出版社、二二一頁。
(24) 嘉慶『長蘆鹽法志』巻十三、『續修四庫全書』八四〇、史部、政書類、八四〇、上海古籍出版社、二五四頁。
(25) 嘉慶『長蘆鹽法志』巻十三、『續修四庫全書』八四〇、史部、政書類、八四〇、上海古籍出版社、二八二―二八三頁。
(26)『宮中檔乾隆朝奏摺』第六四輯、国立故宮博物院、一九八七年八月、三五七（三五七―三五九）頁。
(27) 国立公文書館所蔵、『上諭條例』不分巻、第一九三冊（二二六冊）、函號二八七―二〇、一四―一五丁。
(28)『清實録』第二六冊、高宗實録十八、中華書局、一九八六年四月、七四一頁。
(29) 司馬江漢『西遊旅譚』巻三、七丁裏、『畫圖西遊譚』（複製縮刷版）中外書房、一九六六年六月。
(30) 松浦章『清代貿易史の研究』朋友書店、一四七―一五〇頁。

松浦章著・李小林譯『清代海外貿易史研究』上冊、一三九—一四二頁。
(31) 松浦章『清代貿易史の研究』朋友書店、二〇〇二年一月、一五〇—一五一頁。
松浦章著・李小林譯『清代海外貿易史研究』上冊、一四三—一四四頁。
(32) 長崎縣史編纂委員會編『長崎縣史　史料編第四』吉川弘文館、一九六五年三月、六六頁。
(33)『清實録』第二三冊、高宗實録十五、中華書局、一九八六年五月、七二〇—七二一頁。
(34) 中国第一歴史檔案館所蔵、内務府奏銷檔、膠片号一一六、三八—四〇頁。
(35)『清實録』第二三冊、高宗實録十五、中華書局、一九八六年五月、七五二頁。
(36)『清實録』第二三冊、高宗實録十五、中華書局、一九八六年五月、八七五頁。
(37) 宋如林撰、道光『蘇州府志』巻十七、田賦十（東洋文庫、Ⅱ—11・B・g—20）。
(38) 宋如林撰、道光『蘇州府志』巻十七、田賦十（東洋文庫、Ⅱ—11・B・g—20）。
(39) 宋如林撰、道光『蘇州府志』巻十七、田賦十（東洋文庫、Ⅱ—11・B・g—20）。
(40) 中国第一歴史檔案館所蔵、硃批奏摺、膠片巻六一巻二四九七片。奏摺の期日が不明。
(41) 中国第一歴史檔案館所蔵、宮中硃批奏摺、財政類、財政貨幣項、膠片巻六二巻、二三六七—二三六九片。
(42)『長崎實録大成』巻十一、丹羽漢吉・森永種夫校訂『長崎文献叢書第一集・第二巻　長崎實録大成正編』長崎文献社、一九七三年十二月、二七八頁。
(43)『長崎志續編』巻八、森永種夫校訂『長崎文献叢書第一集・第四巻　屬長崎實録大成』長崎文献社、一九七四年十一月、一九五—一九六頁。
(44) 王世榮が官商であって、日本へ採辦洋銅をした日本の天明二（乾隆四七、一七八二）から天明八年（乾隆五三、一七八八）までの七年間に長崎に来航した唐船は毎年十三隻であった（『長崎志續編』巻八、森永種夫校訂『長崎文献叢書第一集・第四巻　屬長崎實録大成』長崎文献社、一九七四年十一月、一九一、一九三頁。）
(45)『宮中檔乾隆朝奏摺』第五八輯、国立故宮博物院、一九八七年二月、五五四—五五五頁。
(46)『宮中檔乾隆朝奏摺』第五八輯、国立故宮博物院、一九八六年十一月、四四九（四四七—四五〇）頁。
(47) 大庭脩編著『唐船進港回棹録　島原本唐人風説書　割符留帳—近世日中交渉史料集—』関西大学東西学術研究所、一九七四年三月、図版一、一四三頁。

(48)中国第一歴史檔案館所蔵、宮中硃批奏摺、財政類、財政貨幣項、膠片巻六二巻、二三六七―二三六八片。

(49)中国第一歴史檔案館所蔵、宮中硃批奏摺、財政類、財政貨幣項、膠片巻六二巻、二三六七―二三六八―二三六九片。

(50)中国第一歴史檔案館所蔵、宮中硃批奏摺、財政類、財政貨幣項、膠片巻六二巻、二三七〇片。

(51)中国第一歴史檔案館所蔵、硃批奏摺、膠片巻六二巻二四二七―二七二八片。

(52)中国第一歴史檔案館所蔵、硃批奏摺、膠片巻六二巻二四三一―二四三二片。

(53)中国第一歴史檔案館所蔵、硃批奏摺、膠片巻六二巻二七四七―二七四八片。

(54)『宮中檔乾隆朝奏摺』第六二輯、国立故宮博物院、一九八七年六月、七三九頁。

(55)『宮中檔乾隆朝奏摺』第六三輯、国立故宮博物院、一九八七年七月、二三五頁。

(56)『宮中檔乾隆朝奏摺』第六三輯、国立故宮博物院、一九八七年七月、三四二―三四三頁。

(57)『宮中檔乾隆朝奏摺』第六三輯、国立故宮博物院、一九八七年七月、五八一―五八二頁。

(58)『宮中檔乾隆朝奏摺』第六四輯、国立故宮博物院、一九八七年八月、二〇三―二〇四頁。

(59)『宮中檔乾隆朝奏摺』第六四輯、国立故宮博物院、一九八七年八月、五六一―五六二頁。

(60)『宮中檔乾隆朝奏摺』第六四輯、国立故宮博物院、一九八七年一二月、六四九頁

(61)『宮中檔乾隆朝奏摺』第六〇輯、国立故宮博物院、一九八七年四月、七五頁。

(62)『宮中檔乾隆朝奏摺』第六〇輯、国立故宮博物院、一九八七年四月、七五一―七六頁。

(63)大庭脩編著『安永九年安房千倉漂着南京船元順號資料―江戸時代漂着唐船資料集五―』関西大学出版部、一九九〇年三月、八頁。

(64)長崎縣史編纂委員會編『長崎縣史　史料編第四』吉川弘文館、一九六五年三月、五七三頁。

(65)松浦章『清代貿易史の研究』朋友書店、二〇〇二年一月、一五一―一五三頁。
松浦章著・李小林譯『清代海外貿易史研究』上冊、一四四―一四七頁。

(66)松浦章『清代貿易史の研究』朋友書店、二〇〇二年一月、一六〇頁。
松浦章著・李小林譯『清代海外貿易史研究』上冊、一五五頁。

岡本一抱『医学三蔵弁解』における情志

――現代中医学と比較して

熊野弘子

一　はじめに

現代において、環境やウイルス・菌といった外因以外に、情志の失調といった内因由来の疾患は多い[1]。古来、情志の失調による病は認識されており、中国のみならず中国医学を受容してきた日本においても情志の失調による病理理論については継承されてきた。古よりいわれてきた情志の失調による病を改めてストレスフルな現代において再確認する意義はあり、現に中国では、その分野の研究が進められているものの[2]、科学的アプローチの研究に比し、まだこのような伝統医学的アプローチを試みる研究、まして日本における受容・展開を見た研究は少ない。そこで、日本で受容・展開されてきた情志の失調に関する理論の一端を、江戸時代を代表する高名な医家たる岡本一抱（以下、一抱と略称。一六五五（明暦元）頃―一七一六・七（正徳六・五）[3]）に焦点を当て考察したい。一抱は医書を多数遺しており、また近松門左衛門（一六五三（承応二）―一七二五・一（享保九・十一））の実弟である。一抱の『医学三蔵弁解』（以下、『蔵弁』と略称）を取りあげて現在と近世、および日本と中国を比較し、今も昔も用いられる有効な理論である内因病因論の一端を考察したい。

二　現代中医学における情志

二―一　神の生理

岡本一抱が生きた江戸時代と比較するにあたり、まず現在では、情志（五志・七情）についてどのように考えられているか概観しておく[4]。

中国医学でいう神は、（一）広義では、生命活動の総称である。（二）狭義では、精神・意識・思惟活動を指す。狭義の神は、臓腑・生理物質・正常な精神活動の統率・制御を担い、生理物質の滋養によってその機能を維持する。

神の機能は（1）五神（魂・神・意・魄・志）と、（2）五志（怒・喜・思・憂・恐）に大別される。

（1）五神は、人体に「元来」備わる「精神活動」を表す。

（2）五志は、「外界」の刺激に対する「情動反応」である。

神は、内部環境を調節し、外界の変化に適応させているのである。【表1】

【表1】 神の概念

	概念	生理	病理
(一)広義の神	生命活動の総称	臓腑・生理物質・精神活動の機能が統合された情報として外に現れたもの	(1)神衰：神の失調によって、精神的に萎縮し、反応が鈍く、生命力が減退した状態 (2)失神：神の機能が高度に失調し、容貌・色艶が衰え、精神活動が極度に低下し、意識が不鮮明な状態
(二)狭義の神	精神・意識・思惟活動。神志・心神ともいう。心の機能に属す	臓腑・生理物質・精神活動の統率・制御。生理物質の滋養によって機能を維持	
	機能は以下の2つに大別 (1)五神（魂・神・意・魄・志）：人体に元来備わる精神活動	内部環境を調節し、外界の変化に適応	→【表2】
	(2)五志（怒・喜・思・憂・恐）：外界の刺激に対する情動反応		→【表5】

二―二　神の病理

神の病理の本質は、(一)形神不具、(二)精神活動の失調である。

(一)形神不具とは、精神(神)が形体(臓腑・組織・生理物質)を統率・制御できない状態であり、生命活動の減弱・強い倦怠感として現れる。

(二)精神活動の失調は、五神・五志の機能に応じてそれぞれの特徴がある。

神の病理が起こる原因は、自然界からの影響・臓腑機能の失調・情志の失調などである。

五神の病理変化は、魂・魄は情志・感覚の異常、神は統率・制御の異常、意・志は思考と記憶の異常として現れる。

二－三　五神

先述のとおり、狭義の神の機能は、（1）五神（魂・神・意・魄・志）と（2）五志（怒・喜・思・憂・恐）があり、ここでは、五神を【表2】にまとめ、【表3】に関係性を示す。

二－四　五神の病理

（1）魂・魄の病理において、魂の機能失調は、主に情志の異常として現れる。
例えば、いらいらする・怒りっぽい・思い悩む・おどおどする・びくびくするなどである。

魄の機能失調は、主に感覚の異常として現れる。

例えば、視覚障害・耳聾・味覚の鈍麻・皮膚感覚の消失などが挙げられる。幻覚・幻聴なども魄の病理変化の範疇である。
（2）神の病理において、神の機能が失調すると、神が精神活動の統率・制御ができず、意識が混濁し、発語・行動・情動に異常が現れる。著しい場合は、暴力的な衝動に駆られたり、行動の一貫性を失ったり、ぼんやりするなどの状態になったりする。
（3）意・志の病理において、意の主な機能失調は、思考がまとまらない・順序立てて話ができないなどである。これらは、脾の機能失調によって起こる場合が多い。

志の主な機能失調は、健忘・物事をやり遂げられない・目的を持って行動できないなどが挙げられる。これらは、腎の機能失調によって起こる場合が多い。【表2】

【表2】五神の生理・病理

神	臓	生理	病理変化	病理
魂	肝	評価・判断などの精神活動。気機と情志の調節	情志の異常	いらいら、易怒、思い悩む、びくびく
神	心	身体活動・精神活動を統率・制御する機能。血の滋養に支えられる ※五神のなかの「神」は、狭義の神の一部の機能を意味する	統率・制御の異常	神が精神活動の統率・制御ができず→意識混濁。発語・行動・情動に異常。暴力的衝動。行動の一貫性を失う。ぼんやりする
意	脾	思考・推測・注意力・記憶などの精神活動。脳が気血に滋養されることで維持	思考の異常	思考がまとまらない、順序立てて話ができない
魄	肺	感覚・運動および情志などの精神活動。気の散布によって維持	感覚の異常	視覚障害、幻覚。耳聾、幻聴。味覚鈍麻。皮膚感覚消失
志	腎	記憶の維持・思考を経験として蓄積するなどの精神活動。脳が精に滋養されることで維持 ※意と志の機能はあわせて思慮・智恵として現れる。様々な環境・状況に対応可能に	記憶の異常	健忘、物事をやり遂げられない、目的を持った行動不可[5]

【表3】　五神（魂魄神意志）と五臓・情志の関係

五臓	心			
情志	喜			
五神	神	〔気機〕緩 神は全精神活動・生理活動を主宰：統率・制御 〔病理〕狂躁、精神異常、強い倦怠感など臓腑失調		
五神	志	意	魂	魄
五臓	腎	脾	肝	肺
生理	記憶維持 経験の保存 思考 根気	思考 推測 注意力 記憶	思索 評価 判断	感覚（五官） 運動 情志（怒喜思憂悲恐驚） などの本能的な精神活動
生理	思慮、智恵			
病理	健忘、 根気がない	思考が まとまらない	思索・評価・ 判断に影響	感覚異常、 情志失調
情志	恐・驚	思	怒	憂・悲
気機	降・乱	結	昇	鬱・消

二ー五　五志・七情

五志には、怒・喜・思・憂・恐の五つの情動・情緒がある。

七情とは、怒・喜・思・憂・悲・恐・驚の七つの情動・情緒のことである。【表4】

五志と七情に含まれる情動・情緒を総称して情志という。

情志は、遭遇した状況・事物に対する精神的な反応であり、必ず一定の気機を伴う。

特定の情志が長時間持続したり、急激・強烈に発生したりすると、その情志と関連する臓腑の機能が失調する。

逆に、臓腑の機能が失調すると、その臓腑に関連する情志が出現しやすくなる。【表5】

【表4】 情志

情志：五志と七情に含まれる情動・情緒の総称	
五志：怒、喜、思、憂、恐	の五つの情動・情緒
七情：怒、喜、思、憂・悲、恐・驚	の七つの情動・情緒

二−六　五志・七情の病理

情志の異常は、気機の失調に伴って出現するため、精神症状に限らず、一般症候も同時に起こる。

また、五行色体で対応する臓腑に限らず、その気機が生じる病態に応じて精神症状が起こる。

例えば、気機が下る状態であれば、よく恐れる・おどおどしやすい・びくびくしやすいという症状に加えて、気虚・気陥の症状が起こる。

また、気虚であれば、どの臓腑の気虚であってもよく恐れる・おどおどしやすい・びくびくしやすいという症状は起こりうる。

その他、思・憂はいずれも気滞に関連する気機であるため、肝の機能失調でも思い悩む・憂いという情志が出現する。【表5】

【表5】 五志・七情

情志が発生 → 関連臓腑が失調

臓腑が失調 → 関連情志が出現

七情	情志	気機	臓	生理	情志による病理・症状
1 怒	怒る	上昇	肝	昇発	過怒→肝に影響 肝失調→気機過上昇→易怒・急躁
2 喜	喜ぶ	弛緩	心	主血	過喜→気機過弛緩→血の送出不可 →①心機能失調：心悸、不整脈 →②神の滋養不可→精神コントロール不可 心失調→気機弛み→易喜
3 思	思う・考える	鬱結	脾	固摂	過思→脾に影響→食欲不振・意欲低下 脾失調→気機鬱結→易思・些細事で考え込む
4 憂	憂う・心配・不安	鬱滞	肺	布散	過憂→肺・脾・肝に影響 ※肺は気機が鬱しやすい 肺失調→気機鬱滞→易憂
5 悲	悲しむ	消耗		主気	※憂いや思慮過度を伴いやすい 過悲：激しく泣く・心配してため息が多い→気の消耗→肺に影響 肺失調→易悲・易憂
6 恐	恐れる	下降	腎	固摂	恐→気機下降→最下部にある腎に影響、気虚・気陥の症状 腎失調→気機下降→些細事で恐れ・常におどおど
7 驚	驚く	乱れ			※驚は魂が制御。腎から原気供給受ける肝・心・胆と関連 驚く→気機乱れ→固摂作用に影響→腎に影響⑥ 腎の原気供給不足→制御が不安定→些細事で驚く・動悸・失禁・ひきつけ

二ー七　神・情志と生理物質との関係

東洋医学では、臓腑を五臓・六腑・奇恒の腑の三つに分けている。脳（髄海）は奇恒の腑の一つであり、元神の府ともいわれ、神と密接な関係にある。神の機能を発揮するためには、脳が十分に生理物質の滋養を受けることが必要である。【表6】

また、臓腑の気血の失調などが情志の変化へ影響する。[7]

【表6】　神・情志と生理物質との関係

物質関係	生理	病理
神と気の関係	気は、「神」の形成に不可欠な生理物質。気も神の統率・制御を受けて、正常に機能	気が不足↓神の不形成↓神の機能失調。神が不安定↓様々な気の機能失調
神と血の関係	神の機能は、脳が血の滋養を受けて↓その機能を発揮	脳が血の滋養を受けられない↓神の機能失調
神と津液の関係	津液は、血とともに脳を潤す	津液が不足↓血も不足↓脳の滋養が不十分↓神の機能失調
神と精の関係	精は、髄を滋養し、脳を満たす↓神の機能を維持	精の不足↓脳の滋養不足↓神の機能失調

二ー八　全身の気機

気は体内を絶えず運動して、すべての組織・器官に行き渡らせることで生命活動を維持している。気機とは気の運動のことで、昇降出入の四つの方向がある。これは人体の生命活動をシンボリックに表現したものである。臓腑おのおのの機能や、臓腑間の協調関係を具体的に説明する言葉である。

【表7】五臓の関連領域の気機

系統	臓腑	生理	気機	病理	症状
肝系	肝	昇発	昇・外	肝失調→気機過昇	人体上部に気逆（上逆）症状：頭痛、肩こり、眩暈、耳鳴
	胆	貯蔵と排泄（胆汁は肝の疏泄による）	内・外	疏泄の太過	多汗、胃酸過多、胆汁分泌異常
心系	心	全身の陽気の中心	昇・降	心火	人体上部に上炎症状：のぼせ、顔面紅潮、不眠、舌瘡
	小腸	消化物を下降	降	小腸に熱邪・寒邪	飲食物の吸収障害、糟粕を大腸に伝えられない
脾系	脾	昇清	昇	脾失調→昇清に影響→水穀の精微の不昇→気血の化生不十分→人体上部を養えず→清陽不昇	眩暈、頭痛、不眠
		統血	内	脾失調→内方に入る気機の維持不可	皮下出血、崩漏、慢性の下痢
	胃	降濁	降	降濁失調→気機不降	食滞、腹脹、便秘、胃痛
				気機不降→上逆	悪心、嘔吐
肺系	肺	粛降	降・内	粛降失調	喘息、浮腫
		宣布発散	昇・外	宣発失調→気機不外向	咳嗽、発汗異常
	大腸	糟粕の伝化	降	大腸失調→気機不降	便秘など排便異常
腎系	腎	原気の上昇・	昇	腎失調→原気不昇→各臓腑を不賦活	倦怠感、精神疲労
		腎集津液を肺へ		津液を肺まで不昇	浮腫、多尿、遺尿
		封蔵	内	津液を膀胱に不収	
	膀胱	尿の排泄	外	膀胱機能失調	小便不利、排尿痛など排尿障害

【表8】昇降気機の相互関係

気機	機能の相互関係	生理	病理	症状
昇	疏泄と宣発	宣発は疏泄（昇発）の補助受け↓宣発機能維持	疏泄亢進↓気機過昇↓宣発に影響	咳嗽、過呼吸
	疏泄と運化	運化は疏泄（昇発）の補助受け↓水穀の精微を上昇	疏泄不及↓運化に影響↓水穀の精微不運↓清陽不昇、中焦の気機に影響	腹脹、食欲不振
降	粛降と降濁	胃の降濁は肺の粛降の補助により↓消化物を下降	粛降失調↓降濁を不助↓消化物を大小腸へ不伝	食滞による厭食、便秘
	粛降と伝化	大腸の伝化は肺の粛降の補助により↓糟粕を下降	肺気不足↓粛降減弱↓下降気機弱化↓大腸伝化に影響	便秘
昇と降	宣発と粛降	宣発は粛降を抑制し、粛降は宣発を抑制する∴肺機能の維持	疏泄の失調、内熱↓気機過昇↓宣発に影響。納気の失調↓粛降に影響	咳嗽、喘息
	疏泄と粛降	疏泄（昇発）は粛降を抑制し、粛降は疏泄（昇発）を抑制する∴気機の上昇・下降を調節	疏泄失調↓気機過昇↓粛降に影響	
	昇清と降濁	昇清（運化）と降濁は相互に協調∴中焦（脾胃）の気機調節	脾・胃機能失調↓中焦気機に影響	腹脹、下痢、悪心、嘔吐

【表9】 出入気機の相互関係

出	疏泄と宣発	肝の疏泄と肺の宣発は気機を外向→津液を汗として、濁気を呼気として排泄	疏泄・宣発失調→津液・濁気の排泄不可	発汗・呼吸異常
入	統血と蔵精・主水	統血と蔵精・主水は固摂作用の現れ→気機を内向→生理物質を体内に納める	統血と蔵精・主水失調→生理物質の固摂不可	出血、泄瀉、自汗、遺尿
	粛降と納気	腎の納気は肺の粛降を補助→気機を内向→吸気の深さ確保→正常呼吸	粛降・納気失調→吸気の深さ確保不可	息切れ、喘息、呼吸困難
出と入	疏泄と封蔵	肝の疏泄は気機を外向、腎の封蔵は気機を内向。両者は器官の開闔に関与、器官機能が協調→正常な分泌・排泄：主水・蔵精・納気	疏泄亢進・封蔵減弱→分泌・排泄が失調	多汗、胃酸過多、頻尿、遺尿
	気化と封蔵	膀胱の気化機能は、気機を外向、腎の封蔵は、気機を内向。腎の気化・封蔵により管理・調節→膀胱の気機が妨げられないことで膀胱の貯尿・排尿	腎機能失調→膀胱気化に影響	頻尿、尿閉
			膀胱に病理物質（熱邪・湿邪）→外向気機障害	尿意促迫、排尿痛

昇とは上へ向かう気の運動、降とは下へ向かう気の運動、出とは外へ向かう気の運動、入とは内へ向かう気の運動である。

人体の気機は、各臓腑の機能によって発揮されており【表7】、昇と降、出と入という対立する運動の方向性が相互に抑制・協調・調節されることにより、正常な気機を維持している。【表8】【表9】

気機の失調は、臓腑の機能が失調することにより、相互の抑制・協調・調節の関係が崩れることによって発生する。

三　『医学三蔵弁解』に見える情志

前章では、比較対象として現代中医学における情志についておさらいした。本章では、岡本一抱『蔵弁』の情志についての記述を考察し、江戸時代における情志由来の病に対する考えを見たい。

一抱『蔵弁』によると、五臓に五志があり、肝の志は怒、心の志は喜、脾の志は思、肺の志は憂、腎の志は恐である、とまず前提的な内容から始まる。

　五蔵ニ五志アリ。肝ノ志ハ怒　心ハ志は喜。脾ノ志ハ思。肺ノ志ハ憂。腎ノ志ハ恐トス。(8)

五蔵に五志がある。肝の志は怒、心の志は喜、脾の志は思、肺の志は憂、腎の志は恐である

続けて、その根本は、五志・七情ともに、神気の発動によって出るものと説かれる。どういうことであろうか。『蔵弁』は、

　其ノ本ヲ推シ求ムルトキハ。五志七情倶ニ神気ノ発動ニ出ル者ナリ。
　然ル所以ハ。五蔵各〳〵其ノ志ヲ分主セシムルトキハ。
　恐ル、中ニ怒気ヲコリ。喜時ニモ。憂フル情ノ出ベキナリ。

然レドモ人ト喜トキハ憂ヘナシ。怒ル時ニ恐ル、情ノナキ者ハ。

其の本を推し求めるときは、五志・七情ともに、神気の発動によって出る。なぜなら、五臓が各々その志を分けて主っていると、恐れている時に、怒気が起こり、喜んでいる時に憂いの情が出てこなければならないが、しかし人というものは、喜んでいるときには憂いはなく、怒っているときには恐れる情がないものである。

と述べる。二つの感情を同時にいだくことがないわけではないものの、確かに大抵は喜びに満ちている時は喜びという一つの感情に支配され、相反する感情はいだかないのが通常ではあろう。『蔵弁』では、

神気其ノ情ニ向ヒ居バナリ。
譬バ手ヲ以テ物ヲ持ツガ如シ。
一物ヲ握ル時ハ。又ノ他物ヲ持ツコトノ如シレ不ルカレ能。
怒ル時ハ神其ノ怒ニ向ヒ。喜時ハ神其ノ喜ヒノ情ニ応ス。
神気応向スル所ノ一方アルガ故ニ。喜中ニ憂発ラズ。怒ル中ニ恐ル情ノ出ルコトナシ。

神気がその情に向かっているためである。
たとえば、手で物を持つようなもので、一つのものを握っているときは、また他の物を持つことができない。

怒っているときには神はその怒りに向かい、喜んでいるときには神はその喜びの情に応じる。神気が応じ向かう所が一方向であるため、喜びの最中には憂いが起こらず、怒る最中には恐れる情が出ることがない。

と、たとえを用いながら、神気がその情に向かってつまり一方向に向かっているので、ある感情が発生しているときは別の感情が生じることがないと説明される。

ここでは、各感情に伴う気機があり、その各気機には方向性があるため、二つ以上の方向に動くことは制限されがちであることは容易に想像されることである。

『蔵弁』は続けて、

然レバ五蔵五志ヲ分テ主ルノ説ハ。聖人虚名ヲ立ルガ如シト雖ドモ。五蔵マタ各〱主ル所アリ。其ノ発スル位アリ。何如トナレバ五行五蔵に配ス。

しかれば、五臓が五志を分けて主るという説は、聖人が虚名を立てるがごときといえども、五臓にはまたそれぞれに主る所があり、発する位置がある。なぜかというと、五行は五臓に配すためである。

と、五臓が五志を分けて主るということに疑問を呈しているものの、しかし五行が五臓に配されるため、五臓はそれぞれに主る所・発する位置があるとしている。そうして各五臓について以下のように記される。

肝ハ木ニ属ス。木ハ春ニ応シテ発生勇猛ノ気。

故ニ霊蘭秘伝論《ニ》曰。

肝ハ将軍ノ官。謀慮出《ッ》ト。

肝木其ノ発生勇猛ノ勢ニ従テ。怒気ヲ発ス。人怒《ル》時ハ気逆シテ息数ハゲシク。眼張《リ》怒極テ。面《テ》青色ナルハ皆肝木勇猛ノ気色に応ス。故ニ聖人見テ肝ノ志トス。


肝は木に属し、木は春に応じて発生する勇猛の気である。

『素問』霊蘭秘典論に「肝は将軍の官であり、謀慮が出るところである」と述べられる。

肝木はその発生において勇猛の勢いに従い、怒気を発す。人が怒るときには、気逆して呼吸が激しくなり、目を見張り、怒りが極まると顔が青くなる。これらは全て肝木の勇猛の気色に応じているものである。よって聖人はこれを見て、肝の志とするわけである。


と、肝に配当される五行の木が勢いよく成長する性質から「怒」と結び付けられ、気逆する気機が述べられている。

心ハ火ニ属ス。火《ノ》性ハ散シテ開ク。人ノ喜ヤ。気ノ開テ散スルニ生ス。故ニ聖人見テ心ノ志トス。

心は火に属す。火の性は散じて開く。人の喜びというものは、気が開いて散ずることによって生じる。よって聖人はこれを見て、心の志とするわけである。

と、心に配当される火が「散」つまりあちこちに開く・広がる性質とされ、火のように気が開き散ずる「喜」が結び付けられている。

脾ハ土ニ属ス。土ハ中宮ニ在テ四方ニ応ス。人ノ思ヤ。四方ノ事ヲ聚メテ抱ニ生ス。故ニ聖人見テ脾ノ志トス。

脾は土に属す。土は中宮に位置して四方に応じる。人の思いというものは、四方の事柄を集めて抱くことによって生じる。よって聖人はこれを見て、脾の志とするわけである。

と、脾に配当される土が中央に位置し四方に応じることと、そして「思」も四方に応じて生じることが結び付けられる。

肺ハ金ニ属ス。金ハ収斂粛殺シ。物ヲシテ。痛マシム。人ノ憂ルヤ其ノ気収斂シテ。痛ムニ生ス。故ニ聖人見テ。憂ハ肺ノ志トス。

肺は金に属す。金は収斂・粛殺し、物を痛める。人の憂いというものは、その気が収斂して痛むことによって生じる。よって聖人はこれを見て、憂いを肺の志とする。

と、肺に配当される金がもつ収斂・粛殺の性質と、そして「憂」の気が収斂、つまり縮まり、痛むことと結び付けられる。(9)

腎ハ水ニ属ス。水ヨク順下〆畢ニ降ル。人ノ恐ヤ其気下モニ陥ル。故ニ聖人見テ恐ルハ。腎ノ志トス。

腎は水に属す。水はよく順下して低い場所に降りる。人の恐れというものは、その気が下に陥るものである。よって聖人はこれを見て、恐れを腎の志とするわけである。

と、腎に配当される水がもつ降る性質と、そして「恐」の気は陥下することとが結び付けられる。

然レトモ其ノ五志ノ総ヘテ属ル所ハ。一ノ神気ナリ。是ヲ以テ五志七情ハ五蔵五行ノ気象ニ応ジテ。各〱分主アリト雖ドモ。コレヲ総ル者ハ神気トス。

しかれども、その五志全てが属するところは一つの神気である。このため五志七情は、五行の気象に応じて、それぞれ分けて主るところがあるとはいっても、これを総べるものは神気とする。

ここでは、五志（七情）が五行に分けられるといえども、けっきょくのところ一つの神気に属すものであるとして、総合的な存在たる神気が強調される。

怒ハ其ノ本ト神気ノ激ヨリ発シテ。其ノ標ハ肝木逆上猛悍ノ勢ニ及フ。
喜ハ其ノ本神気ノ緩ヨリ発シテ。其ノ標ハ心火開散ノ勢ニ及フ。
思ハ。其ノ本神気ノ結ルヨリ発シテ。其ノ標ハ脾土ノ四方ニ寄応スルニ及ブ。
憂ルハ。其ノ本神気ノ収ルヨリ発シテ。其ノ標ハ肺金収斂殺痛ノ気ニ及フ。
恐ハ其ノ本神気ノ陥ヨリ発メ。其標ハ腎水ノ下テ升ラザルニ及フ者ナリ。
五志ノ五蔵ニ配スルハ標ナリ。
五志ノ皆ナ神気ニ属ルト云ハ。其ノ本ヲ知ル者ナリ。[10]

怒はその本は神気の激から発して、その標は肝木の逆上猛悍の勢いに及ぶ。
喜はその本は神気の緩から発して、その標は心火の開散の勢いに及ぶ。
思はその本は神気の結から発して、その標は脾土の四方に寄せ応じるものに及ぶ。
憂はその本は神気の収から発して、その標は肺金の収斂殺痛の気に及ぶ。
恐はその本は神気の陥から発して、その標は腎水が下って升らないものに及ぶ
五志を五臓に配するものは標である。
五志のみな全てが神気に属するというのは、その本を知るものである。

と、五志の「本」は神気のあり様から発するものであり、「標」は各五行のあり様に及ぶ。

五志とそれに関連する五臓を結び付けて考えるのはあくまでも表面的、標治的ということである。五志を各配当臓腑に属すのみならず、根本たる神気に属することを考慮することが重要であると、このように神気の重要性を訴えている。


是ヲ以テ五志七情ノ大過ヨリ病ム者。惟其ノ所ロレ主ノ蔵位耳ヲ治シテ愈ユベケンヤ。

譬ヘバ怒ルヿ大過シテ。病ム者ノ如キ。

怒ハ肝ノ主ト取リテ。偏ニ其ノ肝ノミヲ治シテ愈ベケンヤ。

凡ソ五志七情ノ病ハ。只其ノ神ヲ治ルヿヲ主トシテ。兼ヌルニ其ノ志ノ及フ所ノ蔵位ヲ治ス。

譬ハ怒ルヿ大過〆病ム者ノ如キ。先ッ神ヲ治スルコトヲ主トシテ。兼ヌルニ肝ヲ治ス。

或ハ憂ルヿ大過シテ。病者ノ如キモ亦先ッ神ヲ治シテ。兼ルニ肺ヲ療スベシ。

今ノ人此ノ理ヲ知ラズ。

五志ハ惟五蔵ノ主ル所ト耳オモフガ故ニ。

怒ニ傷ルレバ偏ニ肝耳ヲ治シ。

或ハ憂ニ傷ラルレバ。偏ニ肺耳ヲ治セント欲スルハ昧カナ。


ゆえに、五志五情の大過によって病むものを、ただその主る所の臓位だけを治療して治ることはありえないということになる。

【表10】『三弁』と現代中医学における情志の気機

『三弁』五志	気機	現代中医学 五志七情	気機
怒	激	怒	昇
喜	緩	喜	緩
思	結	思	結
憂	収	憂	鬱
		悲	消
恐	陥	恐	降
		驚	乱

たとえば、怒りの大過によって病んだものを、怒は肝がこれを主るとして肝を取りあげ、ただ肝だけを治療しても、治るものではない。

そもそも五志・五情の病はその神を治療することを主として、兼ねてその志の及ぶところである臓位を治療するものである。

たとえば、怒ることが大過で病となったものは、まず神を治療することを主として、それに兼ねて肝を治療する。憂うことが大過で病となったものは、まず神を治療して、それに兼ねて肺を治療する。

今の人はこの理を理解していない。

五志はただ五臓が主る所とのみ考えているため、怒りに傷られていれば肝だけを治療し、憂いに傷られていれば肺だけを治療しようとするのは愚かなことである。

と、五志関連の臓のみにアプローチしがちであることを諌め、主治としては神へのアプローチを強調する。ここで『蔵弁』が指摘するのは情志の失調による病において、標や関連臓器にとらわれすぎないこと、標・本を視野に入れること、そして本を考慮して治療することであった。

四　おわりに

本稿では、一抱『蔵弁』に見える情志を中心に、その関連気機・臓腑・五行なども含め考察し、比較対象として現代中医学における情志も合わせて見てきた。

現代中医学では神があり、生命活動としての広義の神と、精神活動としての狭義の神がある。狭義の神には、元来の精神活動たる五神（魂魄神意志）と、外界刺激への情動反応たる五志（怒喜思憂恐）がある。五神のなかにさらに神がある。狭義の神のさらに一部の機能を意味する。この五神のうちの神が他の四神の魂（肝）・魄（肺）・意（脾）・志（腎）を統率しており、精神活動を主宰している。しかし、五神・五志（七情）は、五臓（肝心脾肺腎）・五行（木火土金水）の分類に従う要素が大きい。

他方、一抱『蔵弁』においても、五志は対応する五臓・五行の性質を引き合いに説明されていた。ただ、情志の大過による病は、各情志に関連するその臓だけに焦点を当てていてもそれは標治療にすぎないので根本から治らず、根本から治療をするには精神活動の根本たる部分、すなわち大本の神を主治せねばならないことを『蔵弁』は強調していた。情志由来の病に対し、神に重きをおいた本治を重視するものであった。

標本治療におけるこの点は、現在以上に重きを置かれている考え方である。

また、『蔵弁』における情志の記述は簡潔であるが、そのなかで叙上のことに加え、各情志における気機・五行の性質が省かれず述べられていた。

以上、現代中医学と比較し、江戸時代を代表する医家である一抱の『蔵弁』を考察することで、近世日本における中国医学受容と展開の一端および重んじられていた中医理論における論点を明らかにできたと思われる。

注

（1）よく遭遇する個別具体的疾患を取りあげたものに、拙稿「曲直瀬道三の察証弁治――泌尿器疾患を中心に」『関西大学東西学術研究所紀要』第四十九輯、二〇一六年・「曲直瀬道三の察証弁治――癃閉・関格を中心に」『東アジア文化交渉研究』第九号、二〇一六年・「曲直瀬道三の察証弁治と中国医法の受容――腰痛を中心に」『関西大学東西学術研究所紀要』第五十輯、二〇一七年・「曲直瀬道三の察証弁治と中国医学の受容――頭痛を中心に」『関西大学東西学術研究所紀要』第五十一輯、二〇一八年。

（2）伝統中医学の理論に基づいた中医心理学の独自性を提案した王米渠他主編の『中医心理学』（高等中医薬院校試用教材、湖北科学技術出版、一九八六年）は日本語訳もある。小野正弘他訳『中医心理学』たにぐち書店、一九九五年。中国における情志の失調病理理論やその歴史についての詳細は同書を参看されたい。

（3）岡本一抱については、拙稿「岡本一抱の医学テキスト解釈と火概念」（武田時昌編『陰陽五行のサイエンス　思想編』京都大学人文科学研究所、二〇一一年）・「江戸前期における中国医書の受容と医者像――『格致余論』を中心に」（『東アジア文化交渉研究』第3号、二〇一〇年）にてふれている。

近松門左衛門の弟である岡本一抱の伝記については諸説ある。信頼に足るものとして、長友千代治「近松弟岡本為竹一抱子」（『国語国文』第44巻第9号、一九七五年）など。

（4）鍼灸学校教科書の公益社団法人東洋療法学校協会編『新版　東洋医学概論』（医道の日本社、二〇一五年）は旧版に

比し大幅に増補・改訂され、いまその内容を見ることに意義はあろう。この章では、同書や注2所掲論稿、劉公望他編『鍼灸学基礎篇』（東洋学術出版社、三版二〇〇七年）、衛生部十三五規劃教材の庄田畋他主編『中医心理学』（人民衛生出版社、三版二〇一九年（初版二〇〇七年））、十二五規劃教材の高思華他主編『中医基礎理論』（人民衛生出版社、二版二〇一二年（初版二〇〇一年））・陳家旭他主編『中医診断学』（人民衛生出版社、二版二〇一二年（初版二〇〇二年））・王琦他主編『中医学基礎』（人民衛生出版社、二〇一二年）、十一五規劃教材の何裕民主編『中医心理学臨床研究』（人民衛生出版社、二〇一〇年）・郭霞珍主編『中医基礎理論』（上海科学技術出版社、二版二〇一二年（初版二〇〇六年））その他を引用・参照して述べている。

(5)「四部叢刊」所収、唐王冰注 宋林億等 校正本『重廣補注黄帝内経素問』巻七、宣明五気篇、十葉に、「心蔵神、肺蔵魄、肝蔵魂、脾蔵意、腎蔵志」。

『黄帝内経』については、拙稿「『黄帝内経』における養生と気——先秦・漢代の諸文献と比較して」（『関西大学中国文学会紀要』第三十号、二〇〇九年）参照。

(6)『素問』巻三、陰陽応象大論篇、三葉に、「人有五蔵。化五気、以生喜怒悲憂恐」。

「思」・「憂」の分類は諸説ある。

(7)『素問』巻十七、調経論篇、三葉に、「血有余則怒、不足則恐」。

内藤湖南旧蔵、明無名氏本影印（日本内経学会、一九九九年）『黄帝内経霊枢』巻四、本神篇、二葉に、「肝気虚則恐、実則怒……脾気虚則四支不用五臓不安、実則腹脹経溲不利……心気虚則悲、実則笑不休……肺気虚則鼻塞不利少気、実則喘喝胸盈仰息……腎気虚則厥、実則脹五蔵不安」。溲は尿。

(8)本稿では、岡本一抱『医学三蔵弁解』6巻3冊（一七〇〇年（元禄十三）、帝畿書舎西村市郎右衛門）を底本とする。巻三、三ウ～五ウからの引用に際し、適宜改行を加えた。

西村市郎右衛門については、藤原英城「二代目西村市郎右衛門の出版活動——その登場から享保年間までの動向」（京都府立大学学術報告『人文』六十八号、二〇一六年）を参照。

(9)収斂の意に「縮むこと」、蕭殺の意に「しぼませること、ひきしめること、いためつけること、もの寂しさ」がある。

(10)表記に不統一が見られるが原文ママ。

付記　本研究はＪＳＰＳ科研費（18K12277）の助成を受けたものである。

ロシアからみた日本の外国貿易

――一八一七年にロシアで出版された書物『日本および日本貿易について』――

中村朋美

はじめに

十八世紀末から十九世紀初頭にかけて、ロシア帝国政府は清朝中国にゴロフキン Yu. A. Golovkin の使節団を、徳川幕府統治下の日本にラクスマン A. K. Laksman とレザノフ N. P. Rezanov の使節を派遣した。ロシアは一七二七年のキャフタ条約締結以来、清とはキャフタを唯一の窓口として貿易を行っていたが、このキャフタ貿易の発展と新たな問題の浮上を背景に新しく他にも貿易経路を開拓しようとしていた。ロシア政府は新たな貿易経路を陸路と海路で開拓することを目的にゴロフキン使節団を清に派遣し、同時期に極東にむけてロシアで初めて世界周航したクルーゼンシュテルン I. F. Kruzenshtern 率いるロシア船の広東入港を支援することを求めた。またロシアは日本に対しても、日本人漂流民の送還を名目に通商関係構築の交渉を行おうとラクスマンを根室に派遣し、そのおおよそ十年後、今度は長崎にレザノフを派遣して通商関係の樹立を目指した。レザノフはクルーゼンシュテルン率いる世界周航船に同乗して日本に赴いており、清と日本への使節は、ロシア政府とロシア・アメリカ会社が企画した、清と日本とロシア極東を包括した東アジア海域貿易構想を実現するために派遣された。(1)(2)

しかしながら、東アジアとロシアとの関係に関しては、ロシアだけではなく、日本や欧米にも数多くの研究があるものの、露清関係、日露関係など国ごとに区分し、意図せずとも相互の関係を切り離した研究が主流である。露清関係史研究では露清の国境が接していたシベリアとモンゴル北部、その周辺地域に関心が集中し、それ以外の地域に対する研究者の関心は薄い。また日露関係史研究では、千島（クリル）列島、蝦夷地、樺太（サハリン）におけるロシア人と日本人による探検と交流が主な研究対象であり、北からの直接的接触のみを取り上げる傾向がある。来日したロシア人と日本人のあいだの外交儀礼や外交交渉に関しても研究があるが、文化交流や外交交渉、日本側の対応に関する多面的側面に主眼が置かれている。このように、ロシアと国境が近い地域以外にむけたロシアの商業関心に関しては、これまで積極的に論じられてこなかった。著者は、ロシアの日本政策は中国政策とも相互関係にあるものとしてとらえることで、当時のロシア人がロシア人と日本人が接触した北方の地域だけに視野を固定していたわけではなく、他地域、例えば日中貿易にも関心をむけていたことが分かるのではないかと考えている。もちろん、その関心の方向性は、東アジアで行われていた貿易にロシアが参入しようと目論んでいたことを前提としていた。江戸時代の日本は鎖国体制をとっていたものの、長崎、対馬、薩摩、松前の四つの口を介して海外と貿易を行い、情報を得ていた。ロシアは日本との通商関係樹立を計画するにあたって千島列島、蝦夷地、樺太での通商だけではなく、レザノフが長崎を目指したように、日本の他の地域で行われていた貿(3)(4)

易の存在をも知り、参入しようと試みたのである。

ところで十八世紀末から十九世紀初めにかけて、ロシアは交渉が失敗に終わったレザノフの来日後にもゴロヴニン V. M. Golovnin をクリル列島南部に派遣するなど、日本近海での情報収集に努めており、ラ・ペルーズ La Pérouse など西欧諸国からの探検家らが収集した情報とも相まって、この時期、それまで未知であった中国南部や日本に関する知識が蓄積されつつあった。そのようななか、ロシア政府はカムチャツカとアラスカの植民地を経済的に支援するために、シベリア内地、植民地、中国南部地域と日本をつなぐ貿易を整えることが急務であると考えるようになり、なにより中国南部と日本の貿易に関する知識を必要としていた。はたして、十九世紀初めにおいて、ロシアには日本の外国貿易についてどのような知識が蓄積されていたのか。この問いに答える史料のひとつとして、一八一七年にサンクトペテルブルクで出版された『日本および日本貿易について[5]』と題する小著があるが、従来の研究ではあまり注目されてこなかった。本稿では主にこの書物に着目して、日本の外国貿易に関してどのような情報が集められたのかを明らかにしたい。

一 『日本および日本貿易について』の著者について

一八一七年、サンクトペテルブルクにあったグレッチ N. Grech の印刷所から日本に関する一冊の書物が世に送り出された。『日本および日本貿易について。もしくは日本諸島に関する最新の歴史的・地理的記述』と題する小著である。その表紙には、「日本生まれの九等文官ニコライ・コロトゥィギン Nikolai Kolotygin によって監修され、イヴァン・ミッレル Ivan Miller によって出版された」と記されている。この書物の著者は書物の「監修」をしたニコライ・コロトゥィギンと考えられているが、この日本生まれのコロトゥィギンとはいったいどのような人物だったのだろうか。

コロトゥィギンの元の日本名は新蔵という。新蔵は日本の伊勢の国に生まれ、一七八二年に神昌丸の水夫として伊勢の国白子から江戸へと出港し、海難にあって一七八三年にアリューシャン列島のアムチトカ島に漂着し、四年間この島で過ごした。その後、ロシアの毛皮商人に遭遇して島を脱出し、一七八七年カムチャツカ経由でロシアに渡った。同じ神昌丸に乗船していた伊勢漂流民のなかには、かの有名な大黒屋光太夫がいた。大黒屋光太夫はラクスマン使節に伴われて一七九二年日本に帰国したが、新蔵は帰国の途を探っていた最中にイルクーツクで熱病にかかり、これを機に一七九一年ロシア正教の洗礼を受け、ニコライ・ペトロヴィチ・コロトゥィギンと名前をロシア名に改めた[6]。

イルクーツクには一七九六年に仙台漂流民もやって来た。仙台漂流民は一七九三年に若宮丸に乗船して石巻を出港したが、嵐にあって漂流し、翌年、アリューシャン列島の島に漂着した。そこで彼らもまたロシア人に遭遇して、一七九五年にオホーツク経由でロシアに渡った。イルクーツクまで来た仙台漂流民は、日本に帰らずイルクーツクに留まったコロトゥィギンに会っている。蘭学者の大槻玄沢が儒学者の志村弘強とともにまとめた見聞録『環海異聞』には、新蔵について、「新蔵の今の名はニコライ・バイトルイチ・コロテゲノといっていた。日本語の先生をつとめ、土地の学問所へ毎日出勤し、日本語の手習いの先生をしていた。当時子供の弟子が六人居た。日本銀四十枚の俸給をもらっていた。漂流人がこの地に到着の後は、漂流人掛りの用向きも申しつけられたためなのか、加増して百二十枚になったという。…新蔵は当時四十二、三歳であろう。妻の名はマレウエヤノ・ムシヘイオナ、男子二人女子一人生み、(儀平らが当所に滞留中に病死した)、後妻を娶った。その女の名はカチリナ・エキムフモオナ、年は三十ばかりに見えた。新蔵の日本語はいろはから仮名書きくらいはできる様子であったけれども、ロシアのことば及び読み書きのことはよく覚えた様子であって、入り組んだ掛け合いごとや、官辺への願書、そのほかの書き物なども、あちらの文法のことになると、自在に認め取る様子であった。[7]」と記録している。同じく大槻玄沢が書いた『北辺探事』にも同様の記述があり、その最後に「俗事に関する才覚はある男と聞いている[8]」とつけ加えがある。

ロシアではすでに一七三六年、サンクトペテルブルクに科学アカデミー付属の日本語学校が開設され、一七二九年にカムチャツカ沿岸に漂着したふたりの日本人ソーザ(宗蔵)とゴンザ(権蔵)がサンクトペテルブルクに連れてこられて教師に任命された。このサンクトペテルブルク日本語学校は、一七五三年の元老院の指示により、一七五四年にイルクーツクに移転し、航海学校[9]の分校として開校した。その目的は、太平洋のロシア探検隊に同行する通訳を東シベリアで養成することにあった。十八世紀半ばになるとロシアは探検の範囲を南方へと広げてクリル列島へと向かい、日本人に遭遇する機会が増えていたからである。この日本語学校には、一七六一年には日本人教師が七名、生徒が十五名いた[10]。イルクーツクの日本語学校は、その後、一七九一年に中央国民学校付設となり、一八〇五年に中央国民学校がギムナジウムに改編されると、日本語学校もそれに付属して引き続き開校した[11]。コロトゥィギンは同じく伊勢漂流民で洗礼を受けてロシアに残留した庄蔵とともに、一七九一年にこの日本語学校の教師に任命された。

コロトゥィギンが教師をしていた期間中の一八〇五年、後に著名な東洋学者となるユリウス・クラプロート J. H. Klaproth はゴロフキン使節団に同行して中国にむかう途中、イルクーツク日本語学校で日本語を学んだが、このときクラプロートに日本語を教えた教師がコロトゥィギンであった。クラプロートはさらに、後年フランス語訳した林子平の『三国通覧図説』の原本をイルクーツク滞在中に入手し、コロトゥィギンの助力で翻訳している。[12]

またレザノフ遣日使節に随行したドイツ人博物学者ラングスドルフ G. H. von Langsdorff も旅行記のなかで、コロトゥィギンという名の日本人がイルクーツクのギムナジウムで日本語の教師をしており、六人ないしは八人の生徒を教えていると伝えている。[13] さらに後年、イルクーツク出身の作家で役人であったカラシュニコフ I. T. Kalashnikov は、一八六二年ごろに回想のなかで自身が学んだギムナジウムについて語っており、一八〇五年にイルクーツクで付属郡学校、教区学校をもつギムナジウムが開校し、「学問の他にラテン語、フランス語、ドイツ語のヨーロッパ諸言語、中国語と日本語のアジア諸言語が教授された。語学教師の中でもドイツ語教師であるルーテル派牧師イヴァン・ユリエヴィチ・ベッケル、アジア言語教師である生粋の日本人ニコライ・ペトロヴィチ・コロトゥィギンがとくにすばらしかった。[14]」と回想し、新蔵の教師としての優秀さを称賛している。

このように新蔵は語学教師、通訳として活躍し、世に名を残した一方で、仙台漂流民をサンクトペテルブルクに送って行くなど日本人漂流民を支援する職務も全うし、一八一〇年に死去した。

新蔵の生存時からすでに生徒が少なく、日本語を学んでも生活を営めないとして衰退の途にあったイルクーツク日本語学校は、イルクーツク知事たちが数度にわたり資金の浪費を訴えたことで、一八一六年七月に廃止された。[15]

二 『日本および日本貿易について』の情報が求められた背景

ラクスマン使節団が計画された時期は、キャフタ貿易が一七八五年から一七九二年までの七年間、清の停止通告をうけて中断した時期にあたった。キャフタ貿易を通じて中国に輸出していた毛皮が販売できず、毛皮事業は困難な状況におかれた。事態を打開する方策のひとつとして、毛皮商人のシェリホフ G. I. Shelikhov は日本、朝鮮、中国、インドの港と貿易する構想を考え、(16) それゆえに日本人漂流民の送還を利用価値があるものと考えて、伊勢漂流民の送還計画に関わった。ラクスマン使節が大黒屋光太夫ら生存者を無事日本に送り届けて、幕府役人から「信牌」を交付されたものの、松前での通商を拒否され、通商関係構築には至らずに帰還した頃、キャフタ貿易が再開した。しかし、イルクーツク商人のあいだで日本貿易に関する計画はまだ生きていた。

その後、シェリホフとは別のイルクーツク商人もまた日本貿易計画をたてた。その計画に関連して、おそらく一七九六年末にイルクーツク商人たちはイルクーツク県知事に対して、仙台漂流民の送還と日本との貿易に関して、次のような意見を表明した。

当地の商人ステファン〔ステパン〕・キセリョフ Stepan Kiselev (17) から閣下に提出された、大規模な事業内容を含む日本人との交易に関する計画は、日本人との交易がそれ以前にすでに試みられていて、どのような条件のもとで彼らと交易すべきなのか、彼らがとくにどのようなロシア製品を必要としているのか、その製品をこの地で見つけることができるのか、あるいはどこから入手可能なのかが完全に判明していれば、特別な関心が払われないままにはならなかったでしょう。さらに日本側から商品と交換にどのような品物が我々に提供されるのか、またかの地での商売からどれだけの利益が得られるのか〔も判明していれば〕。そうならば、収益次第では引き続きこの計画書の検討に着手できたでしょうが、未経験であるがゆえに何一つ明らかではないので、今回の実際の試みもこの商人キセリョフの計画書にもとづかざるを得ません。かの地への物品に求められる品質が明らかではなく、取引に関する情報やかの地で行う取引に関する規定も不明のため、大規模な事業計画は実行できません[18]。

引用文中に見えるステパン・キセリョフはイルクーツク商人であり、キャフタ貿易が中断していた期間、毛皮事業を営んでいたイルクーツク商人プロターソフY. Protasovが一七九一年に事業から撤退したのを機に、彼の持ち船であった聖ゾシマとサヴァチー号を引き継いで、一七九二年に毛皮事業に参入した。これにより、キセリョフは北太平洋における毛皮事業において、ロシア・アメリカ会社の前身であるゴリコフ・シェリホフ会社、ヤクーツク商人レベジェフ=ラストチキンLebedev-Lastochkinと勢力を分け合う存在になった。一七九六年、キセリョフは同じイルクーツク商人のひとりで第一ギルド商人[19]であったニコライ・ムィリニコフN. Myl'nikovに日本沿岸への商業・狩猟探検を共同組織しようと提案した。この提案をもとに複数のイルクーツク商人が話に加わって、会社設立が計画され、イルクーツク県庁に日本との貿易会社を組織する計画に関する書類が提出された[20]。これが引用文中のキセリョフの計画である。

このように計画されたキセリョフの計画であるが、先述の引用からうかがえるのは、この計画がイルクーツク商人にとって日本に商品を輸送する初めての試みであり、彼らは日本貿易について事前に何も情報を持っていなかったことである。彼らイルクーツク商人は、日本人はどのようなロシア商品を必要としているのか、その商品をシベリアで見つけることができるのか、シベリアで見つけられない場合、どこから入手できるのか、反対に日本からイルクーツク商人はどのような商品を購入することができるのか、日本との貿易でどれほどの利益が得られるのかという、貿易をするにあたっての基本的情報さえ何も知らず、さらに日本に輸送する商品に求められる品質や日本における取引の規定についても新たに情報を得る必要があった。商人たちの態度は非常に慎重であるが、その態度も、情報がなにもないこともさることながら、日本貿易には大きな資本が必要で大きなリスクを伴ったため、商人としては当然の態度であった。日本貿易には海洋を渡るために、航行に耐えうる、輸送に適した船が必要であるが、先述の意見を表明したイルクーツク商人らはそのような船を所有してもいなければ、船に乗る人員も確保していなかった。さらにイルクーツクからオホーツク港までの商品の輸送費は高額のうえ、しばしば商品が損傷するのだと彼らは主張している。大きな損失を被らないために、彼らは「日本人の移送のために国側からしかるべき人員が乗船し、派遣された船長の指揮のもとで国有船が送られ、かつ船の出航と人員にかかわる費用が国庫により全額賄われる」[21]ことをイルクーツク県庁に要求したのである。このように、日本貿易に着手するにあたって、無用のリスクを回避するためにも、イルクーツク商人たちは日本貿易に関してまずなにより必要な情報を欲していたのである。

イルクーツク県庁に提出されたキセリョフらの計画は却下され、その後、ムィリニコフらは日本との貿易を目的として新たな会社の設立を計画し、このイルクーツク商業会社はゴリコフ・シェリホフ会社と統合して、後のロシア・アメリカ会社の前身となった。[22]そして、レザノフ遣日使節が任務に失敗した後も、彼らの日本貿易に対する熱意は失われなかった。

一八〇八年七月、ロシア・アメリカ会社総本部はアレクサンドル一世に報告書を提出し、「日本との貿易はロシア人にとって極めて利益の上がるものになるでしょう」と主張し、これまでの日本との交渉の経緯と展望とともにサハリン開発の有用性を説明した[23]。この報告が提出されたちょうどその時、ゴロヴニンが世界周航の旅に出ており、数年後に西欧世界を日本に注目させる手記を出した。

『日本および日本貿易について』が出版された一八一七年の前年一八一六年にゴロヴニンの手記が出版された[24]。ゴロヴニンは一八〇七年からディアナ号で世界周航の旅に出て、クリル列島の測量と調査を行う任務の最中に国後島で幕府役人に拘束され、一八一一年から一八一三年にかけての二年三か月のあいだ、函館に抑留された[25]。一八一三年に解放されて[26]、ロシア帰国後に執筆した手記は、その初版がアレクサンドル一世の勅令を得て官費で出版された[27]。この手記は一八一七年にドイツ語訳からのオランダ語訳本が出るなど、短期間の間にヨーロッパ各国語に翻訳された。日本でもすでに一八二一年にオランダ語通詞がオランダ商館長からオランダ語訳本を入手して翻訳に着手していた[28]。ロシアのみならずヨーロッパ中でこの手記が大きな反響を呼び、日本への関心が高まったのである。

こうした世相を受けて、『日本および日本貿易について』は出版されたと考えられる。コロトゥィギンはすでに一八一〇年に死去し、『日本および日本貿易について』が出版された一八一七年には世にいなかった。コロトゥィギンがいつどのようなかたちでこの書物を執筆、もしくは監修したのかは不明であるが、コロトゥィギンの勤務した日本人学校が付属していたギムナジウム校長であったミッレル[29]が、コロトゥィギンの晩年にこの書物の内容を知り、後に出版しようとグレッチの印刷所に働きかけたのだろう。

ちなみに、『日本および日本貿易について』の印刷を請け負ったニコライ・グレッチは、教育家で評論家、ジャーナリストであり、時代の趨勢や時事問題に敏感な人物だったのだろう。十九世紀半ばになってロシアが極東への進出を積極化させた時代の一八五一年、ゴロヴニンの手記にゴロヴニン伝をつけ加えて第二版を出版した[30]。

三 『日本および日本貿易について』にみえる外国貿易

三―一 『日本および日本貿易について』の構成

『日本および日本貿易について』は、次のような目次から構成されている。「序文、1. ヨーロッパ人による日本の発見、2. オランダ人の来航、キリスト教の普及、キリスト教徒への迫害、ポルトガル人とスペイン人[31]の追放、3. 日本という名称、4. 日本諸島とその位置、5. 日本諸島の特性、6. 島々と地方府と主要都市について、7. 日本諸島について概論、8. 気候、9. 河川と湖、10. 地震と火山、11. 鉱物と金属、12. 生育する産物、13. 動物界、14. 真珠、貝殻、竜涎香、鯨、15. 日本人の起源、16. 日本人の道徳的性質、17. タタール人とモンゴル人の日本襲撃、18. 統治形態、19. 諸法、20. 日本の軍事力、21. 財政、22. 宗教と宗派、23. 科学、24. 商業と産業、25. 手工業、26. 人口、27. 衣類、28. 食べ物、29. 貨幣、30. 慣習、31. 婚礼と葬式、32. オランダ人の特権の制限、33. 日蘭貿易、34. 日本人のオランダ人への対応、35. オランダ人が輸入する商品の取引額、36. 取引の方法、37. 取引後のオランダ人、38. 商館長の日本皇帝〔将軍〕への旅、39. 日本から持ち出すことが許された商品リスト、40. オランダ人が持ち込む商品、41. 禁制品、42. 以前の日蘭貿易の重要性、43. 日中貿易、44. 琉球諸島との貿易、45. 日本人自身による以前の海洋貿易、46. 以前の日英貿易、47. ロシアの日本との関係、48. ロシア人が日本に輸入できる商品、日本から輸出できる商品。」

内容の前半は日本に関する一般的情報であり、後半は当時、貿易が行われていたオランダ、中国、琉球、そして以前は貿易相手であったイギリスとの貿易についての情報である。このような構成、もしくは章立ては、前半の日本に関する一般的情報については特に、別段珍しいものではない。ドイツ人で一六九〇年から一六九二年に来日したケンペルE. Kampferの『日本誌』[32]やスウェーデン人で一七七五年から一七七六年に来日したツンベルクC. Thunbergの『ヨーロッパ・アフリカ・アジア紀行』[33]、ゴロヴニンの『日本幽囚記』にもほぼ共通の章立てが見られる。『日本および日本貿易について』には、例えば「ケンペルによると」[34]や「ツンベルグが日本に滞在時」[35]という文章が見られることから、著者はケンペルの『日本誌』とツンベルクの『ヨーロッパ・アフリカ・アジア紀行』を読み、参考にしたのだろう。オランダとの貿易に関する項目は多く、外国貿易のなかでもオランダ貿易に関する情報が最も多い。本章では、このうちオランダ貿易と中国貿易に関してどのような情報が記載されたのかを紹介する。

三―二　日蘭貿易について

外国貿易のなかで最も紙幅を割いているのは、オランダ人との貿易である。その大半は、オランダ人はどのような制限をかけられているかという話が占める。その概要は以下の通りである。日本との貿易が自由に行われていた時代、オランダの会社は毎年六から八隻の船を派遣し、その後四から五隻を派遣していたが、今ではたった二隻だけを派遣するようになった。船は通常八月か九月に来航する。船が港に着くと、船長は宗教書を入れた箱[36]と乗船者の名前のリストを日本人に手渡さねばならず、このリストによって日本側は乗船者の人数を確認する。これはヨーロッパから長崎市内に何かを持ち込まれることを恐れての措置であり、人数の確認は船が接岸して日本人と交流を持つとき、朝と晩に繰り返される。オランダ船の周りには常に日本の船が取り囲んで、監視している。禁制品の持ち込みや人の交流は厳しく取り締まられ、船から降りる人も降ろされる商品もすべて厳しく検査される。ただ、船長と商館長だけが検査を免れていたため、彼らはこの特権を行使して禁制品を持ち込んだが、その特権はすでに失われた。武器、以前には船の舵や大砲も日本側に預けなければならなかった。また外国人は日本語を話すことを許されておらず[37]、生粋の日本人が通詞となる。オランダ人への通詞の対応を見て、一定数の年若い日本人がオランダ語を学び、長じて通詞となる。彼らはオランダ商館の医師のもとで医学も学んで成果を上げており、それゆえ、医師は彼らから大いに恩恵を得ている[38]。そのほか、出島での生活や江戸参府にも言及している[39]。

近世アジアとオランダの貿易に関する研究によると、オランダ船と中国船の入港手順は、遠見番が船影を発見すると奉行所役人が乗った検使船を出し、船籍を確認した後、検使と通詞が船に乗り込んで乗員名簿と積荷目録などを提出させ、確認してはじめて繋留、上陸が許されるという厳しいものであった[40]。出島での生活においても日本人の立ち入りとオランダ人の外出は厳しく制限された。また、オランダの船はおおむね旧暦六月から七月に長崎に入港するが、後述する一七一五年の正徳新例が実施されると、その隻数は年間二隻、取引額は銀三〇〇〇貫に制限された[41]。取引額の制限に関する情報は『日本および日本貿易について』にも見られ、一六八五年にオランダ人が持ち込む商品の総額は三十万両に制限するという将軍の命令が出されたとある[42]。この情報はケンペルやツンベルクにも見られ、ケンペルは将軍徳川綱吉のもとで貿易法が改正され、外国商品の輸入限度が定められたと伝え、ツンベルクは一六八五年に将軍よりオランダ人は三十万両以上の商品を買うことを禁じるという命令が伝達されたと伝えている[43]。このように『日本および日本貿易について』のオランダ貿易情報は、簡略ながら、ある程度正確な情報を伝えており、その情報源はケンペルや特にツンベルクが伝えた情報であったと考えられる。

取引の方法について、『日本および日本貿易について』は次のように記している。倉庫で商品を吟味し並べるために、長官（長崎奉行）はそのことを商人たちに通知する。オランダの商品に対して価格を提示する権利は日本人に与えられており、商人たちは長崎に赴いて商品を吟味し、公開の販売の場でどの商品に対して何をどれだけ出すつもりであるかを表明する。価格が定まると、彼らは商品を計測したり、数を数えたりしてから市外へと運び出す。六週間後、取引は終了し、船は残りの貨物を積込むためにパーペンベルグ（高鉾島）[44]へと移動する。すなわち、取引に関するこの描写は、奉行所が介在して日本人商人との間で入札が行われていたことを示している。[45]す

取引方法は貿易制度が変わるにつれて変化したが[46]、上記と同様ながら、より詳細な取引の様子をケンペルが描写している。また、ツンベルクがどこまでケンペルの書を参考にしたかは不明だが、ケンペルより簡略で上記述とほぼ同様の描写がツンベルクに見えることから、取引方法に関してもツンベルクの書籍が情報源である可能性が高い[47]。

オランダ人が取り扱う貿易品目は次の通りである。日本から持ち出すことが許された商品は、アジア全体で最も良質な米、絹糸、綿製品、磁器、漆製品、様々な素焼きの器、特に水を貯めるための大きな杯、金と銀、金線、semilor（?）に似た人工金属であるsovaur（?）、良質の銅塊。この銅はインド島南部のコロマンデル海岸で極めて高く売れるため、重要な貿易品目である[48]。そのほか、鉄、鋼、低級の人工金属、大半は蝦夷で捕獲された毛皮、中国茶に勝る品質の良い茶。この茶の値は高く、最上級の茶は金の目方で支払うほどである。ダイヤモンドや素晴らしく美しい真珠などの高価な宝石、阿仙薬もしくはガンビール、薄墨色の竜涎香、様々な砂糖菓子やジャム、ボルネオの樟脳より百分の一安く購入できる樟脳[49]、多くの薬用素材、甲冑、様々な種類の珊瑚、小さなガラス瓶に入ったsagi（醤油か?）[50]、傘、薄い長衣、珍しく美しい海の貝殻である[51]。

一方、オランダ人が日本に持ち込む商品は、次のような商品が挙げられている。様々なガラス製品、特に鏡、

生糸、絹織物、生革、コードバンと他のなめした革、蝋、雄牛の角、大麻製品、亜麻製品、毛織物製品、オランダの衣服、ヨーロッパのラシャ、水銀[52]、日本人が高い金額を払う塩化水銀、硼砂、輝安鉱（アンチモニウム）[53]、様々な香辛料用植物、砂糖、スマトラとボルネオからの竜脳[54]、中国の根茎（サルトリイバラ／バッカツ）――ただし、禁制品とされる――、サフラン、麝香、明礬[55]、安息香、ゴムのような粘着性の樹液、珊瑚、琥珀、黄色い竜涎香（?-）、磁器を染色するためのコバルト、鉛筆、薄い鋸、針、磨かれた脚付きグラス、もしくはコップ、teriyak（テレイブ?-）[56]、甘草の液、スペインのアシの茎（?-）、一角の牙、象牙、懐中時計、条鉄、錫、鉛、ビャクダンとブラジルの木（蘇芳の木）[57]、kolumbak（伽羅?-）などである。日本では生糸が良く売り切れるが、儲けは少ない。織物製品や毛皮、染色用の木の取引の方がはるかに利益がでるし、ほかに収益のあがる商品に砂糖や薬用素材、鏡があるという[58]。上記列挙された商品を見ても明らかなように、織物製品や皮革製品、薬用・染料の素材が多くを占めていたようである。

持ち込みを禁じられている商品として挙げられているのは、偽物の朝鮮人参とキリスト教の本であり、持ち出しを禁じられている商品は、あらゆる日本の貨幣、地図、書物、特に日本の地理と法に関する本、仏像の絵や武器の類や船の絵、武器等が挙げられている[59]。

ここに列挙した商品は、完全には一致しないものの、ツンベルクやケンペル、ゴロヴニンの書物に見られる商品とほぼ共通している[60]。

三―三　日中貿易について

中国貿易では、一六八五年から華人にも毎年六十万両の商品を運び込むことが許可されたという。一六八五年とは一六八四年に清の海禁令が解除された翌年のことである。この中国貿易に関する章は、次のような情報を提供する。中国船は当初、大坂港に入ることを許されていたが[61]、一六八八年から禁じられ、その代わりに長崎港にやって来るようになった。日本政府（幕府）は華人が持ち込む商品を極めて細かく定めているが、そのきっかけは華人が日本にカトリックの書物を持ち込んだことによる。彼らは日本政府から日常の出費にあてる貨幣を受け取っているが、日本人との交渉は、オランダ人と同様に、生粋の日本人通詞を通さなければならない。また施行された指令によって、春に二十隻、夏に三十隻、秋に二十隻来航することができるが、それ以上の船の入港はできないと記している[62]。なお、貨幣の受け取りに関する記述は、ツンベルクが「支那人には日常の用として日本貨幣を所持することが許されているから、支那人は町の入口で日用品を自らなんでも買うことが出来る[63]」と記した情報が変換されたものと考えられる。

先述の船舶数を管理する指令とは、一七一五年に新井白石の主導で制定された正徳新例か——ただし、制限した船舶数に相違がある——、それ以前に行われた貿易額と隻数の制限のことを指しているものと思われる。事の背景には、一六八四年に清の海禁が解除されて以降、中国商人の貿易船が毎年長崎に押し寄せて来航数が激増し、さらに銀・銅の流出やあぶれた商船による密貿易が問題になっていたことにあった。幕府は清の海禁令撤廃により、多数の中国船が来航するだろうとの予測に立ち、金銀流出を防ぐために、一八六五年に貞享令を出し、中国船の貿易高を年間銀六〇〇〇貫に制限し、来航船を出航地別に区分して船ごとに貿易額を六〇〇〇貫の範囲内で割り付ける方法をとった。さらに、一六八九年から来航した華人は唐人屋敷に居住することとし、同年、入港する船舶数を春と秋に二十隻、夏に三十隻の合計七十隻に制限して、一六九八年からは年間貿易額を銀二〇〇〇貫追加し、来航船数も合計八十隻に増やす措置をとった[64]。その後、正徳新例、もしくは海船互市新例と呼ばれる新法を一七一五年に長崎で実施し、中国商人に対して長崎唐通詞の名義で信牌を発給し、これを持たない船には翌年以降の入港を認めないとして、中国商船の来航数をそれまで年間八十隻であったものを三十隻ほどに制限し、取引額も銀六〇〇〇貫に制限した[65]。この銀六〇〇〇貫とはケンペルの勘定では六十万両に相当し[66]、先述の一八六五年以降に華人に許された貿易額とも一致するが、この数字は一八六五年の貞享令による貿易制限数とも一致する。また、先述の『日本および日本貿易について』に記載された季節ごとの中国船の来航数は、ケンペルとツンベルクが記した来航船数と一致するため[67]、『日本および日本貿易について』の中国貿易に関する情報も恐らくケンペルとツンベルクに依拠しており、先述の「施行された指令」とは一六八九年に改正された貿易法を指していると考えられる。

『日本および日本貿易について』の情報によると、華人が運んでくる商品の第一は、朝鮮や満洲の山で集められた朝鮮人参であった。その他、生糸、様々な絹製品、樟脳、蒸留酒、綿織物、砂糖、黄銅、ゴムのような樹液、瑪瑙、多様な薬用素材、テレピン油。人工と天然両方の硫化水銀は、質の良いものは銀より値段が高い。硼砂、没薬、kalombak（伽羅？）の木、印刷物である。印刷物は二人の学識のある日本人が検閲するという[68]。この品目もケンペル、ツンベルク、ゴロヴニンの情報と完全に一致はしないが、品目の傾向はおおむね同じである[69]。検閲に関して、ケンペルは幕府が長崎在住の二人の学者を書物改役に任命し、輸入書籍の検閲を行っていたことを記録しており[70]、この点でも『日本および日本貿易について』の主な情報源が、ケンペルの『日本誌』であったことを裏付けている。

四　日露貿易について

さて、前章で紹介した日本の外国貿易に関する情報、特に輸出・輸入されている商品の情報を得て、『日本および日本貿易について』は、今後展開されるであろう日露貿易について、どのような情報を提供したのかを確認したい。

ロシアとの貿易については、まずロシアと日本のこれまでの関係について簡単に説明し、日本と通商関係を築くことができていない現状を確認した後、ロシア人が日本に輸出できる商品と日本から輸入できる商品に関して、次のような情報を提供している。

シベリアから輸出できる商品として、精製革、ロシア革[71]、特に子山羊のなめし革、アザラシやセイウチの精製した毛皮と生革、鉄と鉄製品、鉄釜、釘、造船や家政に必要なもの、麻布、鯨油、日本でとてもよく販売されている一角の牙、象牙の代わりに利用されているセイウチの牙、ガラス食器、蝋、明礬、瑪瑙、その他の研磨された宝石、テレピン油、薬用の食品、クロテンやビーバー等の高価な毛皮商品があげられている。これらの商品には、外国人から購入する商品、すなわちシベリアで入手できず、シベリア以外から確保しなければいけない商品は含まれない。

一方、日本から輸入できる商品として、米、樟脳、茶、銅、貴金属、絹糸、綿製品、磁器、漆製品、真珠などがあげられている[72]。

ちなみに、一八〇八年七月にアレクサンドル一世に提出されたロシア・アメリカ会社総本部の報告書は、次のような輸出すべき商品、輸入すべき商品をあげていた。

日本からはアジア全体で最高の脱穀したキビ〔米〕、より高品質の銅、蜜蝋にほとんど劣らない木蝋、樟脳、緑青、絹糸、綿織物、銅製食器、そして日本だけで素晴らしく製造されている漆製品全般を受け取ることが可能で、したがってすべてのものはカムチャツカ、オホーツク地方の貧しい者たちや、北米への我々の移住にとって極めて必要なだけでなく、漆製品はロシアと外国人にも提供することは可能でしょう。彼ら〔日本人〕に対して運送することができるのはイルクーツクでかなり生産されているロシア革、カザンヤギとモロッコ革、分厚い捺染布地、安物の縞柄の生地、一部は外国製のものも含むがロシア製の厚手のラシャ、日本では大きな出費を要する粒起革[73]、北部地方の住民のための毛皮、亜麻の平織布地、トナカイの革、スエード、鏡、ガラス製食器、鉄製品、日本で不足しておりバラストの代わりになる帯鉄であります[74]。

両史料とも同じような商品を日本との貿易に適した商品として列挙しており、『日本および日本貿易について』が出版された一八一七年以前にこうした情報が共有されていたことを示している。彼らは何の情報も持っていなかった一七九六年末から約十年の間に、必要な情報を集めたのである。その情報源は、ケンペルやツンベルクなどオランダ商館付きで赴任した人物の出版物が基本であり、それにクックJ. Cookの第三回目の探検を記録した旅行記[75]、レザノフが来日した際に得た情報、ゴロヴニンの手記など最新の情報が加えられた。集められた情報をコロトゥィギンが検討し、元日本人のお墨付きを与えたのが『日本および日本貿易について』の元であったと考えられる。

なお、『日本および日本貿易について』のロシア貿易の章で最も注目するべき点は、貿易の主体が「ロシア全体」ではなく「シベリア」であったことである。「シベリアから」輸出できる商品を検討し、「シベリアで」入手できず、「シベリア以外から」確保しなければいけない商品は除外していることからも明らかなように、この日本との貿易はシベリア経済、さらに明確に言うとイルクーツク商人のための貿易であった。日本貿易推進の主体がイルクーツク商人であったことは、本稿で取り上げた彼らの活動からも明らかである。『日本および日本貿易について』はサンクトペテルブルクで出版されたが、シベリア経済、イルクーツク経済のための情報誌だったのである。

おわりに

『日本および日本貿易について』は、淡々と簡潔に著者が知りえた情報を書き記した書物である。余計な装飾的文章や感情移入はほとんど見られない。たまに誤った情報もひろいつつ、おおむね正確な情報を古い文献から探し出し、最近の情報を加味してまとめ、生まれは日本でロシアに帰化した日本語教師が情報の真偽を検討した。彼のお墨付きを与えられた情報は、イルクーツク商人たちが十八世紀末に情報を欲してから十年後にはイルクーツク商人ら毛皮商人のあいだで知られていたが、出版されるまでにはさらに十年待たねばならず、ゴロヴニンの手記が世の関心を日本に向けたことで日の目を浴びた。

シベリア商人、イルクーツク商人たちが最も関心を抱いたと考えられる取扱い商品に関する情報は、古い文献を参考に日本人のオランダ人と華人との貿易品目を精査し、そのうちからシベリアで確保できるものを選びだしたり、シベリアで見つけられる代替商品をつけ加えたりしてまとめられた。『日本および日本貿易について』は、シベリア商人らがシベリア経済を計画の中心に据えつつ、ロシアから遠い日本の長崎での外国貿易に注目し、その情報を活用しようとしたことで生まれたのである。

文献一覧

Kolotygin, N., *O Yaponii i Yaponskoi torgovle ili noveishee Istoricheskо-Geograficheskoe opisanie Yaponskikh' ostrovov'*, SanktPeterburg, 1817.

Russkie otkrytiya v Tikhom okeane i Severnoi Amerike v XVIII-XIX vekakh, Moskva, 1944.

Rossiisko-Amerikanskaya Kompaniya i Izuchenie Tikhookeanskogo Severa 1799-1815: Sbornik dokumentov, Moskva, 1994.

Fainverg, E. Ya., *Russko-Yaponskie otnosheniya v 1697-1875 gg.*, Moskva, 1960.（ファインベルク著、小川政邦訳『ロシアと日本——その交流の歴史——』新時代社、一九七三年。）

Lensen, G. A., *The Russian push toward Japan: Russo-Japanese Relations, 1697-1875*, Princeton, N. J., 1959.

生田美智子『外交儀礼から見た幕末日露文化交流史——描かれた相互イメージ・表象——』ミネルヴァ書房、二〇〇八年。

石田千尋「幕末期の日蘭貿易——嘉永六年（一八五三）の輸入品を事例として——」片桐一男編『日蘭交流史　その人・物・情報』思文閣出版、二〇〇二年、三〇六～三二四頁。

石田千尋『日蘭貿易の史的研究』吉川弘文館、二〇〇四年。

大槻玄沢、志村弘強編『環海異聞』（大槻玄沢、志村弘強編、池田晧訳『環海異聞』雄松堂出版、一九八九年。）

大槻玄沢『北辺探事』（大友喜作編『北門叢書』第六冊、国書刊行会、一九七二年。）

大庭脩「長崎唐館の建設と江戸時代の日中関係」大庭脩編著『長崎唐館図集成——近世日中交渉史料集六——』関西大学出版部、二〇〇三年、一六七～一八〇頁。

桂川甫周『北槎聞略』（桂川甫周著、宮永孝解説・訳『北槎聞略』雄松堂出版、一九八八年。）

木崎良平『漂流民とロシア——北の黒船に揺れた幕末日本——』中央公論社、一九九一年。

木崎良平『光太夫とラクスマン——幕末日露交渉史の一側面——』刀水書房、一九九二年。

ケンペル著、今井正編訳『［新版］改訂・増補　日本誌――日本の歴史と紀行――』霞ヶ関出版、二〇〇一年。

ゴロヴニン著、井上満訳『日本幽囚記』岩波書店、一九四三、一九四六年。

佐伯富「康熙雍正時代における日清貿易」『東洋史研究』第十六巻第四号、一九五八年、二十九～六十九頁。

シーボルト、フィリップ・フランツ・フォン著、中井晶夫ほか訳『日本』雄松堂書店、一九七八年。

科野孝蔵『オランダ東インド会社――日蘭貿易のルーツ――』同文舘出版、一九八四年。

ツンベルグ著、山田珠樹訳注『ツンベルグ日本紀行』奥川書房、一九四一年。

寺山恭輔ほか編『ロシア史料にみる十八～十九世紀の日露関係第一集』東北大学東北アジア研究センター、二〇〇四年。

寺山恭輔ほか編『ロシア史料にみる十八～十九世紀の日露関係第四集』東北大学東北アジア研究センター、二〇〇九年。

永積洋子「正徳新令とオランダ貿易」宮崎道生編『新井白石の現代的考察』吉川弘文館、一九八五年、六十三～九十頁。

中村朋美「ロシア帝国と広東貿易――十九世紀初頭の東アジア海域におけるロシアの貿易構想――」『関西大学東西学術研究所紀要』第五〇輯、二〇一七年、二三一～二四四頁。

中村朋美「ゴロフキン使節団の陸路貿易構想――十九世紀初頭のブフタルマ貿易を中心に――」『東洋史研究』第七七巻第三号、二〇一八年、三十五～六十八頁。

羽田正『東インド会社とアジアの海』講談社、二〇〇七年。

羽田正編『海から見た歴史』東京大学出版会、二〇一三年。

播磨楢吉「露国に於ける日本語学校の沿革」『史学雑誌』第三三編第十号、一九二二年、四十五～五十四頁。

平岡雅英『日露交渉史話』筑摩書房、一九四四年。

松浦章『江戸時代唐船による日中文化交流』思文閣出版、二〇〇七年。

松本英治「レザノフ来航予告情報と長崎」片桐一男編『日蘭交流史　その人・物・情報』思文閣出版、二〇〇二年、三七一～三九〇頁。

森永貴子『ロシアの拡大と毛皮交易――十六～十九世紀シベリア・北太平洋の商人世界――』彩流社、二〇〇八年。

八百啓介『近世オランダ貿易と鎖国』吉川弘文館、一九九八年。

矢野仁一『長崎市史　通交貿易編東洋諸国部』長崎市、一九三八年初版、清水堂出版、一九八一年再版。

山脇悌二郎『長崎のオランダ商館――世界のなかの鎖国日本――』中央公論社、一九八〇年。

ラングスドルフ、ゲオルク・ハインリヒ・フォン著、山本秀峰編訳『ラングスドルフ日本紀行――クルーゼンシュテルン世界周航・レザーノフ遣日使節随行記――』露蘭堂、二〇一六年。

注

（1）一七九九年にパーヴェル一世の勅書により成立した、ロシア初の特権株式会社。ゴリコフ・シェリホフ会社を前身とし、カムチャツカからアラスカにかけて植民地経営を行い、毛皮事業を営んだ。レザノフはロシア・アメリカ会社支配人のひとりであった。

（2）拙稿「ロシア帝国と広東貿易――十九世紀初頭の東アジア海域におけるロシアの貿易構想――」『関西大学東西学術研究所紀要』第五〇輯、二〇一七年、二三一～二四四頁；拙稿「ゴロフキン使節団の陸路貿易構想――十九世紀初頭のブフタルマ貿易を中心に――」『東洋史研究』第七七巻第三号、二〇一八年、三十五～六十八頁を参照のこと。

（3）先行研究の一部を挙げると、E. Ya. Fainverg, *Russko-Yaponskie otnosheniya v 1697-1875 gg.*, Moskva, 1960.（邦訳は、ファインベルク著、小川政邦訳『ロシアと日本――その交流の歴史――』新時代社、一九七三年。）；平岡雅英『日露交渉史話』筑摩書房、一九四四年；G. A. Lensen, *The Russian push toward Japan: Russo-Japanese Relations, 1697-1875*, Princeton, N. J., 1959. 等がある。

（4）例えば、松本英治「レザノフ来航予告情報と長崎」片桐一男編『日蘭交流史　その人・物・情報』思文閣出版、二〇〇二年、三七一～三九〇頁；生田美智子『外交儀礼から見た幕末日露文化交流史――描かれた相互イメージ・表象――』ミネルヴァ書房、二〇〇八年。

（5）N. Kolotygin, *O Yaponii i Yaponskoi torgovle ili noveishee Istorichesko-Geograficheskoe opisanie Yaponskikh' ostrovov'*, SanktPeterburg, 1817.

（6）桂川甫周『北槎聞略』巻の三（桂川甫周著、宮永孝解説・訳『北槎聞略』雄松堂出版、一九八八年、三十一～三十五頁）；木崎良平『光太夫とラクスマン――幕末日露交渉史の一側面――』刀水書房、一九九二年、四十六～五十頁。

（7）大槻玄沢、志村弘強編『環海異聞』巻の三（大槻玄沢、志村弘強編、池田晧訳『環海異聞』雄松堂出版、一九八九年、六十一頁）：木崎（前掲一九九二）、二三三頁。
（8）大槻玄沢『北辺探事』巻一（大友喜作編『北門叢書』第六冊、国書刊行会、一九七二年、二五〇～二五一頁。）
（9）ピョートル一世の命により、一七〇一年、数学・航海学校が創設された。
（10）播磨楢吉「露国に於ける日本語学校の沿革」『史学雑誌』第三三編第十号、一九二二年、四十五～四十九頁：Fainverg, Ukaz. soch., str. 25, 34.
ピョートル一世の命令で一七〇五年に日本語学校が設立され、漂流民伝兵衛が日本語教師となったとの説もあるが、［木崎 一九九二］はロシアの東洋学者バルトリドの見解を引いて、一七〇五年日本語学校設立説に懐疑的な見解があることを紹介している。木崎良平『漂流民とロシア――北の黒船に揺れた幕末日本――』中央公論社、一九九一年、十一～十三頁。
（11）寺山恭輔ほか編『ロシア史料にみる十八～十九世紀の日露関係第四集』東北大学東北アジア研究センター、二〇〇九年、一〇九～一一〇、二三〇～二三一頁。
（12）木崎（前掲、一九九二）、二三四～二三五頁。
（13）ゲオルク・ハインリヒ・フォン・ラングスドルフ著、山本秀峰編訳『ラングスドルフ日本紀行――クルーゼンシュテルン世界周航・レザーノフ遣日使節随行記――』露蘭堂、二〇一六年、三十七頁。
（14）寺山ほか（前掲、二〇〇九）、一〇八～一〇九、二二九頁。
（15）播磨（前掲）、五十三～五十四頁：Fainberg, Ukaz. soch., str. 34.
（16）*Russkie otkrytiya v Tikhom okeane i Severnoi Amerike v XVIII-XIX vekakh*, Moskva, 1944, str. 74.
（17）イルクーツク商人で、一七九三年から一七九五年まで市長を務めた。仙台漂流民のひとりでイルクーツクに残留し、クルーゼンシュテルンの世界周航に同船して通訳、日本語教師を務めた善六が洗礼を受けたときには、教父を引き受けた。『北辺探事』巻一（大友（前掲）、二五二～二五三頁）。
（18）寺山ほか（前掲、二〇〇九）、二三、一六一頁。本稿引用文の翻訳は［寺山ほか 二〇〇九］の日本語訳とは多少異なるが、これは著者が［寺山ほか 二〇〇九］の日本語訳を参考にロシア語史料から翻訳したためである。
なお、以下、引用文中の〔 〕内は著者による補足である。

(19) ロシア商人は申告できる資本額によって整理され、ギルドに加入できた商人は資本額が大きなほうから順に第一ギルドから第三ギルドまでに区分された。
(20) 森永貴子『ロシアの拡大と毛皮交易――十六〜十九世紀シベリア・北太平洋の商人世界――』彩流社、二〇〇八年、一二一頁。
(21) 寺山ほか（前掲、二〇〇九）、二十二〜二十三、一六一頁。
(22) 森永（前掲）、一二二〜一二三頁。
(23) [RAKITS] *Rossiisko-Amerikanskaya Kompaniya i Izuchenie Tikhookeanskogo Severa 1799-1815: Sbornik dokumentov*, Moskva, 1994, str. 192-195; 寺山恭輔ほか編『ロシア史料にみる十八〜十九世紀の日露関係第一集』東北大学東北アジア研究センター、二〇〇四年、一七四〜一七九頁。
(24) 邦訳は『日本幽囚記』である。
(25) [RAKITS] str. 171-172, 212-214, 220-222 : 寺山ほか（前掲、二〇〇四）、一五一〜一五二、一八八〜一九一、一九三〜一九六頁。
(26) [RAKITS] str. 228-229 : 寺山ほか（前掲、二〇〇四）、一九九〜二〇〇頁。
(27) 帰国後、ゴロヴニンがクルーゼンシュテルンに宛てた書簡には、「政府は私の探検を印刷するのを許可するのかどうかわかりませんが、そのうちにあなたにはあらゆる興味深い話を手紙でお知らせします」と書いている。すでに一八一四年八月の時点でゴロウニンは手記を執筆する予定であり、出版には政府の許可が必要であったことがわかる。[RAKITS] str. 233 : 寺山ほか（前掲、二〇〇四）、二〇〇〜二〇一頁。
(28) ゴロヴニン著、井上満訳『日本幽囚記』上、岩波書店、一九四三年、二十四〜二十五頁。
(29) ドイツ名はヨハン・ミュラー。歴史家、地誌学者。ドイツに生まれ、一七九七年ロシアに移り、一八〇九年からイルクーツク・ギムナジウムの校長を務めた。
(30) ゴロヴニン（前掲）上、二十四頁。
(31) 原文は「カスティリヤ人（Kastiliyanets）」と書いてある。カスティーリャ王国の国民を指すものと考えられ、文中に「スペイン人（Ispanets）」という記述もあるため、カスティリヤ人とスペイン人は同義で使用されていたと考えられる。ケンペルもまた『日本誌』のなかで、カスチリア人（Castilianer）と書いていた。エンゲルベルト・ケンペル著、今井正編訳『［新版］改訂・増補　日本誌——日本の歴史と紀行——』第五分冊、霞ヶ関出版、二〇〇一年、五七一、五八九頁。

（32）一六五一年ドイツに生まれ、一六九〇年から一六九二年にかけてオランダ商館付きの医師として来日し、『日本誌』を執筆した。

『日本誌』はケンペル在世中には日の目を見ず、一七二七年にまずケンペルのドイツ語手稿からの英訳本が刊行され、一七二九年に英訳本からの重訳である仏訳本と蘭訳本が、一七三五年にデュ・アルドの『シナ誌』の独訳本の付録として、仏訳本の抄訳をドイツ語訳した「ロストック版ケンペルの日本誌」が出版された。その後、ドイツ語で書かれたケンペルの手によるノート段階の草稿と写稿をもとにドームC. Dohmが編纂した「ドーム版ケンペルの日本誌」は、一七七七年に上巻と一七七九年に下巻が刊行された。ケンペル（前掲）第一分冊、二〜九、二十一〜五十一頁。

（33）一七四三年スウェーデンに生まれ、一七七五年オランダ商館付き医師として来日して一年四ヶ月滞在した。一七七九年スウェーデンに戻ってウプサラ大学で植物学を教授した。

一七八八年から一七九三年にかけてツンベルクは、一七七〇年から一七七九年のあいだにめぐった地域の旅行記『ヨーロッパ・アフリカ・アジア紀行』を出版し、この旅行記は英仏独語に翻訳された。日本語訳『ツンベルグ日本紀行』は、この旅行記の日本紀行の部分のみを一七九六年出版の仏訳本から翻訳したものである。ツンベルグ著、山田珠樹訳注『ツンベルグ日本紀行』奥川書房、一九四一年、I-XIV頁。

（34）Kolotygin, Ukaz. soch., str. 11–12.

（35）Kolotygin, Ukaz. soch., str. 34.

（36）キリスト教関連の書物や外国通貨など禁制品がある場合、検使はそれらを桶に入れ封印して、町民で出島着工の際の出資に割りあって持ち分を定めた株主であった出島乙名に船が出航するまで保管させた。科野孝蔵『オランダ東インド会社——日蘭貿易のルーツ——』同文舘出版、一九八四年、七十六頁。

この箱について、ツンベルクは、オランダ船は長崎港に近づくと、水夫の持っている祈祷書や聖書を箱に入れて厳重に釘付けし、日本人に渡すが、この箱は出港時にはじめて返却されると記している。一方でケンペルは、船が日本に近づくと、日本人に見つからないように、キリスト教関係の書物や外国貨幣は箱詰めにして人目につかないところに片づけると書いており、ツンベルクの情報とは異なる情報を伝えている。ツンベルグ（前掲）十九～二十頁：ケンペル（前掲）第五分冊、六三五～六三六頁。

また、船長と商館長の検査免除と特権撤廃に関する情報もツンベルクの旅行記に見られることから、『日本および日本貿易』の長崎入港に関する情報源は、ツンベルクの旅行記であると考えられる。なお、シーボルトによると、一七七二年に商館長（～一七七八年まで）と船長も下船・乗船の際に身体検査を受けるようになった。フィリップ・フランツ・フォン・シーボルト著、中井晶夫ほか訳『日本』第四巻、雄松堂書店、一九七八年、一九二、二〇〇～二〇一頁。

(37) ツンベルクは「日本政府は出来る限り欧州人が日本語を覚えることを妨げている。それは欧州人には日本のことを直接知らせまいとするのである。」と記しており、『日本および日本貿易について』の情報とは多少齟齬がある。ツンベルグ（前掲）、三十六頁。

(38) Kolotygin, Ukaz. soch., str. 48-54.

(39) Kolotygin, Ukaz. soch., str. 56-58.

(40) 科野（前掲）、七十五～七十六頁：羽田正編『海から見た歴史』東京大学出版会、二〇一三年、二三五頁。

(41) 永積洋子「正徳新令とオランダ貿易」宮崎道生編『新井白石の現代的考察』吉川弘文館、一九八五年、七十～七十四頁：八百啓介『近世オランダ貿易と鎖国』吉川弘文館、一九九八年、一三四～一三六頁：羽田正『東インド会社とアジアの海』講談社、二〇〇七年、一八九頁：羽田編（前掲、二〇一三）、二三五、二四二頁。

(42) Kolotygin, Ukaz. soch., str. 54.

(43) ケンペル（前掲）第五分冊、六五〇～六五二頁：ツンベルグ（前掲）、四十一～四十二頁。

(44) 長崎港の入口にある小島で、長崎から出港するすべての船の投錨地になっていた。オランダ人はカトリックの神父たちの殉教の地である言い伝えによって、この島をパーペンベルグ（神父の山の意味）と呼んだ。ケンペル（前掲）第五分冊、四九四頁：ツンベルグ（前掲）、八十一頁。

(45) 科野（前掲）、八十～八十一頁：石田千尋「幕末期の日蘭貿易――嘉永六年（一八五三）の輸入品を事例として――」片桐一男編『日蘭交流史　その人・物・情報』思文閣出版、二〇〇二年、三一四頁。

ちなみに、『日本および日本貿易について』によると、価格を日本人が決定するこの方法――入札制度――は、バタヴィアでオランダ人により自分たちの規定を脅かされた華人が日本人に教えたものだというが、その詳細はわからない。Kolotygin, Ukaz. soch., str. 55-56.

(46) 科野（前掲）、七十八～八十頁。

(47) ケンペル（前掲）第五分冊、六五三～六五五頁：ツンベルグ（前掲）、四十四～四十五頁。

(48) ツンベルクは、「この国の銅は吾等の知れる限りでは最も良質で、多量の金を含有している。これを長さ四分の一オーヌ太さ指位の棒に鋳ってある。…会社が日本から将来するのは主としてコロマンデルの沿岸に売り込む、この太さ指くらいにして重さ三分の一リーブル位の銅の棒の外に…」と記録している。ツンベルグ（前掲）、四十六～四十七頁。コロマンデルでの日本銅の販売については、山脇悌二郎『長崎のオランダ商館――世界のなかの鎖国日本――』中央公論社、一九八〇年、一一〇～一一一頁。

(49) 羊毛、毛織物等の防虫に用いた。長崎から輸出した樟脳は、すべて薩摩産であった。山脇（前掲）、二十三～二十五頁。

(50) ケンペルのあげた輸出物の中には、醤油（Soje）とある。ケンペル（前掲）第五分冊、六六四頁。醤油瓶の写真については、山脇（前掲）、二十一頁。

(51) Kolotygin, Ukaz. soch., str. 59-60.

(52) 焼いて朱を作った。山脇（前掲）、八十五頁。

(53) 合金として活字や種々の器物の鋳造に用いた。シーボルト（前掲）第四巻、二四一、二五二頁。

(54) 眼薬として重宝された。石田千尋『日蘭貿易の史的研究』吉川弘文館、二〇〇四年、八十一頁：山脇（前掲）、七十五頁。

(55) 蘇芳の色出しに用いられる必需品であった。山脇（前掲）、八十八頁。

(56) テレイブは綿の染織物の一種である。石田（前掲、二〇〇二）、三〇八～三〇九、三二一頁。

(57) 生糸や絹織物の染料となる。山脇（前掲）、七十六～七十八頁。

(58) Kolotygin, Ukaz. soch., str. 60-61.

(59) Kolotygin, Ukaz. soch., str. 61.
(60) ケンペル（前掲）第五分冊、六三七～六三九、六六三～六六五頁；ツンベルグ（前掲）、四十六～五十一頁；ゴロヴニン（前掲）下、一九四六年、一六〇～一六一頁。
(61)「百艘乃至は二百艘の支那船が各々五十人の乗組員を載せて、毎年大阪の港に来たものである。」というツンベルクの情報に依拠した記述であろう。ツンベルグ（前掲）、五十五頁。
(62) Kolotygin, Ukaz. soch., str. 63-64.
(63) ツンベルグ（前掲）、五十六頁。
(64) 大庭脩「長崎唐館の建設と江戸時代の日中関係」大庭脩編著『長崎唐館図集成――近世日中交渉史料集六――』関西大学出版部、二〇〇三年、一六九頁；佐伯富「康熙雍正時代における日清貿易」『東洋史研究』第十六巻第四号、一九五八年、三十一～三十四頁；矢野仁一『長崎市史　通交貿易編東洋諸国部』長崎市、一九三八年初版、清水堂出版、一九八一年再版所収の「第四章　貞享以後の長崎の支那貿易」。
(65) 正徳新例については、佐伯（前掲）、三十四～四十二頁；松浦章『江戸時代唐船による日中文化交流』思文閣出版、二〇〇七年所収の「第二編第二章　康熙帝と正徳新例」；矢野（前掲）所収の「第五章　正徳新例前の長崎の支那貿易と正徳新例事情」等。
(66) ケンペルの時代、すなわち一六九〇年頃の換算では、銀三百箱＝三〇〇〇貫＝三十万両である。ケンペル（前掲）第五分冊、六五二頁。
(67) ケンペルもツンベルクも船舶制限数を春先の二十隻、夏の三十隻、晩秋の二十隻の年間七十隻と記している。ケンペル（前掲）第五分冊、六八〇頁；ツンベルグ（前掲）、五十八～五十九頁。
(68) Kolotygin, Ukaz. soch., str. 63-64.
(69) ケンペル（前掲）第五分冊、六八〇頁；ツンベルグ（前掲）、五十八頁；ゴロヴニン（前掲）下、一六〇頁。
(70) ケンペル（前掲）第五分冊、六八〇～六八一頁。
(71) 子牛の革をなめして着色したもの。山脇（前掲）、八十二頁。
(72) Kolotygin, Ukaz. soch., str. 68-71.

（73）らくだやロバなどの革の表面を粒状に仕上げたもの。山脇（前掲）、八十三頁。

（74）[RAKITS] str. 192；寺山ほか（前掲、二〇〇四）、一七四頁。［　］内は［寺山ほか　二〇〇四］の訳者の補足である。

（75）Kolotygin, Ukaz. sochi, str. 70-71.

付記　本稿はＪＳＰＳ科研費（19J40033）による研究成果の一部である。

明治末年に現れた三教会同と帰一協会の影響

――西洋型の文明化を目指す有識者たちの新たな努力

陶 徳民

はじめに

「明治」から「大正」に改元された一九一二年七月三〇日前の半年間に、日本の宗教界に二つの重要な動きがあった。それは、同年二月下旬に開催された三教会同と、六月二〇日に発足された帰一協会であった。三教会同は一過性の会合とはいえ、それまで非公認となっていたキリスト教をも含む宗教界の総力を結集して徳育現状の改善と社会事業の推進に当たらせるという政策は、当時の西園寺公望首相、原敬内相と床次竹二郎次官が行った重大な決断だったと言える。一方、一九四二年の事実上の解散まで三〇年間活動を続けていた帰一協会は当時の学界・財界・宗教界のトップクラスの人物によって結成されたシンクタンクであり、大正期と昭和初期の日本において大きい影響力を発揮した。

これらの動向に関する先行研究が必ずしも多くないが、過去十数年来の主要成果の一部として、磯前順一・深澤英隆『近代日本における知識人と宗教――姉崎正治の軌跡』（二〇〇二年）や前川理子『近代日本の宗教論と国家――宗教学の思想と国民教育の交錯』（二〇一五年）などの著書のほか、高橋原「帰一協会の理念とその行方――昭和初期の活動」（二〇〇二年）や西田毅「天皇制国家とキリスト教――「三教会同」問題を中心に」（二〇一三年）などの論考が挙げられる。また、二〇一四年ハーバード大学出版社から *The "Greatest Problem": Religion and State Formation in Meiji Japan* が出版されたが、著者T・E・Maxey氏が結論の冒頭において、政府主導の三教会同が明治の文明開化を象徴する鹿鳴館の後身、華族会館で開かれ、その狙いは一九一〇年大逆事件など社会問題に対処することにあったと指摘している。ちなみに、書名中の「最重要問題」（原文は「政略上実ニ第一之大問題」）という表現が初出する一八八四年三月井上毅「教導職廃止意見案」中の一節が、同書のイントロダクションの冒頭で飾られているのである。(1) 周知のように、「華族令」の発布もこの一八八四年のことであり、井上は伊東巳代治、金子堅太郎とともに伊藤博文を補佐して「信教の自由」条項を含む大日本帝国憲法の起草に取り組みはじめたのも同じ年であった。

本稿は、一九一二年前の約四〇年間と後の三〇年間、すなわちキリスト教の解禁を意味する高札撤廃が行われた一八七三年から、太平洋戦争勃発直後の一九四二年帰一協会解散まで約七〇年間の主要関連動向、特に一部のキーパーソンの言動を視野に収め、マクロ的視点とミクロ的視点を交錯させながら三教会同・帰一協会を考察すると同時に、その位置付けと存在意義を同時代の世界潮流や中国の動向と比較するなかで検討してみるものである。結論を先にいうと、三教会同・帰一協会は西洋列強への仲間入りを果したあとの日本のリベラリストたちが進化しているキリスト教文明の要素を摂取する新たな努力であり、その努力は明治国家形成期にやり残された精神面の文明化という課題を解決しようとすること、日露戦後に顕在化した近代産業社会に共通する社会問題に対処しようとすることという二つに大別できる。本稿は前者について概観するものである。

一　西園寺・原・床次によるキリスト教「公認」のインパクト

いわゆる「三教会同」は、一九一二年二月二五日華族会館で開催された神仏耶三教会同、翌二六日同じ場所の三教者協議会および二八日上野精養軒で開かれた宗教家・教育家懇親会という三つの会合を含む。その出席者名簿や関連挨拶の内容について、丁寧で詳細な記録を残しているのは、むしろ幕末起源の新宗教である天理教、特に金光教系統の出版物であるようだ。それらによると、三教会同の出席者は、内務省宗教局長斯波淳六郎名義の招待状を受けた神道十三派、佛教五十三派（東本願寺と所属四派の管長は欠席）、及び基督教七派の代表計七十六名、内務・司法・海軍・逓信四大臣、内務・文部、司法・陸軍・海軍・逓信各省の次官および一部の局長を含む「大官二十一名」であった。ちなみに、当時の司法次官平沼騏一郎が、一九三九年総理大臣になった際、議会で悪名高い第二次「宗教団体法案」を通過させた人物であった(2)。

上野精養軒での宗教家・教育家懇親会は、二一名の発起人（教育者八名、神道者四名、仏教者六名、基督者三名）の名義で開催され、二〇〇余名の出席者を得た。二〇年前の「教育宗教衝突」論争の張本人、東京帝大教授井上哲次郎と、当時の井上にいち早く反論した日本メソヂスト教会監督の本田庸一がともに会場にいたため、後者の挨拶が参会者一同の注目を浴びた。[3]

今夕の會合者は種々の人あれども之を二つに大別すれば教育家と宗教家となるなり、此の宗教と教育と両立して然かも相反すべからざるものなるは言を俟たざることなり、恰も國防上に於て陸海両軍が相反すべからざるが如し。而して相共に「古今に通じて誤らず、中外に施して戻らざる」一般の道德、天壌無窮の皇運と扶翼し其發属の爲めに盡すべきは云ふ迄もなきことなり、故に教育家、宗教家は益々國家の爲めに一層奮励せんこと切望に堪へず。尙は一つ云いたきことは、維新以來我が帝國は非常の進歩をなしたるが、こは多く政治家の力に依りて世界の風潮に叶ふやうになされたるものなり、然れども之れは海上を吹く風又は 海面の潮の如きものにして、其潮の底を見れば大いなる暗流の流れ居るを發見すべし、即ち制度文物等諸般の物質的方面は政治家に依りて文明に進歩したれども、其精神的方面は却つて世界の風潮に逆行せんとする現象あり、こは宗教家が大いに開發指導の任務を盡さるべからざる所たるなり、又た國は進歩し法律等は完全に出来たりとて、社會の有様は如何、家庭の狀態は如何、之れ亦た宗教家の大いに努力すべき所ならずや、最後に、曩に井上博士が、今夕の會合を珍妙なる會合なりと云はれたるは、吾々耶蘇教者が出席し居る爲めなら確かに左様なら、吾々は少數なれども日本に最も新らしき宗教にして、然かも此の宗教は吾々同胞に依りて輸入さたることを記憶せざる可らず、併し吾々は新らしき丈け弟なり、弟は腕白なるものなれども、何卒餘りイヂメヌやうにして兄弟分と思ひ御手柔らかに願ひた（き）ものなり。[4]

本田庸一（一八四八―一九一二年三月二六日）は津軽藩家老の子で佐幕派兵士であったが、明治五年すなわち高札撤廃直前のキリスト教禁制下に「儒教からキリスト教へ」転向した。明治二〇年代雑誌『護教』の主筆をつとめた山地愛山が一九一〇年に書いた「我が見たる耶蘇教会の諸先生」によれば、模範的紳士、度量のある君子、金銭に対して極めて淡泊なる古武士であり、「就中最も感ずべきは君の愛国心なり。耶蘇教の諸豪中に於いて君は最も政治に興味を有する人なり。君の注意は常に世界の日本に在り。君の講壇における雄弁には尊皇愛国の精神躍如として日本の青年に深き訓戒を与うるを見る」という。(5) 以上の短い挨拶から見れば、政治家に負けない本田の時代感覚と雄弁術が余すところなく発揮されたと言えよう。まず、「教育勅語」の文言を使いながら、宗教家・教育家の団結による国家奉仕という大義名分を論じる、次に、維新以降制度文物など物質面の文明化を一応達成したが、精神面では世界潮流に逆行する現象が少なからずと指摘する、最後に、その場にいた井上を揶揄しながら、先達が主体的に導入した基督教の存在価値をアピールし、これからはいじめないように宜しくと頼む、という三段論法であった。残念ながら、本田は、翌三月二六日にも他界した。宗教家・教育家懇親会でのこの挨拶は、世間および次世代に発信できた最後のメッセージとなり、重要な遺言とも言えよう。

さて、三教会同が実質上キリストの公認を意味していたことについて、隅谷三喜男は次のように論じたことがある。「今まで（明治）憲法によって宗教の自由は認められていたわけですが、しかし実質的には始終いろいろな関係で迫害されてきて、仏教徒などが公認の宗教であったのに対し、キリスト教は非公認だった。それを政府が仏教、神道の代表と並んでキリスト教の代表者を対等の資格で呼んで国民の風教の改善を依頼するということになったのですから、キリスト教はこれによって初めて明治政府から公式にその存在を認められたということで喜びもし、それには大いに協力しようという態勢をとることになった」(6)と。

確かに、政府によるキリスト教公認は、国内外とも大きなインパクトを与えた。若き日に故郷の秋田県鹿角郡（旧南部藩）から上京し、大内青巒主宰の尊王奉仏大同団の機関誌『大同新報』を編集したことのある京都帝大の東洋史教授内藤湖南は、辛亥革命後の中国の国教問題に関する論述の中で、明治維新以後の宗教政策変遷の経験を例証として次のように論じ、諸宗教に対する一視同仁の政策に喜びを感じた。

日本でも維新の当時、一種の国学者の偏見からして、仏教を廃し、時としては儒教までをも排斥する傾きがあって、一時は神道を以て国教に定めるかも知れぬような状態にまで至ったけれども、此は一時の逆上した世論で、其の後人心が平正に覚醒すると同時に、時代精神からも、又国民性の本義からも、漸々信教の自由を許すようになって来て、それで仏教は徳川時代に較ぶれば非常な迫害は受けたけれども、それさえ次第に勢力を盛り返し、外国から入った所の基督教なども自由に布教を許されることになり、近来は稍時代遅れの感があるけれども、三教合同などと云うような議論もあって、政府でも各種の宗教の同一なる地位を認める傾きになって来た。(7)

一方、辛亥前後の中国を三年間にわたって漫遊した米国大手会社のアジア市場調査員、アメリカ政府が新しい中華民国を早期承認するように、W．ウィルソン大統領、T．ルーズベルト元大統領、A．カーネギーをはじめ政財界、学界およびマスコミのリーダーたちに精力的に働きかけたJ．S．トムソンが次のような日中比較をしながら、東アジアの二大国に関する己の展望と期待を示した。

筆者は二つのことを確信し、それらが現実になるように願っていた。中国は共和政体を維持できること、およびその共和政体はキリストを信じてキリストの聖書を研究する上で確立されたものであること。このような四億の人口と長い歴史を持っている国は神の護佑を得られるはずだ。きっと偉大なる事業を成し遂げ世界に示すことができるし、人類に本当の共和主義およびもっと無我無欲のキリスト教の教義を貢献できるのだろう。日本はすでに取り返しのつかない誤りを犯した。時折互いに戦争もしたが、欧米諸国の力は強い海軍艦隊にあるのではなく聖書への理解と相互の信用にあることを、日本人は十分理解していなかった。中国の共和革命家たちは、もしキリスト教を受け入れないと、このような力を失ってしまうということに気づいた。一九一二年二月九日《ママ》、日本の内務部長は仏教、儒教（神道）とキリスト教に関する会議を開き、宗教への信仰を高める方法を見つけようとした(8)。

しかし、国内外に対する巨大なインパクトをもたらしたこの三教会同という快挙について、従来の研究には過小評価と過大評価という二つの傾向があった。前者は、三教会同をもっぱら危険思想の対策や宗教家利用の政略と考え、三教会同で始められた一視同仁の新しい宗教政策と宗教間対話という新しい局面に対する理解が不足している。後者は床次内務次官の個人の役割を過分に強調し、その上官で蔭の主役を演じていた原内相と西園寺首相の影響を見逃してしまった。

二〇世紀初期の日本は、いわば「桂園時代」にあった。四回の交替で恰も「輪番制」で政権担当していた桂内閣と西園寺内閣の間に「情意投合」といわれる妥協と癒着の痕跡は確かにあったものの、その文教政策と対外政策の指向は相当違っていたと言える。桂の周辺で活躍した御用言論人といわれる徳富蘇峰の回顧談によると、「第二次桂内閣は、明治四十四年八月第二次西園寺内閣に、譲渡して去った。（その際の桂公は）、何事もとん〳〵拍子に、思ふことが成功するからして、自然に當人が成金氣分となるは、止むを得ぬ次第だ。（中略）桂公は日英同盟で伯爵となり、日露戦役で侯爵となり、而して朝鮮併合で又た最上の公爵となった」。そのうちに、第二次西園寺内閣はいわゆる二個師團増設問題で「愈々暗礁に乗上げ、進退維谷はまることになつた。その場合に於て、公が如何なる態度をとつたかは、これを明言することは出来ぬが、見様次第では、表てには消防夫であつて、實は放火者ではないかと疑はれる」ようになった。そして、「第三次桂内閣が大正元年十二月二十一日出て来るや、天下を挙つて、殆どこれを呪わない者が無つた。當面の相手たる西園寺公の率ゆる政友會は勿論、政友會の反對黨である、他の政派も、又た貴族院の多數も、恐らくは、山縣、松方の諸元老も、山本權兵衛伯等の薩派は勿論、何れもこれを以つて桂公の腹黒き陰謀の結果となさぬ者は無つたであらう。[9]」

これに対して、海老沢有道・大内三郎共著の『日本キリスト教史』では、三教会同の際の第二次西園寺内閣について次のように好意的に記述されている。「当時の陸軍側の二個師団増に強硬に反対し、そのため瓦解した比較的リベラルな内閣だといわれている。大正期の内閣は、明治期のそれに比較すると、当時の大正デモクラシーを反映してキリスト教にたいしてわりにリベラルな空気があった。おそらく日本キリスト教史において、この時期ほどキリスト教にたいして政府（また民間）が親近感をもった時期はあるまい」と。[10]同書はまた、一九二〇年十月に十日間にわたって東京で開催された第八回世界日曜学校大会の会場問題をめぐる原首相と渋沢栄一の親切な対応について、次のような感激的記述をしている。すなわち、同大会米国、カナダ、アルゼンチン、ギリシア、ニュージーランド、オランダ、ハワイ、インド、中国、シャムなどの国々から来日した一、二二二名を含め、二五九〇名の参加者を得たのに、開会直前に東京駅前に建てられた会場が火災で全焼するという不幸に見舞われた。

結局、神田の青年会館と救世軍本営との二か所に分散して開いたが、大会後援会副会長渋沢栄一が大会挨拶の中で火災に言及し、「自分の過失の如く深く責任を感じ、来会の皆様に対し何とも申訳がない」、交渉の結果帝国劇場を会場に提供されることになったと述べ、時の首相原敬も非常に同情して衆議長に異議がなければ帝国議事堂を提供すると述べた。帝国教育会は沢柳政太郎会長代理を送り、東京市招待会、貴衆両院議長の幹部招待などが華やかに色をそえて、盛況裡にこれを閉じることができた。こうした世界大会などの事情を反映して、日曜学校は大正期にもっとも活況を呈したという。[11]

以上で見てきたように、西園寺内閣によるキリスト教「公認」が、キリスト者でもある民本主義論者吉野作造の活躍が象徴する大正デモクラシーを現出するリベラルな国内環境を作りだすことに一役買っただけでなく、国際社会における日本のイメージアップにもつながった。この偉業は、明治四年から一〇年間にわたるフランス留学の経歴（円形の地球を体験するためアメリカ経由でヨーロッパ入りという旅程を取ったが、米国ではグラント大統領に出会ったという）を有する西園寺首相と、明治五年東京のカトリック神学校に入学、同七年新潟の天主教牧師の学僕としてフランス語を習った原内相と、しかも政友会の同志・盟友としての、まさに「千載一遇」の名コンビでないと、到底実現できなかったはずである。[12] 況や、日清戦争前後の第二次伊藤博文内閣の文相を務めていた西園寺は、前任者で在職中に死去した井上毅の『梧陰存稿』における学校教育で愛国心を養うことを目論んだ国語教育重視論を批判し、「通例特性ト名クルモノハ一国ニ在テモ一人ニ在テモ大抵ハ其ノ短処ナリ、其僻処ナリ、殊ニ今日教育家ノ吾邦ノ特性ナドト喋々スル所ハ多ク識者ヲシテ眉ニ皺セシム」と反論している。しかも、外国語教育の普及、科学教育の充実および女子教育の奨励などを唱え、明治天皇の了承を取り付け、既存の保守的「教育勅語」の代わりに「もっとリベラルの方へ向けて」「第二次教育勅語」の作成を図ったが、「まだ成案という程までには行っていなかった。成案と思ううちに内閣が辞職したから実現するに至らなかった」[13]。

二　宗教的教育の導入による徳育改善に関する帰一協会の努力とその限界

明治末年に創立された帰一協会が、二年後に勃発した第一次世界大戦の現状に鑑み、一九一六（大正五）年二月に次のような宣言を発表し「吾人は大正革新の精神を振起し、東洋文明の代表者たる実を挙げ、外は国際正義の擁護者となり、大に世界文化の進展に寄与せんことを要す」と自任し、六つの活動目標を掲げた。

一、自他の人格を尊重し、国民道徳の基礎を鞏固にすべし。
二、公共の精神を涵養し、以て立憲の本旨を貫徹すべし。
三、自発的活動を振作すると同時に、組織的協同の発達を期すべし。
四、学風を刷新し教育の効果を挙げ、各般の才能を発揮せしむべし。
五、科学の根本的研究を奨励し、其応用を盛にすると共に堅実なる信念を基礎とし、精神的文化の向上を図るべし。
六、国際の道徳を尊重し、世界の平和を擁護し、以て立国の大義を宣揚すべし[14]。

それ以降、それぞれの目標にむけて様々な活動が展開されていったが、その最大な達成は、三教会同時に内務省次官床次竹次郎の相談役をつとめ、発足から一九四二年解散までの帰一協会の全期間を見守ることができた東京帝国大学の宗教学教授姉崎正治（一八七三―一九四九）によれば、宗教的教育の導入による徳育現状の改善であった。

この会合のした仕事のうちで今でも有益であったと思うのは、宗教と教育の問題であって、この会で委員会をつくって討議をしたが、これが一番大事だというので、文部大臣はじめその他に対して、今の様な宗教排斥の教育はよくないという事を勧説した。それまでの日本の教育というものは、教育と宗教とを混同してはいけないというので、師範学校系統には宗教排斥の傾向が多くて困ったので、それに対しての挑戦である。これは直きに効果は現れなかったが、だんだん時勢の変化とともに逆に効果を現し、所謂文部次官通牒となり、宗派教育はいれないが、宗教情操の教育はいい、という事を各学校に通知した。この頃、日本の文化の運動についても多少結論を得て運動したが、兎に角 今の宗教々育の問題は一審効果の上った方面である」と。(15)

姉崎の印象談を詳細に裏付けた前川理子氏の研究によれば、その問題の背景に内務省と文部省との確執があり、それは「日露戦後より大正終わり頃から昭和初頭までの神社や宗教をめぐる事情としては、社会政策、社会教化に関わって三教利用主義や神社中心主義の方針をとってきた内務省を中心とするあり方がまず一方にあった。そして他方には、社会教育行政において内務省の社会教化事業に方針、態度において重なるところをもちながらも、学校教育では宗教を排して教育勅語や世俗的国民道徳による教育をあくまで貫こうとする文部省のあり方とがあった」と。(16)そして、この問題の改善を促した過程において、帰一協会の会員でもある多くの有識者の努力により、次のような漸進的変化が見られるようになった。

①　一九一七年に設置された臨時教育会議において、会員でもある宗教尊重派の成瀬仁蔵と宗教利用派の阪谷芳郎の意見は、文部省流の宗教懐疑派・不要派の主張に抑えられた。

②　一九二五年以降、会員で仏教徒でもある帝国教育会会長沢柳政太郎は、文部参与官安藤正純（真宗大谷派出身）および内務省から文部省に移って宗教局長や社会教育局長を歴任した下村寿一などの理解と支持を得ることができ、全国中等教育協議会をはじめ、各種学校の全国校長会議で「宗教的信念」の助長を求める決議が相次いで行われた。

③　一九二八年六月に「御大典記念」日本宗教大会が日本宗教懇話会の主催で、一、一四五名（うち神道二八三名、仏教五六八名、キリスト教一九五名、学校関係その他九九名）の参加者を得て明治神宮外苑の日本青年館で開催されたが、費用の半分は帰一協会が負担した。会議は四部会に分かれ、姉崎正治は「思想部会」、新渡戸稲造は「平和部会」、井深梶之助は「教育部会」、矢吹慶輝は「社会部会」の部会長をつとめた。教育部会では、宗教教育が議題とされ、文部省に対する六項目からなる建議案が可決された。また、大会宣言は唯物思想や共産主義が「総ての宗教にとっての共通の敵」とした。

④　訓令一二号は「通宗教的情操ヲ陶冶スルコト」を妨げないことを確認、「訓令ノ解釈ハ可成厳格ニ亘ラサル様」指示。

⑤　一九三五年二月二八日、「宗教的情操ノ涵養ニ関スル」文部次官通牒[17]。

もっとも、このような取組みは、日露戦争以降に影響力が徐々に広がりはじめた無政府主義、社会主義、共産主義など「危険思想」への対策でもあったが、主として明治国家形成期にやり残された精神面の文明化という課題を解決するための施策であった。後者について、まさに前述した、宗教家・教育家懇親会における本田庸一の指摘した通りである。上述のような政府の三教会同という政策転換と帰一協会の絶えざる努力により、「国民道徳の涵養は教育と宗教と相俟って始めて完を得べきものとなる」というコンセンサスがついに醸成された[18]。

振り返ってみれば、一八九〇年教育勅語が策定される際に、「徳育の大旨」と題する最初の草案を作ったのは、中村敬宇という儒者出身でキリスト教に入信したことのある大学者であった。中村は幕末にイギリスに留学する少年留学生の監督をつとめた関係上、民主的政治制度のほかにキリスト教も近代西洋文明の発達の根源と考えていた。明治五年に発表された有名な「擬泰西人上書」で、彼は天皇にこれまでのキリスト教禁制を解禁し、西洋文明の精神的根幹たるキリスト教を日本に移植するよう「進言」していた。「徳育の大旨」において、「国ノ強弱ハ国民ノ品行ニ係ル」と強調しているが、そこでは、「万国対立ノ今日ニ在テハ」、個々の国民の道徳水準を向上させ、「団体トナリテハ其郷土ノ繁栄ヲ謀リ、一身ニ於テハ其家族ノ幸福ヲ増シ、積テ以テ我国ノ富強ヲ望ムベシ」、「益々我国ノ品位ヲ進メ、外人ヲシテ親ミ敬ハシムルヲ期スベシ」と、国民の自助努力による国富の増進と国威の樹立を目標としている。しかし、その草案が当時の法制局長井上毅によって没にされた。結局、採用されたのは、井上が自ら起草し、明治天皇に信頼される元田永孚の添削を経たものであった。『教育勅語』公布後、ドイツ留学から帰朝したばかりの井上哲次郎は、当時の文相に依頼され、『勅語衍義』という文部省公認の解説書を執筆した。当時の井上は、ドイツを模範国家とし「国ノ強弱ハ主トシテ民心ノ結合如何ニヨル」と考えていたので、「国の強弱は人民の品行に関わっている」というイギリス系の啓蒙思想を堅持する中村の主張を、迂遠で時代に合わぬものと見なした[19]。

一八九〇年代、列強による世界分割の争奪戦が開始したので、井上の主張はその時代の雰囲気を反映する一面もあった。横井小楠、井上毅、元田永孚など朱子学者と同じく熊本藩に出身の徳富蘇峰も、かつて四海同朋主義を主張していたが、日清戦争後は日本膨張主義を唱え、「切取り強盗の仲間」に入るしかないと主張し始めた。このような時勢と世論に応じて、小学校の教育方針にも変化した。すなわち日清戦前の一八九一（明治二四）年に出された「小学校教則大綱」では、「児童の良心を啓培して其徳性を涵養し、人道実践の方法を授く」という文言があったが、一九〇〇（明治三三）年の改正により、それが削除されてしまった。ここの「啓培」とは、人間に内在している良心を啓き培るという朱子学的倫理学の基本概念の一つであるが、それが明治国家によって放棄されたのであった[20]。

それ以降、弱肉強食の時代を生き抜くためには、従来の「仁義道徳」を考える余裕がなく、列強への仲間入りを果たしてからは、アジア大陸への日本の膨張を「文明化の使命」と考えるようになった。このような心理と姿勢が、「対華二十一カ条要求」が提出された一九一五年には、吉野作造を含む多くの日本人に共有されるようになった。

そして、同時代日本のリベラリストたちの多くは、安丸良夫の表現でいえば、「国体論的ナショナリズム」の信奉者でもあったことも忘れてはいけない[21]。帰一協会のキーパーソンであり、一九一三年七月からの二年間にわたりハーバード大学客員教授として米国に於いて大活躍した姉崎正治は、三教会同の約一年前の一九一一年三月にすでに『南北朝問題と国体の大義』を出版し、「同窓同級の学友」喜田貞吉を批判する急先鋒となっていた。その本の扉に「日蓮上人　源親房卿　源光圀卿の尊霊に奉呈」と書かれ、序言に「海軍大佐」佐藤鉄太郎（海軍戦略家で、陸軍戦略家石原莞爾とは同じ故郷）の『帝国国防史論』（一九〇八年）から次の文章を援引し、「国体観の国家主義は、人道主義又は世界的宗教と決して衝突するものでない」という信念が表明されている。

畢竟するに、王法と教法と相待ち、進むでは國家の平和を維持し、幸福を催進し、退いては人類を正道に導き、唇歯相依り、その大成を期せざるべからずとは、毫末も疑なき處である。既に王法教法の相依る事輔車の如くならざれば、平和を維持し、人心を匡す事能はずとせば、世界の平和を維持し、人類の道義を向上せしめんが爲には、世界的王法と世界的教法と相并立（此は蓋し相抱合といふ意味に見るべきであらう）するを要するは自然の決論である。

世間には、世界的教義を有する宗教は國家の存在と相容れずと唱ふるものあるも、彼等の説は、世界的教法を容るべき世界的王法なしとの狭き意見より發生したる僻説である。(22)

このような自民族中心主義的発想と政教関係観をもっていたからこそ、日本は決して西洋を真似することに満足できず、いずれは、第一次世界大戦開始以降多数の問題が露呈した西洋の「近代」文明を「超克」しようとしていた。しかし、大恐慌という未曽有の経済危機や同盟関係の劇的変転といった国際情勢に翻弄され、その行先は、一九三九年「第二次宗教団体法」と一九四〇年の「紀元二千六百年奉祝」に辿り着いた。当時のキリスト教会の人々は、憲兵隊より突き付けられた次のような一三ヵ条からなる質問状で窮地に陥った。「一、基督教の神とは。二、我国の八百万神々に対する見解。三、我天皇とキリスト教の関係。四、外国皇帝（例えば英国）等と神の関係。五、勅語と聖書の関係。六、教育勅語に依る教育方針と基督教主義に依る教育との差異。七、祖先崇拝に対する観念（我国神社参拝に対する念慮）。八、皇祖皇宗の神霊に対する観念。九、信仰絶対の境地とは。十、信仰の自由に対する観念。十一、基督教は日本神道や仏教を偶像崇拝の迷信なりとする理由。十二、基督教と日本精神との関係。十三、其他参考事項(23)」。そのため、「紀元二千六百年奉祝全国基督教信徒大会」の宣言に「国家ハ体制ヲ新ニシ大東亜新秩序ノ建設ニ邁進シツツアリ、吾等基督信徒モ亦之ニ応シ、教会教派ノ別ヲ棄テ合同一致以テ、国民精神指導ノ大業ニ参加シ、進ンテ大政ヲ翼賛シ奉リ、尽忠報国ノ誠ヲ致サントス」という誓いが盛り込まれた[24]。

最近、三谷太一郎氏がその最新作において、ウォルター・バジョットの代表作『英国の国家構造』(一八六七年)を参照に「政党政治を生み出し、資本主義を構築し、植民地帝国を出現させ、天皇制を精神的枠組みとした」という日本近代の四大変化を描き、「日本の近代とは何であったか」という問題を再考し、天皇制を「キリスト教の機能的等価物」と位置付けている。この興味深い問題提起について、今後の検討課題としたい[25]。

注

(1)事実、『井上毅伝　史料篇』所収の同意見案について、安丸良夫『文明化の経験——近代転換期の日本』(岩波書店、二〇〇七年)第三章「六「信教の自由」と国家」において詳しく論じられていた。すなわち同案が起草された約五か月後に、教導職廃止の布達により、神仏各宗派の管長が住職・教師を任命し、教規・宗制などを定めて内務卿の認可を受けるという管長制が採用された。キリスト教はこの「認可教制」の対象外という「非公認」の地位に置かれた。

(2)『三教会同と天理教』(道友社編集部発行兼編纂、代表者増野正兵衛、一九一二年六月)。佐藤範雄述・高橋正雄編『三教会同と将来の宗教』(安部喜三郎発行・山陽新報社印刷)、一九一二年三月初版、早くも二か月後の五月に第九版となった。両者の統計は若干食い違いがある。

(3)本田庸一「井上哲次郎氏の談話を読む」、関皐作編『井上博士と基督教徒　正・続　一名「教育と宗教の衝突」顚末及評論』(みすず書房、一九八八年)所収。

(4)同注(2)、『三教会同と将来の宗教』附録一四—一五頁。

(5)氣賀健生『本田庸一——信仰と生涯』(教文館、二〇一二年)、四八—四九頁、二六七頁。

(6)久山康編『近代日本とキリスト教』(創文社、一九五六年)、三三七頁。

（7）『支那論』（一九一四年）「五　内地問題の三」、全集第五巻、四〇〇頁。

（8）John Stuart Thomson, *China Revolutionized*. Indianapolis: The Bobbs-Merrill Company, 1913。中国語訳の書名は『北洋之始』（山東画報出版社、二〇〇八年）と付けられているが、適切とは思わない。しかも、新渡戸稲造という有名人の苗字を「二藤部」（一六五頁、一七〇頁）としたような誤訳が少なくないようである。本論考における引用文の日本語訳は主として中国語訳を参照に作ったが、必要に応じて英語の原書で確認した。二九七―二九八頁。

（9）徳富猪一郎『蘇峰自伝』（中央公論社、一九三五年）、四二二、四二四、四二六頁。

（10）海老沢有道・大内三郎共著『日本キリスト教史』（一九七〇年、日本基督教団出版局）、四七六頁。

（11）同右、四八〇―四八一頁。

（12）前田蓮山『原敬』（時事通信社、一九四四年）、二一五頁。

（13）小股憲明「日清日露戦間期における新教育勅語案について」、京都大学人文科学研究所『人文学報』第六四号、一九八九年。陶徳民「上西園寺公書」考―藤澤南岳の未刊書簡について―」、関西大学『文学論集』第四七巻第三号、一九九八年二月。

（14）前川理子『近代日本の宗教論と国家―宗教学の思想と国民教育の交錯』（東京大学出版会、二〇一五年）、一三三頁。

（15）姉崎正治著・姉崎正治先生生誕百年記念会編『新版　わが生涯　姉崎正治先生生の業績』（大空社）、「会合と雑誌」、一一七頁。

（16）同注（14）、三六四頁。

（17）同注（14）、三六五―三七四、三八一頁。

（18）磯前順一・深澤英隆『近代日本における知識人と宗教―姉崎正治の軌跡』（東京堂出版、二〇〇二年）、六一頁。

（19）陶徳民「教育宗教衝突論争の背景に対する再考―井上哲次郎の『敬宇文集』批評を手がかりに―」、吾妻重二・黄俊傑編『国際シンポジウム　東アジア世界と儒教』所収、東方書店、二〇〇五年。

（20）宮地正人『地域の視座から通史を撃て！』（校倉書房、二〇一六年）、「朱子学的普遍主義の社会的消滅」、二一九―二二〇頁。

(21) 同注(1)、『文明化の経験――近代転換期の日本』、三七四―三七八頁。
(22) 姉崎正治『南北朝問題と国体の大義』(博文館、一九一一年三月)。
(23) 同注(10)、五四九―五五〇頁。
(24) 戸村正博編『神社問題とキリスト教』(新教出版社、一九七六年)、三四〇頁。
(25) 三谷太一郎『日本の近代とは何であったか――問題史的考察』(岩波新書、二〇一七年三月)。

付記 本論文は、関西大学大学院東アジア文化研究科紀要『東アジア文化交渉研究』第十二号(二〇一九年三月)に掲載した拙稿「明治末年に現れた神仏耶三教会同と帰一協会の意義――「第二の維新」を目指す有識者たちの努力とその限界」を改稿したものである。記して御礼申し上げる。

Ⅱ

【芸術部門】

近世彫刻史における黄檗彫刻とその展開

――梅嶺道雪の活動と関連して――

桑野　梓

はじめに

隠元隆琦が寛文元（一六六一）年に京都・宇治の萬福寺に晋住後、中国人僧の日本各地での活動によって、黄檗寺院は発展と展開をみせた。その後、中国人僧の渡来数が減っていく中で、次世代としてその意志を受け継ぐ法系の日本人僧が活躍を見せはじめる。梅嶺道雪（一六四一～一七一七）もその一人で、梅嶺の出身地である肥前（佐賀）から近江（滋賀）、伊勢（三重）と活動地域を広げ、それぞれの地には梅嶺の開創になる寺院が多く遺っている。本論では悉皆調査を実施した寺院を中心に、なかでもそこに遺される美術工芸品等に注目して、ひとりの日本人僧の活動と、かたち作られる「黄檗様」について、その一端を明らかにしたいと考える。

一　梅嶺道雪の略歴

まず、梅嶺の出自から伝記等について簡単に紹介したい。既に『黄檗文化人名辞典』に詳述されているので、多くはこれに拠りながら述べていきたい[1]。

梅嶺道雪は、寛永十八（一六四一）年六月十一日、肥前小城郡の生まれ。俗姓は、多々良氏。七歳で郡の臨済宗広徳院梅隣につく。明暦三（一六五七）年十七歳の時に出家する。その後京都に出て修行を続ける。寛文三（一六六三）年、二十三歳の時、黄檗山萬福寺に掛搭した折、たまたま大徳寺真珠庵主とともに、竹林精舎に寓した即非如一に参謁、問答ののち梅嶺の法名を受ける。十二月、隠元による第一次黄檗三壇戒会で受戒する。

寛文四年、肥前に戻り講経した。秋には萬福寺へ戻ったが、即非の西下に従い再び九州へ赴く。寛文五年の即非の広寿山晋山に従い、夏期結制に知浴となる。

寛文八年、肥前鹿島藩主鍋島和泉守直朝から円通山福源寺（鹿島市）の中興開山に請われ三年間住持する。同十一年春、即非の看病に赴き、示偈を受ける。五月二十日即非が示寂し、忌明け後に福源寺を退山する。延宝元（一六七三）年三十三歳で大眉性善より印可を受ける。大眉示寂後、南源性派の力添えによって塔頭東林院に入院、延宝二年七月まで松隠堂塔主をつとめる。

こののち、近江での梅嶺の活動が始まる。

延宝二年七月、黄檗僧の慧真、桂堂、祐堂らに鳳翔山正瑞寺（東近江市）に請われ九月十一日晋山する。同寺は彦根藩士広瀬郷右衛門の子である太虚道清により寛文十一年に再興された寺で、先の慧真は太虚の徒子である。

太虚は示寂の際、後事を梅嶺に委嘱したという。延宝六年四月には珠岩元宝、岳洲元春や八幡の近江商人西川氏、伴氏らに請われ、延宝七年、法王山正宗寺（近江八幡市）に入寺する。延宝八年四月には正宗寺と同じく八幡の豪商らによって建立された岩蔵山福寿寺（近江八幡市）に入寺する。これらの寺ではいずれも勧請開山を大眉とした。大眉を勧請開山として開いた寺は他に十カ寺以上にのぼる。宝永三（一七〇六）年三月には法王山正宗寺に三住し、このとき「法王規約」を立てた。法王山正宗寺は梅嶺の活動の拠点となる。

その後、伊勢にも赴き、光明山金蔵寺の開山となるなどしたが、伊勢の天照山法泉寺の開山となったのを最後に享保二（一七一七）年六月二日示寂する。七十七歳であった。法泉寺には爪髪塔が現存し、各関係の寺院にも建立したというが現存するのは法泉寺のみである。

これによれば、梅嶺の活動は初期の肥前から、近江での活動を経て、晩年は伊勢へと展開している。なかでも近江での活動は梅嶺の生涯のなかでも最も重要な位置を占めるもので、萬福寺の伽藍配置、建築様式を真似て諸堂を建立した法王山正宗寺は、その活動の拠点となった。正宗寺建立の背景には、八幡（近江）商人の信仰と協力があり、梅嶺の活動に大きな影響を与えた。現在でも近江八幡市域には五か寺の黄檗寺院が伝わる。梅嶺とその弟子が関わる寺院は近江で最も多い。以下に、梅嶺が開山、あるいは中興開山となっている寺院について紹介する。

二　梅嶺所縁の近江、伊勢における黄檗寺院

本章では、梅嶺の活動のうち、出身地である肥前の活動以降、梅嶺後半の活動として位置付けられる近江、そして終焉の地となった伊勢での活動についてみていくことにする。梅嶺について理解するために、ここでは四つの寺院をとりあげ、黄檗寺院としての歴史、開山（あるいは中興開山）となった経緯についてみていくことで、その特徴について明らかにする。

二―一　鳳翔山正瑞寺　東近江市五箇荘日吉町

先にも述べたが、彦根藩士広瀬郷右衛門を父にもつ太虚道清（一六二九～一六七三）により寛文十一（一六七一）年に再興された。太虚はまもなく示寂するが、後事を梅嶺に託した。太虚の遺志を継いだ、祐堂元蔭（一六四二～一七一九）ら次々世代ともいえる黄檗僧と檀越らの招請があって、梅嶺は延宝二（一六七四）年に晋山した。正瑞寺には梅嶺の祖師像（彫刻）や梅嶺が造像に関わったとみられる本尊像などが現存している。

二―二　法王山正宗寺　近江八幡市土田町

『滋賀県八幡町史』中巻正宗寺文書によると、正宗寺所蔵の文書中に、建立の経緯が記された文書がある。[2]以下に記すと、

江州蒲生郡土田村彦左衛門私領仕候正宗寺屋敷、梅嶺和尚様江寄進仕候ニ付、御建立被成度被思召、尤寺号

村之水帳ニも御座候間、古跡ニ紛無御座候得共、中絶之地ニ而御座候故、御法度之新地同前ニモ罷成間敷哉と吟味候ニ付、鷹飼村ニ御座候安藤対馬守様御代官中島兵右衛門殿支配之寺相続仕来候聖徳太子開地法王山獨尊寺と申寺号仏像太子像并仏具共御所望被成、則正宗寺屋敷ニ御引法王山正宗寺と御改被成候、幸無本寺之地ニ御座候間、黄檗山末寺ニ被遊被下候様ニ奉願候、若此寺之儀ニ付違乱之儀御座候者、我々共其明可仕候、仍後証如件

天和四子甲年

正月十一日

土田村庄屋

服部新助（印）

同村年寄

同姓小兵衛（印）

同村檀那

高瀬孫左衛門（印）

八幡町檀那

伴　弥兵衛（印）

黄檗山

御役者中様

これは天和四（一六八四）年に土田村の庄屋をはじめ、八幡商人の伴弥兵衛が黄檗本山に宛てた文書である。内

容は、土田町には正宗寺屋敷という私有地があり、これを梅嶺に寄進した。この土地は土地台帳にも記されているが、寺としては中絶しており、このままでは新寺建立の御法度に触れてしまう可能性がある。そのため鷹飼村に所在した、聖徳太子ゆかりの法王山独尊寺がどこの末寺ともなっていないため、仏像などを土田村に移し、法王山正宗寺として黄檗山末寺にしたいというものである。黄檗寺院が爆発的に増加した手段のひとつとして、新寺の建立が難しいなか、寺院として機能しておらず、かつ他宗寺院の末寺となっていない寺院を再興し、黄檗山末寺とするかたちをとっていた。正宗寺も同様のかたちをとり、もとは現在の土田町ではなく、鷹飼町に所在した、聖徳太子法王山独尊寺を再興したことがわかる。寺院の名称は山号を法王山、寺名を正宗寺として法王山正宗寺とし、同年に黄檗山末寺として認められた。正宗寺は近江地方の梅嶺の拠点寺院として、山門、天王殿、大雄宝殿などを配した本山に倣った伽藍配置となっている。それぞれ堂内には諸像が配置され、また梅嶺ゆかりの遺品なども多く所蔵する。これについては後述する。

二―三　岩蔵山福寿寺　近江八幡市馬淵町岩倉

もと天台宗であったと伝わる。天長六（八二九）年に淳和天皇の勅願により、馬淵岩倉山中に創建されたという。本尊は仏師僧長順により制作された嘉応二（一一七〇）年の銘がある十一面観音菩薩立像で、像内前面には千手観音陀羅尼が墨書され、背面に造像銘が記される。松枝双雀鏡、印仏なども納入されており、国の重要文化財に指定されている。福寿寺は後年、元亀の兵乱で諸堂を失い、草庵となっていたが、延宝七（一六七九）年に再興された。現存しないが梵鐘の銘には、旗本領主坂井成将と家臣である鵜野氏、後橋氏の銘に加え、八幡商人の二代目伴荘右衛門、勝見似休、松本性貞、三代目伴伝兵衛、初代伴彦四郎、伴甫閑、川端紹仙、西川清薫といった人物名が梵鐘の寄進者として記されていたという。[3] これをみれば、領主だけにとどまらず、八幡商人と呼ばれる伴家一族がその再興に関与していたことがわかる。梅嶺は開山に請われ、本師大眉を勧請開山として迎えている。

本堂は近年修理され、先の本尊十一面観音菩薩立像をはじめ、滋賀県甲賀市水口の瑞岩寺の尊像も堂内に並ぶ。黄檗様の尊像は、達磨大師倚像、釈迦如来坐像などが現存する。これについては後述する。

二―四　天照山法泉寺　三重県多気町相可

昭和五十一（一九七六）年に廃寺となったが、町営の公園として一部が保存されている。天台僧瑱啓（一六一五～一六九五）が開いた草庵であったが、梅嶺は正徳元（一七一一）年五月、瑱啓の十七回忌法要を営んだ。その後、正宗寺に帰山し、翌年には同じ多気郡の医王寺の第一代住持となるなどしていた。享保元（一七一六）年に黄檗寺院の法泉寺として開堂した。これには紀州藩地士森井義明や、波多瀬村の地士である高橋氏による招請が大きく関与しているようである。[4] 晩年をここで過ごし、この地で享保二年示寂した。

廃寺となった際に什物は流出し、いくつかは町内に現存する。例えば一度流出し、戻ってきたという梅嶺像（彫刻）は多気町の多気郷土資料館に保管されている。また、正宗寺の開堂を祝う木庵の偈などが当地に遺されている。さらには、梅嶺の事績を記す香国道蓮撰の「天照開山故法王梅嶺雪公和尚塔銘並序」の石塔が残り、記される事績は梅嶺の基本資料となるものである。

以上の梅嶺関係の四か寺について、梅嶺の足跡にあわせてみてきた。それぞれの寺院が様々な歴史をたどりながら、史料の流出や散逸を被りながらも現在まで伝えられてきた。以下では彫刻作例を中心に詳細にみていくことにする。

三　梅嶺関連寺院の文化財

以下では特に悉皆調査を実施した法泉寺以外の三か寺をみていくことにする。なかでも彫刻について詳細にとりあげ、最後に諸像の特徴についてまとめることにする。

三―一　正瑞寺の文化財

①詩書偈、絵画等

主要なものは、栗東歴史民俗博物館『近江と黄檗宗の美術』展にて既に紹介されている。[5] 絵画類は喜多長兵衛筆、隠元騎獅像や自賛の梅嶺道雪像、南源性派賛の大眉性善像、百拙元養筆の布袋図、享保十二（一七二七）年銘のある、谷口嘉敬筆の仏涅槃図などがある。また、太虚をはじめとして、梅嶺、悦山など多くの黄檗僧の墨蹟も所蔵する。

②仏像

本尊は薬師如来像とし、他に如来坐像、観音菩薩坐像が本堂に所在する。緊那羅菩薩立像は庫裏に安置され、梅嶺道雪像と如来坐像が経蔵に安置されている。

【薬師如来坐像】【図1】

○銘記（像底朱書銘）

日本國東山道近江州
鳳翔山正瑞禅寺
薬師瑠璃光如来乙尊
壽庭浄延禅門
心求妙向信尼
住持前東林嗣祖沙門雪梅嶺謹書

○法量（単位：センチメートル）

像高	五一・一	髪際高	四五・〇
頂－顎	一六・二	面幅	九・三
面長	八・九	面奥	一三・八
耳張	一二・三	耳朶張	一一・七
胸奥（左）	一五・二	（右）	一五・六
腹奥（衣含）	一六・〇	臂張	二八・五
膝張	三六・三	膝奥	二八・六
裳先奥	三〇・八		

膝高（左）　一〇・〇　膝高（右）　一〇・四
台座高　六〇・八　光背高　一〇五・六

○形状

螺髪粒状旋毛形（右旋）彫出。髪際一八粒、地髪部五段、肉髻部は剃髪とする。螺髪は背面で逆Ｖ字形に並ぶ。白毫水晶製嵌入。耳朶不環。耳孔中央に小孔を穿つ。鼻孔を軽く穿つ。三道彫出。衲衣、裙を着ける。衲衣は襟周りを広く折り返して、左右対称に肩にかかる。裙を着ける。裙は腹前正面で上端をあらわし紐で結び、正面に結び目をあらわす。両手は右手を上に禅定印を結ぶ。右足を前にして結跏趺坐する。

○品質構造

寄木造カ・彫眼・肉身金泥・衣部漆箔とする。構造の詳細は不明。両肩以下は別材とする。両手首以下は差し込み矧ぎとする。両脚部は横一材製とする。裳先は別材製。以下、各所にみられる鉄釘により構造をみると、両肩の前後各二、背面中央に一鉄釘があり、首は差し首とするか。両肩矧ぎ目にも鉄釘がみられる。臀部左右外側にも鉄釘がある。彩色は、衣部は、泥下地の上に朱漆を塗り、箔を施す。

【如来坐像】【図2】

○法量（単位：センチメートル）

像高　一七・三　髪際高　一四・三

頂－顎　五・八　面幅　三・六
面長　三・五　面奥　四・六
耳張　四・四
胸奥（左）　四・四　（右）　四・八
腹奥（衣含）　四・九　臂張　一〇・一
膝張　一二・二　膝奥　九・七
裳先奥　一〇・四
膝高（左）　三・八　膝高（右）　三・二
台座高（現状）　一六・九　奥　一五・四
　幅　二一・一
光背高　二九・八

○形状

螺髪彫出。旋毛形を刻む。髪際一四粒、地髪部は四段とする。頭頂部は剃髪。白毫相をあらわす（白毫亡失）。耳朶不環。衲衣を通肩にまとい、覆肩衣をあらわさない。衲衣は襟周りを広く折り返して、左右対称に肩にかかる。裙を着ける。裙は腹前正面で上端をあらわし紐で結び、正面に結び目をあらわす。両手は右手を上に禅定印を結ぶ。右足を前にして結跏趺坐する。

○品質構造

寄木造・彫眼・漆箔とする。頭体幹部は前後二材とする。差首とするか。両肩以下に地付まで含む各一材を矧ぐ。両袖口を含む手先材を一材とし、脚部材にのせる。両脚部材は横一材製とする。裳先別材製。像底に角柄を設ける。

表面仕上げについては、泥下地の上に黒漆塗りとし、箔を施している。白毫亡失。光背中央部を亡失（鏡だったか。「木地」と墨書あり）。

【観音菩薩坐像】【図3】

○法量（単位：センチメートル）

像高	三〇・二	髪際高	二二・八
頂－顎	一一・四	面幅	五・〇
面長	五・九	面奥	七・二
耳張	七・〇		
胸奥（左）	七・二	（右）	七・二
腹奥（衣含）	八・二	臂張	一六・三
膝張	一八・九	膝奥	一五・四
裳先奥	一六・六		
膝高（左）	五・〇	膝高（右）	四・九

台座高　一九・六　奥　三七・六
　幅　三九・〇

○形状
頭巾を被る。髻を結う。髻と地髪部は髪筋を刻む。地髪部に肉髻珠をあらわし、白毫相をあらわす。耳朶不環。三道を彫出する。衲衣、裙を着ける。衲衣は通肩にまとい、襟周りの折り返しを広くあらわして、左右対称に肩にかかる。衲衣の初層を左右腹前で上層に引っ張りたるみをつくる。裙は腹前正面で上端をあらわし紐で結び、正面に結び目をあらわす。両手は右手を上に禅定印を結ぶ。獅子足付の蓮華座上に坐す。

○品質構造
寄木造・彫眼・肉身金泥、衣部漆箔とする。頭体幹部は前後二材とするか。両肩以下は両体側部を含めて地付まで各一材を矧ぐ。さらにその外側に三角形状に各一材を矧ぐ。両袖口を含む手首材を一材製とし、両脚部材の上に乗せる。両脚部材は横一材製とする。裳先別材製か。像底は布貼りの上、朱漆塗りとする。

【緊那羅菩薩立像】【図4】
○法量（単位：センチメートル）
像高　四一・一　髪際高　三六・五
頂－顎　九・九　面幅　四・三

面長	四・七	面奥	五・八
耳張	五・四		
胸奥（左）	七・三	（右）	六・八
腹奥（衣含）	八・六	臂張	一七・三
袖張	二〇・六	裳裾張	一五・七
足先開（外）	九・五	（内）	四・〇
台座高	一四・九	台座幅	二六・五
台座奥	二〇・三		
厨子高	七〇・二	厨子幅	三五・三
厨子奥	二六・六		

○形状

髻を結う。髻は正面からみて三束にわかれ、背面では二束にわかれる。髻正面に雲頭形の飾りをあらわす。頭髪は全体に毛筋彫りを施し、こめかみ辺りの髪を逆立て、鬢髪は巻髪とする。天冠と天冠台をあらわす。天冠台は紐二条とし、天冠は正面に三山形をあらわし、蕨手文様をあらわす。眉根を寄せて鼻根をあらわし、瞋目とする。耳朶不環。

各種甲をあらわす。肩甲、手甲を着け、大袖衣を着ける。領巾を首に着ける。胸鎖甲、腹甲、腰甲を着ける。胸下に帯を着け紐二状で括り、腹部正面に獅噛をあらわしベルトを着ける。腰下正面と背面にそれぞれ獣皮を着ける。袴を着ける。脛当てを着け、沓を履く。

右手は垂下し、斧を執り、左手は屈臂して第二・四・五指は軽く曲げ、第一・三指を曲げて、掌を内に向ける。左足をやや前に出して方座に立つ。

○品質構造
詳細不明。差首とするか。天冠台から垂下する冠繒は別材差し込み矧ぎ。腰下正面の獣皮は三か所で釘留めとする。

玉眼は内から黒、金、黒、茶、朱とする。頭髪の毛筋と眉は、金泥で線描きとする。唇は朱を塗る。袴には金泥で草花文を描く。


【如来坐像】【図5】
○法量（単位：センチメートル）

像高	三一・三	髪際高	二七・四
頂－顎	一〇・八	面幅	六・〇
面長	六・四	面奥	八・六
耳張	七・五		
胸奥（左）	八・八	（右）	九・一
腹奥（衣含）	一〇・〇		

臂張　一九・一　膝張　二一・一
膝奥　一九・四　裳先奥　二二・三
膝高（左）　三・六　（右）　三・五
台座高　三三・八　光背高　五四・七

○形状

螺髪粒状彫出、旋毛形を刻む。肉髻部を剃髪する。髪際一八粒、地髪部七段とする。白毫水晶製（旋毛形を刻む）嵌入。鼻孔を穿つ。眉を墨で一本ずつ線描きとし、上唇の稜線を墨描きする。唇は朱を塗る。耳朶環状貫通。三道彫出。胸部中央に卍を朱書きする。大衣、覆肩衣、裙を着る。両肩に大きく折り返した覆肩衣をまとい、両袖を形成する。左手を上に両手を重ね、第一指先をつける。両袖口を軽くめくる。左足を前にして結跏趺坐する。

○品質構造

寄木造・玉眼・肉身金泥、衣部漆箔とする。頭体幹部は両耳後ろを通る線で前後二材とする。さらに背面に一材を矧ぐ。割首とする。両前膊から先は別材製とする。両脚部は横一材製とする。像内体幹部前面材から地付まで至る束を彫り残す。その他、両肩以下を別材とし、裳先も別材とするか。

表面は、肉身部は泥下地の上に朱漆、金泥塗りとする。衣部は泥下地の上に黒漆塗り漆箔とする。像内は頭部を除いて全面を朱漆塗りとする。着衣には截金を施す。裙は雷文繋文、覆肩衣は地文を籠目文とし中に草花文入りの二重の丸文を散らす。大衣は縁を立涌文とし、麻葉繋ぎ文とする。その裏と思われる臀部にかかる衣に斜格子文をあらわす。
玉眼は、黒目部分が墨、その周りを朱で囲み、白目部分は和紙と思われ、両端は群青をさす。内部からの観察では竹釘で留めているようである。白毫、台座、光背を後補とする。

【梅嶺道雪坐像】【図6】
○銘記（膝下裏側白書）
弘化二巳年
杪冬中四日
現住慧眼謹誌
再装
施主　川嶋傳左衛門
工師八幡住喜太郎

○法量（単位：センチメートル）
像高　七六・七　坐高　五三・四
頂－顎　一七・九　面幅　一〇・六
面奥　一四・六　耳張　一三・四
臂張　四一・八　袖張　四八・二

胸奥（左）一七・九　（右）一六・三
腹奥　二一・八
膝張（右袖の衣含）　三九・二
膝奥　三六・五　裾張　四七・七
膝下長（垂下する部分）　二三・三
足先開（外）　二九・二　（内）　二〇・〇

〇形状

剃髪とする。眉、睫毛を墨書する。目は内から黒、こげ茶、白、両端に朱をさす。顎鬚は植毛する。鼻孔を穿つ。耳孔を穿つ（貫通）。法衣をまとい、袈裟を着ける。袈裟は左肩で環で前後を吊る。左手は掌を下に全指を軽く曲げて膝に乗せ、右手は持物を執るかたちとする。両足を軽く開いて、曲彔に坐す。

〇品質構造

寄木造・玉眼・彩色とする。頭部は両耳後ろを通る線で前後二材を矧ぐ。差首とし、体部内前面と背面に取り付けられた鎹で下部を受ける。体部は前後二材を矧ぎ、さらに襟口合せ目の下から約三センチを通る線で前面を矧ぎ足し、背面にも一材を矧ぎ足す。背面材と体幹部後面材との間にマチ材を挟む。

両肩以下はそれぞれ地付まで至る材を矧ぎ、両袖口、両手首から先は別材製とする。両大腿部は横一材製とし、両膝以下は別材製とする。両膝以下の外側（両袖部）にそれぞれ一材を矧ぐ。両足先別材製。像底は体幹部前面

【図1】正瑞寺　薬師如来坐像

【図2】正瑞寺　如来坐像

【図3】正瑞寺　観音菩薩坐像

【図4】正瑞寺　緊那羅菩薩立像

【図5】正瑞寺　如来坐像

【図6】正瑞寺　梅嶺道雪坐像

材半ばより先、後面材に至る底面に底板を貼る。

表面は、当初は白下地の上に彩色を施していたと思われ、その上から紙下地の上に砥の粉地、さらに白地の上に彩色を重ねている。継ぎ目は紙貼りをする。像底と膝下裏側は麻布貼りの上に黒漆塗りとする。

右手第一指欠失、第二、四指亡失、第三指半ばより先亡失。左手第一、二、五指先は後補か。第四指は後補とする。第三指先を欠損する。持物の払子の柄を亡失する。表面の彩色は後補である。

以上のうち、本尊薬師如来坐像については、梅嶺出身地である肥前からの寄進であることが銘記からわかる。また銘そのものは梅嶺の自筆である。制作時期は、晋山した延宝二（一六七四）年ころかと思われる。作風は、吊り上がった目尻、大振りの皺を刻む衣などが佐賀・星巌寺の釈迦如来坐像と共通することを指摘しておきたい。星巌寺像は台座銘文から施主は肥前小城藩主の鍋島直能で、仏師友山の作であることが判明している。(6) 梅嶺は出身地が肥前小城であること、肥前鹿島藩主、鍋島直朝から円通山福源寺の中興開山に請われていること、星巌寺の開山は同郷で法兄の潮音道海であること、本像の施主が肥前出身の男女かと思われることなど、肥前での縁を活かした造像と考えられることも含め、作風の共通性から本像の作者は友山かその周辺の作と思われる。

また、経蔵に安置される如来坐像は、中国製如来像に似るが、寄木造の合理的な構造や表面の彩色、穏やかな表情、鎬の少ない衣文の皺の表現などから日本製であると考えられる。作者は京都仏師であろう。頭頂部の剃髪部が少ない点や、眉の細かな線描きや上唇の稜線の墨描きなどが本像の作者を特定する手がかりとなる可能性がある。

さらに、梅嶺道雪像は、正瑞寺に所蔵される絵画の梅嶺道雪像とよく似る。晋山した延宝二（一六七四）年は梅嶺三十四歳であり、本像は老僧の表現であることから、制作時期はそれよりも下がる。もと法泉寺蔵の梅嶺道雪像と比較すると、法泉寺像の方が穏やかな目元の表現などが若々しい。他にも現存する梅嶺道雪像と比較検討を加えなければならないが、梅嶺六十歳、あるいは七十歳頃の姿ではないだろうか。顎髭を植毛するなど、丁寧な造りの像である。

三ー二　正宗寺の文化財

①詩書偈、絵画等

先の法泉寺の石塔に「嗣法弟子鉄宗脈等五十四人　緇素受戒起名一万余人」と記されているように、梅嶺は多くの弟子を抱えていた。その弟子たちからの詩書偈が数多く遺されている。なかでも梅嶺六十歳、七十歳と節目

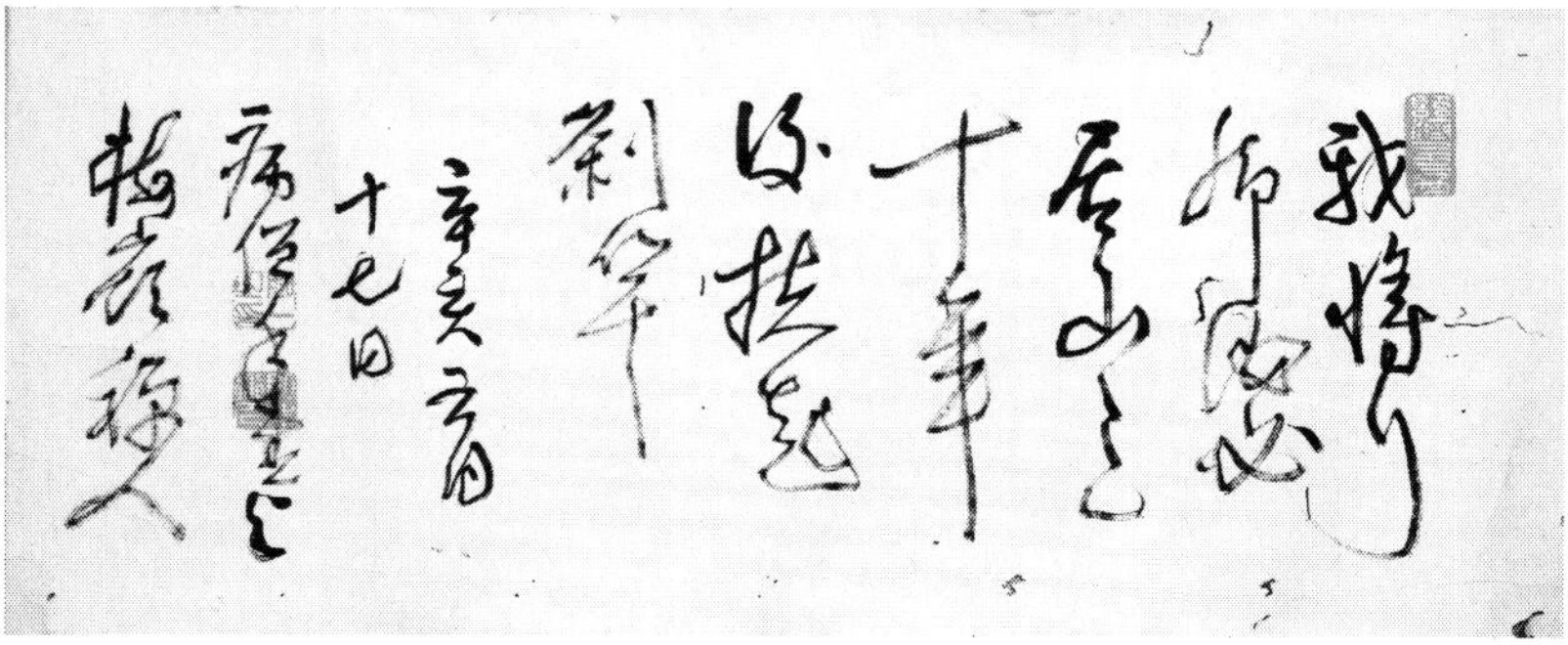

【図7】正宗寺　即非墨蹟　遺偈

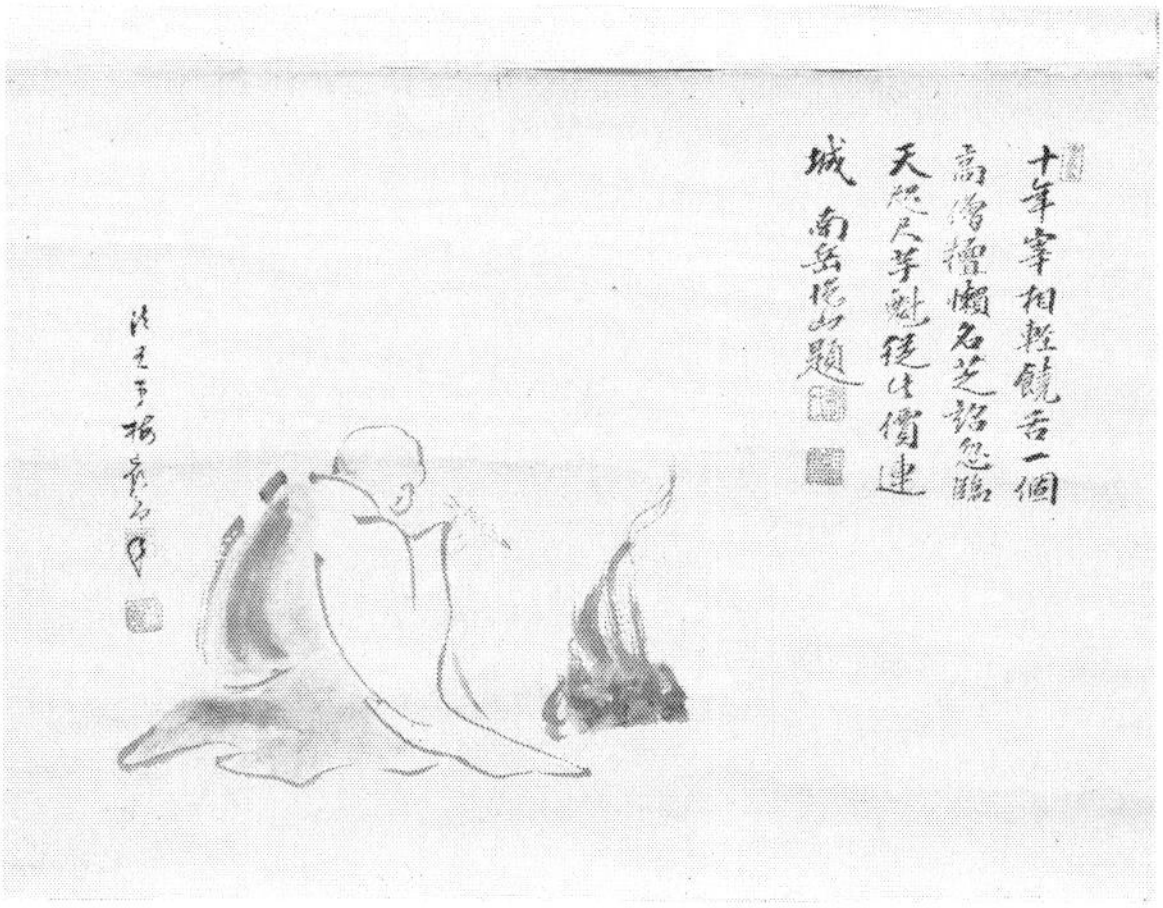

【図8】正宗寺　懶瓚煨芋図　梅嶺筆

となる生日に送られた祝偈（壽偈、壽章）が多く、『法王老祖六十壽章』(7)に採録された二百篇余りの詩文の原本となるものであると考えられる。

　梅嶺は即非より付偈、法名を受けたが、嗣法は受けられなかった。寛文十一年二月、即非の看病に長崎へ赴き、「三十年後刹竿を扶起せよ」との示偈は授かるものの、その後五月に即非は示寂する。

　嗣法は大眉にしている。即非より嗣法を受けたかったことはよく知られている。正宗寺には、即非より臨終の直前に授かった偈が残っている

【図7】。また、梅嶺所用の誌公帽子や棕櫚払子、朱鞋、襪子なども残っている。

梅嶺が描いた絵画も残されている。画題は、「懶瓚煨芋図」【図8】。唐時代の僧懶瓚が皇帝からの使者が来たとき、牛の糞を燃やして焼いた芋を、鼻水を垂らして食べていた。鼻水を指摘されると懶瓚はその時間が惜しい、俗人に法を説く暇もない、と答えたという。柔らかい筆致で描かれる本図は、まとまりがよく、味わいがある。文人的な側面も持つ梅嶺の為人を示す貴重な作品である。

次に仏像彫刻についてみていく。

②仏像彫刻

正宗寺本尊は、本山である萬福寺大雄本殿本尊にならい、釈迦如来像及び迦葉尊者立像・阿難尊者立像とする。以下に各像の法量、形状、品質構造を詳述する。

【釈迦如来坐像】【図9】

○法量（単位：センチメートル）

像高	六八・四	髪際高	六〇・四
頂－顎	二一・四	面幅	二二・四
面長	一三・二	面奥	一六・〇
耳張	一六・四		
胸奥（左）	一九・九	（右）	一九・六

腹奥（衣含）二〇・九　臂張　三七・七
膝張　四六・六　膝奥　三六・六
裳先奥　三八・八
膝高（左）　一二・五　（右）　一二・二

○形状

螺髪粒状彫出。髪際一八粒、地髪部五段、肉髻部は剃髪とする。白毫水晶製嵌入。眉は墨で一本ずつ線描きとし、両目の際も細線二条を線描きする。鼻孔を穿つ。耳朶不環。大衣、覆肩衣、裙を着ける。覆肩衣は右肩をおおって右袖を形成し、腹前を通って再び左肩にかかる。大衣は両肩にかかって右腋下を通って正面にまわる。裙は上端を腹前にあらわし、結び目をあらわす。第一指先をつけて右掌を上に重ね、禅定印を結ぶ。両手の爪を長くあらわす。右足を前に結跏趺坐する。

○品質構造

寄木造・彫眼・肉身金泥、衣部漆箔とする。頭部は、右耳後ろと白毫より五センチほど左の顔の中を通る線で割矧いでいるようである。差首とするか。体幹部は前後二材とし、さらに背面に地付まで至る一材を矧ぐ。両脚部は横一材製とする。裳先別材製。両腰脇に三角材を矧ぐ。

表面仕上げは、頭髪は群青とし、肉身は朱漆塗りの上、金泥塗りを施し、衣部は白下地の上に朱漆塗りの上、漆箔を施す。顔は眉を墨描きで細線を重ねて眉毛をあらわし、両眼の際に細線一条を描く。螺髪の一部、像底の柄の一部、以上を欠失する。

【迦葉尊者立像】【図10】

○法量（単位：センチメートル）

像高　九四・一（現状）　頂－顎　一八・七

面幅　一〇・四　面奥　一四・一

耳張　一三・六

胸奥（左・環含）一八・九（右・衣含）一八・二

腹奥（衣含）二二・六　臂張　三六・三

袖張　三六・三　裳裾張　二二・七

足先開（外）一九・六（内）　一一・九

台座高　二九・九　台座幅　四五・〇

台座奥　四三・〇

○形状

頭部は剃髪とする。額、目尻、口周りに皺を刻む。耳朶不環。口を軽く開く。法衣、下衣、環のついた袈裟をまとう。雲頭形の紐座をあらわす。胸前で両指を組んで握る。沓を履き、両足を軽く開いて立つ。

○品質構造

寄木造・玉眼・肉身金泥、衣部漆箔とする。頭部は両耳後ろを通る線で前後二材矧ぎとする。差首とする。体幹部は前後二材とし、体部前面に薄板状に一材を矧ぎ足す。両肩上に別材を矧ぎ、肩上材の前後面に体側材一材をそれぞれ矧ぐ。両肩先以下は袖半ばまでを含む肩以下の上膊材を矧ぎ、前膊以下は別材とする。両手首から先は一材製とする。右体側は袖半ば以下を含む膝以下を前後二材とし、左体側は袖半ば以下を含む膝以下を、沓外側を含んだ一材を矧ぐ。両袖裾先に別材を矧ぐ。膝以下の裙前面に左右二材を矧ぎ、右沓先に左右二材の別材を矧ぐ。像底は別材とする。枘は雇枘とする。

玉眼は、内から黒、茶、白（紙）、眼の両端に朱をさす。表面仕上げは、衣部は白下地、錆下地の上に朱漆塗りの上、箔を施す。矧ぎ目に紙貼りをする。

【阿難尊者立像】【図11】

○法量（単位：センチメートル）

像高	九七・一		
頂－顎	一八・四	面幅	一〇・九
面奥	一四・一	耳張	一三・一
胸奥（左・衣含）	一八・〇	（右）	一五・七
腹奥（衣含）	二三・六	臂張	三八・六
袖張	三七・一	裳裾張	二七・四

足先開（外）　二一・八　（内）　一四・二
台座高　三〇・一　台座幅　四七・四
台座奥　四四・五

○形状

頭部は剃髪とする。耳朶不環。法衣、下衣、環のついた袈裟をまとう。胸前で両掌を合わせて合掌する。沓を履き、右足を前にして両足を開いて立つ。

○品質構造

寄木造・玉眼・肉身金泥、衣部漆箔とする。頭部は両耳後ろを通る線で前後二材とする。差首。体幹部は前後二材とし、前面、後面に薄い一材を矧ぐ。両肩上に別材を矧ぎ、肩上材の前後面に体側材一材をそれぞれ矧ぐ。両肩先以下は上膊、前膊半ばまで、袖先まで、袖口でそれぞれ矧ぐ。両手首から先は一材製とし、袖口との間にマチ材を挟む。右体側部の裙の部分は、下から数センチのところで別材を矧ぐ。左体側材は上下に別材を矧ぐ。沓先は別材製。本像は近年大破して別置していた。左肩以下肩上材より前面の体側部材亡失。右肩後面の一部亡失。その他矧ぎ目の各所を欠損している。

以上三尊像のうち、本尊釈迦如来像は正宗寺開創当時十七世紀の像として間違いない。両脇侍像については、享保四（一七一九）年『第四代改正交割簿／諸堂及／方丈』「佛殿」の項六丁ウ(8)に

【図9】正宗寺　釈迦如来坐像

【図10】正宗寺　迦葉尊者立像

【図11】正宗寺　阿難尊者立像

【図12】正宗寺　緊那羅菩薩立像

一　迦葉木像　乙軀　再住八代造立
　　　　　　　　　附茶碗茶臺
一　阿難木像　乙軀　再住八代造立
　　　　　　　　　附茶碗茶臺

とあり、「再住八代」の文字上に「嶽州」の朱文方印が捺されている。正宗寺八代は、岳洲元春で、宝永二（一七〇五）年十月に梅嶺より嗣法した。正宗寺六代も務めている。両脇侍像は、本尊像よりも時代が下がる十八世紀初め頃の造像と考えられる。

また、かつては本山萬福寺と同様、天王殿（護法殿）に弥勒菩薩像、韋駄天像、四天王像など数軀が安置されていたという。これらの像は正宗寺開創当時の造像ではなく、松前の八幡商人に関わる正宗寺末流寺院の働きかけにより造像がなされ、十八世紀半ばとも伝えられるが、詳細は不明である。(9)他に黄檗に関連する像は、庫裏に緊那羅菩薩立像が現存している。

【緊那羅菩薩立像】【図12】
○法量（単位：センチメートル）

像高（炎髪上まで）	四六・二	髪際高	四〇・七
頂－顎	九・八	面長	五・三
面幅	五・二	面奥	六・四

耳張	六・五		
胸奥（中央）	九・二		
腹奥（獅噛含）	一一・一	臂張	二一・四
袖張（最大）	二七・〇	裾張	一七・二
足先開（外）	一三・三	足先開（内）	七・〇
台座高	一五・一	台座幅	二五・六
台座奥	一八・九		

○形状

炎髪を後方にあらわす髻を結う。雲頭形の元結紐に髪飾りをつける。正面に花形飾りのついた金釧冠を着ける。鼻根をあらわし瞋目とし、額に縦に一目をあらわす。耳朶不環。領巾、大袖衣、獣皮、裳、袴、天衣を着ける。各種甲を着ける。胸下に帯を着け紐二状で括る。腹部正面に獅喰をあらわしベルトを着ける。沓を履く。右手は垂下して持物を執る。両足を開いて左足を前にして方座に立つ。

○品質構造

木造・玉眼・彩色（現状古色）詳細は不明である。左手前膊より先、右手持物先を亡失し、左腰脇より垂下する天衣の先に、右腰脇より垂下する天衣が取り付けられている状態である。

三ー三　福寿寺の文化財

①絵画

絵画類については正瑞寺の項でも触れた栗東歴史民俗博物館『近江と黄檗宗の美術』展にて主要なものは既に紹介されている。[10] 延宝八（一六八〇）年自賛の梅嶺道雪像は、四十歳の寿像である。優し気な目元と長い顎鬚、頬骨の張った面相部は、上記展覧会で紹介される他寺院の梅嶺像と共通する。また、喜多元規筆、延宝元（一六七三）年自賛の大眉性善像も所蔵する。さらには、梅嶺筆の達磨大師像も現存する【図13】。

②彫刻

本尊は先にも述べたように仏師僧長順により制作された嘉応二（一一七〇）年の銘がある十一面観音菩薩立像で、ここでは詳しくは触れない。黄檗寺院では、先の正宗寺の例のように、新寺としてではなく、旧寺院の再興というかたちをとって黄檗寺院とすることから、古仏が数多く遺されている場合が多い。福寿寺の場合も本尊は十一面観音菩薩立像としながら、達磨大師倚像、韋駄天立像などが現存する。なかでも釈迦如来坐像は小像ながら中国製と考えられる貴重な像であるため、まずは本像から紹介する。

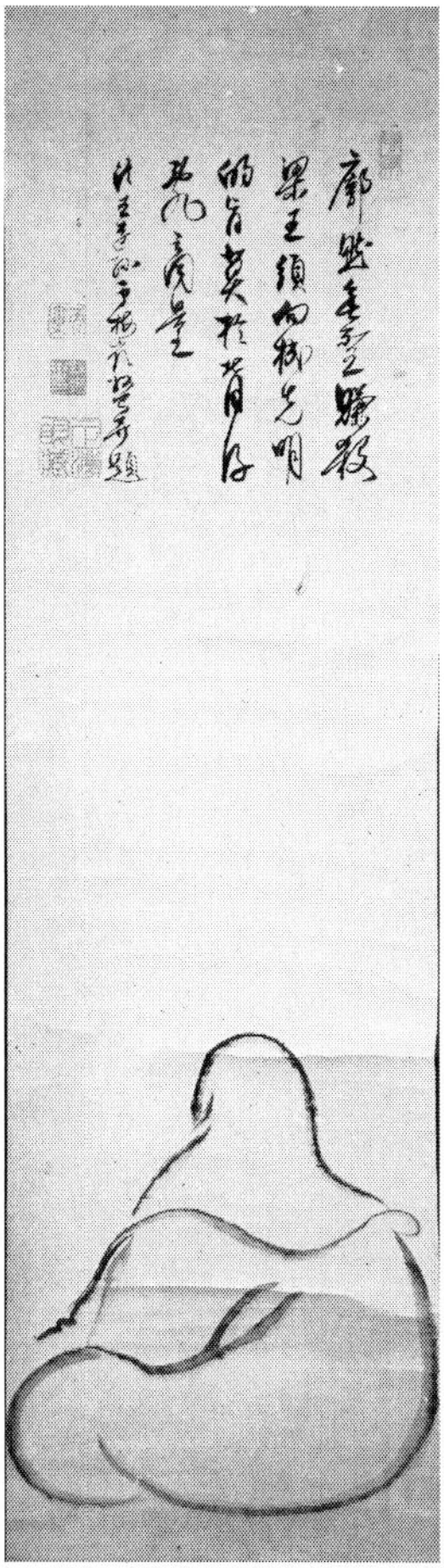

【図13】福寿寺
達磨大師像 梅嶺筆

【釈迦如来坐像】【図14】

○法量（単位：センチメートル）

像高　一五・三　髪際高　一三・九
頂－顎　四・八　面幅　二・九
面奥　四・一　面長　三・六
耳張　三・七　臂張　七・四
胸奥（左）三・四　（右）三・三
腹奥（衣含む）四・〇　膝張　九・〇
裾最大張　一〇・七
膝高（右）二・五　（左）二・五
裳先奥　八・八
台座高（蓮華座まで）一七・七　台座奥　一五・九
光背高（柄含む）四四・五　光背高（柄含まず）三五・八
厨子高　五四・六　奥　二〇・五
幅　二四・五

○形状

螺髪尖形。肉髻珠彫出。肉髻をつくらない。白毫は、銀色の珠を嵌入する（真珠か貝片）。耳朶不環。鼻孔を軽く穿つ。眉、髭を細く描き、唇には朱。三道彫出。内衣、覆肩衣、衲衣、裙を着ける。内衣は右衽にうちあわせる。覆肩衣は、右肩から右胸を覆い、右腕に袖状にかかり、右腹前で一端を衲衣内側にたくし込む。衲衣は左肩にかかり背部を覆い、右肩に軽くかかって右脇下を通って腹前をわたり、左肩から左腕に袖状にかける。右肩に軽くかかった衣は胸側を長めに垂らす。両袖を形成する衣は、膝前に向かって地付に垂らす。裙の上端を胸前にあらわし、紐で結ぶ。両手は左を上にして法界定印を結ぶ。右足を前にして結跏趺坐する。

○品質構造

一木造・彫眼・肉身漆箔、彩色とする。木心を前方にはずした縦一材より彫出する。両手首先は別材一材製とする。螺髪は赤茶色の土で成形し、貼り付ける。肉身は漆箔を施す。下地は桃色の泥の上に白色を塗る。衣部には素地の上から薄く顔料をかけるか。衣の端や、裏返った部分には白を塗る。肉身の漆箔、白毫相、両手首先を後補とする。

台座は、八角形とし、下から八脚、框、敷茄子、框、敷茄子、受座、蓮弁のついた擬宝珠風のものを付けた高欄、受座、反花、蓮華とする。框部には、上下から目の粗い砂状のものを固めて貼りつける。敷茄子には、前側に桃や葡萄（カ）、小獣が彫出される。台座底面には朱が塗られる。光背は雲形光とし、一材製。光脚部には、朱地に白で蓮華が描かれる。光脚部両側から雲がたなびき、頭光には鏡を嵌める。頭光下部には朱、緑青、群青で彩色された雲を彫出し、上部には群青地の花頭形の囲みの中に、蓮華を彫出する。周縁部には、雲を二つ重ねて、その上部から飛雲が四筋たなびく別材製のものを、両側にそれぞれ七個ずつ釘で取り付ける。頂上にも同様のものを取り付けるが、飛雲は三筋と、さらに両側から二筋たなびく形とする。

像底には刻書があり「貴峯和／南作」と記される。貴峯和には朱、南作には緑を充填する。また、光背の鏡には「津田薩摩守藤原家長」と銘があり、厨子内には朱書銘「奉安置／本帥釋迦牟尼佛尊像吸江院」とある。

ところで、本像とよく似た像に、三平瑞像という名でも知られている、京都泉涌寺の釈迦如来像がある。後水尾天皇念持仏と伝えられ、隠元が天皇に献じた中国製の仏像である。中国福建省三平山にあった義忠禅師の植えた樹齢九百年以上のヒノキの霊木から、三十体あまりの仏像を彫り出したうちの一体であるとされていることに由来する。後水尾天皇は、延宝三年に宝殿（妙応殿）を泉涌寺内に建立させ、そこに釈迦如来坐像を安置させた。

本像に関して泉涌寺には、黄檗僧である高泉性潡の記した『三平山瑞木記』が残されており、木庵や慧林など黄檗僧が泉涌寺を訪れ、本像を拝し、贈った祝偈も残されている。筆者はかつて泉涌寺釈迦如来坐像が、隠元のもたらした仏像として特に黄檗僧からの崇敬を集めていたことを指摘した(11)。

泉涌寺釈迦如来像と比較すると、本像は吊りあがった眼尻と、落ち着いた眼差しを下方に向ける点、外側へ反らす分厚い耳朶、裙の上端と紐を腹前でみせる点なども共通する。大きさは本像がやや小さい。また、先にもふれたように、本像には「貴峯和南作」との銘が記されている。貴峯とは福建省泉州市近くの貴峰を指している可能性があり、作者の出身地を指しているかと思われる。中国で明代末頃から清代初期頃に制作され、日本に舶来されたものと思われる。また、厨子内朱書銘に記されていた「吸江院」は福寿寺を再興した二代目伴荘右衛門が隠居後に福寿寺の傍に建てた庵、吸江軒のことと考えられる。

他に黄檗関連の像は、韋駄天立像、達磨大師像が現存する。

【韋駄天立像】【図15】

○法量（単位：センチメートル）

像高（頭飾含）九三・九　（頭飾含まず）八五・八

兜際高　七五・六　頂－顎　一七・二

面幅　七・五　面奥　一二・八

面長　八・六　耳張　一二・三

臂張　三五・一

胸奥（左）一七・八　（右）一七・八

腹奥（獅噛含まず）二二・五　腹幅　一八・〇

袖張　三〇・七　裳裾張　四〇・八

足先開（外）二一・七　（内）一〇・九

天衣高　八九・四　台座高　二六・七

持物長　四六・四

○形状

兜を被る。両肩に布（獣皮か）をかけて正面で結ぶ。背皮をつける。胸部に右を上にして帯を巻き、それを紐で括る。腹部正面に獅噛をあらわす。獅噛両脇のベルトには、円状の飾りを各一あらわす。各種甲を着ける。大袖衣を着け、裙、袴を着け、天衣をかける。獅子頭形の沓を履く。両手は肘を胸の高さまで掲げて張り、合掌する。宝棒（剣か）を合掌手の内側に乗せる。

○品質構造

寄木造・彫眼・漆箔、彩色とする。頭部は真ん中に右から左へ細くなるマチ材を挟んで、耳後ろ辺りの線を通って後頭部に一材を寄せ、前頭部には右耳半ばを通る線で一材を寄せる。兜の後方部別材、頭頂部の房、兜両耳上の火焔型飾りは別材。頭部は体部に差首とする。

体部は大略前後三材とし、前面に肩手前を通る線で一材、肩半ばよりやや後ろで一材、背面に一材とする。背中の盛り上がった部分に縦二材を足し、腹部にも一材を足す。両肩以下を別材とするが、両腕とも、肩と腕の間に縦に二材を挟む（これは肩口までと脇腹とを形成する）。両腕の詳細は不明だが、両掌は別材でつくり、それぞれ袖口で寄せる。地付から二八・四㎝のところで前に垂れる裙を差し込む。差し込まれた裙下辺りから、像底面に一材を寄せる。両脚別材製。袖、後方になびく裙、天衣各別材製。像内の観察により、底面材の中央に、各材が二つ並んでいるのが確認できる。両脚柄は別材一材製のものを差し込む。持物は、二材製とする。

黄檗宗寺院の典型的な韋駄天立像である。萬福寺所蔵の韋駄天立像（中国人仏師・范道生作）に倣い、丸い鼻、俯き加減の表情、中国風の装飾的で重たげな甲冑や、短く見える両脚部などが表現される。表面の彩色は、明治期の修理と考えられる。

【達磨大師像】【図16】

○法量（単位：センチメートル）

【図14】福寿寺　釈迦如来坐像

【図15】福寿寺　韋駄天立像

像高　六二・八　頂―顎　二〇・七
面幅　一一・八　面奥　一八・四
面長（髭含）二二・二（髭含まず）二〇・七
耳張　一四・九　臂張　三五・二
胸奥（左）　一八・六（右）一八・三
腹奥（衣含）二〇・四　腹幅一六・九
膝張　四六・五
膝高（右）一〇・八　（左）一〇・七

【図16】福寿寺　達磨大師像

坐奥　三五・〇　裳先長　一五・四
裳先奥　三四・三
沓（縦）　一六・七（横）　六・二（高）　五・三
曲彔（高）六五・一（幅）五五・一（奥）三五・七

○形状

頭頂部に頭髪をあらわさず、後頭部や両側面に、巻髪をあらわす。同様の巻髪で揉み上げ、眉、口髭、顎髭をあらわす。鼻孔、耳孔を穿つ。口を軽く開いて上歯二本をあらわす。覆肩衣は両肩を覆い、右袖を形成し、右胸下辺りで衲衣に挟みこむ。衲衣は左肩にかかって右肩に少しかかり、脇の下を通って腹前をわたる。裙は左を前にして打ち合わせる。裙と裙の結び目を腹前にあらわす。両手は袖の中に隠し、腹前におく。両袖の端を両側に長く垂らし、裙の裾も下に垂らす。曲彔に坐す。沓を置く。

○品質構造

寄木造・玉眼・漆箔仕上げとする。頭部は両耳後ろを通る線で前後二材とし、さらに後頭部に一材を矧ぐ。頭部前面にも別材を矧ぐか。差首か。体部は詳細不明ながら、大略前後二材とし、両体側部別材、両膝横一材、裳先一材とするか。眉、髭を別材製とし、貼り付ける。覆肩衣と衲衣の条葉部には、草花文、蓮華唐草文、雲文の盛り上げ彩色を施す。黒漆地の上に紙張りを施し、白土を塗り、赤漆を施し金箔を張る。唇には朱を塗る。目は、中心から黒、茶、白、両端に朱を差す。

韋駄天立像と同様、黄檗宗独特の達磨大師像である。表面の盛り上げ彩色も美しく、中国風の雰囲気がよく再現されている。

おわりにかえて

以上、梅嶺の関わった寺院のうち、近江の三か寺の彫刻作例を中心にみてきた。黄檗様の仏像のみ紹介したが、どこの寺院でも黄檗寺院として開創する以前の仏像彫刻、平安時代の彫刻が変わらず安置され、福寿寺の場合には本尊として存続していた。先にも述べたが、正宗寺の文書が記すように、他宗寺院の末寺となっていない寺院を再興し、黄檗山末寺とするかたちをとっていたため、旧像がそのまま遺されて現在に至るのであろう。逆説的に言えば旧像の存在が、新寺建立ではなく、再興寺院であることの証左となっている。黄檗様の仏像については、梅嶺の活動拠点となった正宗寺は萬福寺の伽藍配置を継承し、それぞれの建物に萬福寺と同様の仏像を安置していたと考えられる。残念ながら、どの黄檗彫刻にも銘文が見出されず、作者等は判明しなかった。しかし萬福寺の彫刻をよく学習し、黄檗様を継承した作例となっている。作者として京都仏師が想定されるが、京都では萬福寺の造像に携わった京都仏師から派生して、ある程度黄檗様の彫刻の図様が流布し、制作できる仏師が増えていたと考えられる。黄檗僧の活動が次世代へと広がっていく中で、爆発的に増加していく黄檗寺院の受容に応えるために、一黄檗寺院に安置するための仏像の図像が一気に広がっていったのであろう。(12) 今後は京都仏師等想定される作者について検討していきたい。

一方、福寿寺をみると、韋駄天像や達磨大師像が安置されていた当初の場所が不明である点も問題である。萬福寺と同様の伽藍配置とし、天王殿や祖師堂など、建立されていたのであろうか。正瑞寺についても観音菩薩坐像など、当初の安置場所については不明である。黄檗様の仏像が造像されるとき、その安置場所の特定をも含めて、今後の検討課題であると考える。

注

（1）大槻幹郎、加藤正俊、林雪光編『黄檗文化人名辞典』、思文閣出版、昭和六十三（一九八八）年十二月。
（2）『滋賀県八幡町史』中巻、昭和十五（一九四〇）年。近江八幡市市史編纂室、山本順也氏のご教示による。
（3）『近江八幡の歴史』第五巻「商人と商い」、近江八幡市市史編さん室、平成二十四（二〇一二）年三月。梵鐘の銘は『蒲生郡志』に記載。
（4）海住春彌『犬上川と多気町文芸史』、第一法規出版、平成五（一九九三）年五月。
（5）『近江と黄檗宗の美術』、栗東歴史民俗博物館、平成四（一九九二）年十月。
（6）『黄檗―ＯＢＡＫＵ　京都宇治・萬福寺の名宝と禅の新風』、九州国立博物館、平成二十三（二〇一一）年三月。
（7）井上敏幸編『黄檗僧と鍋島家の人々　小城の潮音・梅嶺の活躍』佐賀大学地域学歴史文化研究センター、平成二十（二〇〇八）年十月。
（8）佐々木進氏のご教示による。
（9）『滋賀県八幡町史』下巻、昭和十五（一九四〇）年。
（10）注五参照。
（11）「コラム　隠元禅師のもたらした仏像」『浜松にもたらされた黄檗文化』展図録、平成二十六（二〇一四）年十一月。
（12）黄檗寺院の爆発的増加とその背景については以下の論考に詳しい。
松岡久美子「近江における黄檗末寺の増加とその背景――祐堂元蔭の萬年寺再興を中心に――」『黄檗文華』一三六、平成二十九（二〇一七）年七月。

謝辞

本稿をなすに当たって、正瑞寺住職・田中智誠師、正宗寺住職・船津武夫師、福寿寺住職・多々良文夫師、多気郷土資料館、近江八幡市市史編纂室、佐々木進氏には大変お世話になりました。記して心より感謝いたします。

土田麦僊における中国絵画受容

豊田　郁

はじめに

近代京都画壇で活動した円山四条派の画家土田麦僊（一八八七～一九三六）は、江戸時代から続く伝統的な絵画に西洋近代絵画の思想や作風を融合させた新しい絵画表現を試みている。麦僊とその作品は、これまでさまざまな海外美術と結びつけて論じられてきたが、中国絵画の問題についてはは深く言及されてこなかった。しかし、大正初期には南画風の風景作品を描いていることに加えて、昭和初期には宋元の絵画などに学んだ花鳥画を制作しており、麦僊の画業において、中国絵画の問題は重要である。本論文では、麦僊における自然表現の変化を分析するとともに、中国絵画受容の問題について考察したい。

一　南画（文人画）と麦僊

第一章では、《梅ヶ畑村》（大正四（一九一五）年）、《南国の冬》（大正六（一九一七）年）などの風景作品を分析し、麦僊における南画（文人画）の問題について検討する。

まず、主な風景作品について整理すると次のようになる。

制作年	作品名	文展・国展出品作	備考
大正二（一九一三）年	《春の山》	《海女》	
	《田園風景》		
	《早春図》		
大正三（一九一四）年	《漁村》	《散華》	
大正四（一九一五）年	《梅ヶ畑村》	《大原女》	
	《冬の山》		
	《冬の日》		
	《早春》		
大正五（一九一六）年	《伊豆の風景》	《三人の舞妓》	
	《雨後図》		
	《瀑布図》		

大正六（一九一七）年《早春の伊豆》《春禽趁晴図》
《伊豆之海》
《南国の冬》
大正七（一九一八）年《熊野の山》《湯女》
『麦僊遺作集』（芸艸堂、昭和十五年）掲載

この一覧から、麦僊が大正二（一九一三）年から七（一九一八）年まで風景作品に熱心に取り組んでいたことが理解できるが、これらの作品は文展などには出品していない。このことからは、これらの風景作品が展覧会で審査員に挑むための作品ではなく、自らの気持ちを純粋に描いたものであったと分類でき、実験作的要素もあったと推測できる。また、これらの作品群では、円山四条派の手法とは異なる、明るい色彩や点描風な手法を用い、南画的な構成をもった表現がなされている。この点について、しばしば言及されるのは、麦僊における南画（文人画）の問題であろう。

大正期の美術界を特徴づける事象の一つに南画の復興（再評価）がある。この時期における南画の復興は、後期印象派の受容を契機として、画家の個性的表現が重視されるなかで、絵の外形よりも画家の内面や精神を重視する南画の考え方が見直されたためであった。そのなかで、南画と西洋近代絵画とを融合させた先駆とされるのが、大正元（一九一二）年第六回文展に出品された今村紫紅《近江八景》であり、それは伝統的な名所絵の画題に印象派的表現を取り入れた革新的な作品であった。さらに、大正三（一九一四）年第一回再興院展に《熱国之巻》が出品され、冨田溪仙、速水御舟といった日本美術院の画家たちがそれにつづいた。

大正六（一九一七）年七月発行の『中央美術』では「南画研究」と題する特集が組まれた。「新南画の機運動

く」と題した巻頭文において、「真の南画を創作せんとするものは南画の教習を経ざる青年芸術家と覚醒した少数の大家とである」と記されており、その先駆者として今村紫紅とともに、京都では橋本関雪、冨田溪仙らの名が挙げられている。(1) また、これ以降の時期には、大村西崖『文人画の復興』(大正十(一九二一)年)、瀧精一『文人画概論』(大正十一(一九二二)年)、橋本関雪『南画への道程』(大正十三(一九二四)年)など、南画に関する著作が数多く出版された。

麦僊はこうした時代状況を背景にして、南画および新南画についてどのように捉えていたのであろうか。大正四(一九一五)年一月十四日付の野村一志宛書簡においては、大阪高島屋での小品画展覧会を見たと記されているが、鉄斎を「近来の天才」であると賞賛し、冨田溪仙や今村紫紅を「西に渓仙君あり　東に紫紅君あり何となしに自分等の小さいのに心細くなりました」と評している。(2) 鉄斎について、古田亮氏は「絵画の技巧的表現を俗なものとして忌避し、商業的な目的を持たない文人の余技であることを喜びとする」作品の特徴が、「職人的、市気的な芸術から、人生と精神を問う芸術への価値基準の変化」により再評価されたことを指摘している。(3) こうした理由を背景にして、麦僊は鉄斎作品を高く評価していたと考えられる。また、《近江八景》や《熱国之巻》で、それまでの日本画にはなかった印象派を思わせる点描法を用いた紫紅と、鉄斎に私淑して南画風の自由闊達な作風を築いた溪仙とを東西の両雄と認識していたことから、当時の麦僊が新南画的画風に強く惹かれていたことが理解できる。

この時期、京都において新南画的画風を実践した画家に、溪仙のほか、明石藩の儒者を父に持つ橋本関雪(一八八三〜一九四五)、麦僊の盟友小野竹喬(一八八九〜一九七九)(4) がいる。

関雪は中国絵画や漢詩文に関する深い教養に基づき、中国風の山水を描くとともに、『南画への道程』(大正十三（一九二四）年）、『石濤』（大正十五（一九二六）年）といった著述を残した。

竹喬は麦僊にとって同時期に竹内栖鳳の画塾竹杖会に入門した盟友である。明治四十二（一九〇九）年ともに京都市立絵画専門学校別科に入学し、中井宗太郎の西洋近代美術論に啓蒙を与えられ、明治四十三（一九一〇）年に発刊された美術雑誌『白樺』によって紹介されたセザンヌに影響を受けた。彼らは明治四十五（一九一二）年から大正四（一九一五）年頃まで東山の知恩院山内の崇泰院で共に生活していた。竹喬は風景画を得意とし、いち早く明治四十四（一九一一）年仮面会第一回展に出品した《南国》で点描と明るい色彩を用いた風景画を制作、大正五（一九一六）年第一〇会文展で洋画的手法を取り入れた《島二作》が特選となった。

麦僊は大正三（一九一四）年九月、大観を中心に日本美術院が再興された時期には、溪仙と新しい日本画団体を立ち上げる動きを匂わせており、[5] 関雪を新たな団体に勧誘していたというが、この企ては実現しなかった。竹喬と麦僊については、横山秀樹氏が、大正初期、写生旅行などを一緒に行っていたこと、風景作品において、画題を共有しており、同じ作風のものが見られることを指摘している。[6]

これらの溪仙や関雪と新団体を創ろうとする動きや、竹喬との深い関わりからは、麦僊が京都における新南画の先駆者たちと近い場所にあり、また自ら彼らに働きかけて新しい芸術を主導しようとしていたことが理解できる。

このような背景に加えて、麦僊が南画に関心を持った要因について、芸術思想に着目し、麦僊の発言を整理しておく。

まず、大正三（一九一四）年二月二十三日付野村一志宛書簡を引用して、検討を加えたい。

自然に向かひて描かねばどうする事もならぬ様に必然的になつて始めて生まれるものが真の芸術（中略）芸術上最も尊きものは只生の有無に有之候　雪舟大雅などは千年の後迄新らしく候

文展といふものは最も俗悪なるものに有之文展の出品は悉く消滅すべき性質のものに御座候　何となれば衆俗を対手としては止むを得ず総合的の作物となり第二義的の画面の整調に終るのみに御座候　而して掲采《ママ》を拍《ママ》するものは其色彩に御座候　其構図に御座候　其情調に御座候　色彩構想情調は皆悉く職人の製図と相異る処御座なく候

由来芸術は絶体ならざるべからず妥協は最も忌む処に御座候　一つの線一つの点も悉く自己のものならざるべからす　何れを切りはなしても悉く自己ならざるべからす候

至純程尊きものは無之候　素朴程程尊きものは無之候　自然は偉大に又尊く候　而して自己は自然に屈従すべきものにては無之自己によりて自然はより偉大に相成り申候　我々は先づ人類にならねばならず候　凡ての性欲を意識したる人間にならねばならず候　人類自然の欲求是れ芸術に御座候[7]

この文章においては、芸術上最も尊いものは「生」だと綴られており、その例として、南画の大成者である池大雅が挙げられている。加えて、文展では色彩や構図の技巧を競っているが、色や線は自己の表現でなければならないと批判し、「至純」「素朴」が最も尊いと記している。この書簡からは、旧来の粉本制作を否定する近代画家としての自覚、大正期に流行した生命主義の影響、プリミティブな意識が読み取れる。

また、大正三（一九一四）年十月十三日の書簡においては、次のように記している。

本日田中といふ友人のやつてる店で最も注意して居た岸田劉生といふ人の個人展覧会を見て大に興奮して居る処です、赤裸な感情を以て自然に真剣に対つてる態度は日本中只岸田一人ある計りです、又梅原良三郎君の恐ろしい作品も見て到底日本画で表はし得ない深さを持つてるのを見ても日本画といふものを或いは擲つかも知れません

兼ねて煩悶して居た処に愈々ぶつかつて来た様です、小野君も私と同じ考へを持つて居ます(8)

この文章からは、麦僊が田中喜作の田中屋で岸田劉生（一八九一～一九二九）の個展を見て、劉生について自然に「赤裸な感情」をもって対峙していると賞賛したこと、さらに、制作において自己の欲求や感情を重視していた麦僊がその表現に適さない日本画から洋画への転向さえも視野に入れていたことが理解できる。

麦僊の発言の分析から、南画に関心を持ち、風景作品を制作した要因は、大正期に流行した生命主義の影響を受けた麦僊が、自然に対峙し、自己の欲求や感情を素朴・純粋に表現したいと考えたためであったといえよう。

最後に、作品分析から、麦僊と南画の問題について、以下の三点を指摘したい。

第一に、主題において、プリミティブな自然の風景や風物を選択している。

前述した風景作品において描かれた場所は、京都西郊の集落で家々の石垣が美しいことで知られる梅ヶ畑や、伊豆山温泉、小豆島、熊野が挙げられる。季節は春夏秋冬が確認できるが、いずれも明るい色彩で田舎の風景が描かれている。《梅ヶ畑村》（図1）では画面左に水車小屋や家々の石垣が描かれており、画面中央から下部に向かって小川が流れている。《南国の冬》（図2）では連山の麓に田畑が広がる農村風景が描かれている。

さらに、共通点として、多くの作品で農作業をする人物が描かれていることが指摘できる。《早春図》において

【図1】《梅ヶ畑村》

【図2】《南国の冬》

は画面右下に杖を持つ正面向きの農夫の姿、《雨後図》においては画面右下に簑を纏った農夫の姿、《南国の冬》、《熊野の山》においては画面に小さく描かれた畑を耕す人物たちの姿が見られる。これらのモティーフは、農作業をする人々を多く描いたゴッホ（Vincent van Gogh 一八五三〜一八九〇）の《種をまく人》などに描かれた農夫たちを想起させる。あるいは、《梅ヶ畑村》（大正四（一九一五）年）においては、画面右下に、薪を頭上に担ぐ人物の後ろ姿を描いている。頭上に物を載せて運ぶ人というモティーフは、ゴーギャン（Paul Gauguin 一八四八〜一九〇三）のタヒチ島の風俗描写にも頻繁に見られるものである。

展覧会出品作とは異なるこれらの風景作品では、自然を前にして受ける新鮮な印象が比較的素直に表現されているが、そのなかでもモティーフや訪れた場所には、ゴッホやゴーギャンの影響がうかがえる。郊外の集落や暖かい南国の土地で自然の中に働き生きる人物を讃えるとともに、プリミティブな自然の風景や風物を描こうとしたといえよう。

第二に、画面構成において、景観を接合しており、多視点の構図を用いている。《梅ヶ畑村》の構図は、「南画的な要素（縦長の画面に、近景・中景・遠景と下から積み重ねる描き方）と西洋風の写生を、ひとつの画面におさめようとしている」(9)ことが指摘される。確かに石垣が続く村の風景を下から上へとモティーフを重ね合わせるように構成しており、画面構成は、視点が混在する南画の特徴を示すものとなっている。

洋画家黒田重太郎の回想によれば、《梅ヶ畑村》制作の翌年、大正五（一九一六）年四月に麦僊と黒田はともに和歌山県田辺町湯崎へ取材旅行に訪れた。そのとき麦僊は上海版の石濤画集と前年にパリで刊行されたベルネーム＝ジュヌ画廊発行の『セザンヌ画集』（一九一四年）とを所持していたといい、黒田はさらに次のように指摘している。

> 若し私の記憶に誤りがなければ、例の有名な『大原女』が文展に出たのは、これと前後した時代で、何でも君自身の云ふ所に依ると、それは、ロダンの素描に見る軽快な律動と、山楽の賦色の重厚さとを、一つに渾融しやうとしたと云ふのだから、石濤とセザンヌも同様の意味で、君のその時の目標の一つとなつてゐたのかも知れない。(10)

黒田の指摘は、麦僊は《大原女》においてロダンと山楽とをひとつに渾融しようとしたように石濤とセザンヌとを融合させようと試みていたのではないか、ということである。

石濤（一六四二〜一七〇七）は、明の王室出身で明滅亡の動乱期に出家、成長後、多くの文人と交わり、江南地方を遍歴して独特の画風を生み出した。その山水画は中国画の伝統を一変させたともいわれ、後世に大きな影響を与えたとされる。東洋史学者宮崎市定（一九〇一〜一九九五）は、石濤の評価が高まったのは、清初の時期に伝統的な価値観に転換が起こり、蘇州を中心として栄えた正統派ではなく、揚州を中心として興った新鮮な画風が珍重されるようになったためで、石濤研究において、日本の中国学者青木正児、日本画家橋本関雪が先鞭をつけていたことを指摘している。[11] 石濤を敬愛した関雪は、中央美術出版社から評伝『石濤』（大正五（一九一六）年）を出版しており、麦僊はおそらく関雪の著作にも学んでいたであろう。石濤は模倣主義や形式主義を痛烈に批判し、古人の画風、実景にとらわれない制作を試みた。前述した麦僊の思想を踏まえれば、そうした近代的な意識は麦僊が石濤に惹かれた要因であったと推察できる。

特に構図においても、麦僊の風景作品には石濤の影響がうかがえる。石濤は実際の風景に従えば本来あるべきモティーフではなく、離れた場所にあるものを組み合わせて描いた。景観合成とも呼ぶべき大胆な景観の接合を行ったとされる。麦僊の風景作品において、実景にとらわれず景観を合成し、奥行きのある空間を表現している点は、石濤の手法から学んだのではなかろうか。

一方でセザンヌ（Paul Cézanne 一八三九〜一九〇六）は、前景に樹木の幹、中景に家、後景に山並み、といった構成により面を積み上げることで、伝統的な遠近法や明暗法と異なる手法で物の実在を描こうとしたとされる。《梅ヶ畑村》や《南国の冬》の画面における、画面手前に大きく描かれた樹木、画面上部に描かれた連山という構成は、セザンヌによく用いられた手法であり、その影響がうかがえる。

すなわち、南画をめぐって麦僊は、中国山水画と西洋近代絵画とを渾融させようと試み、両者に見られる景観を接合する画面構成を取り入れて、風景を画面上に創りあげていることが指摘できる。

第三に、筆致や彩色において、南画の趣を示している。

《早春図》では、田畑が軟らかく瑞々しい細かな点描の筆致で、大正初期の麦僊の風景作品に典型的な新南画風の表現で描かれている。《梅ヶ畑村》では、塗り残しで表現した雲、水分を含んだ樹木の緑青と群青といった、明るい色彩、軟らかな筆致が特徴的である。《雨後図》は、茶色の色調で湿潤な空気をあらわしている。《伊豆之海》は、点描風の筆致、軟らかい曲線で伊豆の明るい風景を描いている。これらの作品に見られる軟らかい筆致を見せる線描や、淡い色彩の効果を駆使した彩色などは、豊かな情感を含んでいる。

横山秀樹氏は、麦僊の風景作品の筆致について、次のように指摘している。

> 麦僊が大正初期頃から題材として描いていたのは中国地方や瀬戸内海の風景であり、そこで耕作されていたのは「麦」であった。麦僊はゴッホの「麦」の筆致を日本画に生かすことによって、点描態とはまた異なった表現形態を創り出していった。そしてこの様式は水墨山水画における点法にも似通ったものであった。(12)

横山氏は「麦」に着目し、麦僊が新南画における点描風の筆致とも異なるゴッホに影響を受けた筆致を生かしていることを指摘している。つまり、構図と同様に、筆致や彩色においても、中国山水画および日本の山水画と西洋近代絵画との複雑な影響関係のなかに麦僊の風景作品を位置づけることができる。

ここで、本章の目的である、麦僊における南画の問題について考えてみたい。

まず、南画に関心を持った要因は、近代画家としての自覚に目覚め、大正期に流行した生命主義の影響を受けた麦僊が、自然に対峙し、自己の欲求や感情を素朴・純粋に表現したいと考えたためであった。手法において、第一に、郊外の農村や暖かい南国の土地に取材し、プリミティブな自然の風景や風物とそこに働き生きる人物を描いていること、第二に、石濤およびセザンヌに影響を受け、景観を接合する画面構成によって風景を創造していること、第三に、軟らかい筆致や淡い彩色において南画の趣を示していることが指摘できる。これらの影響関係はいずれも西洋近代絵画、特に後期印象派の受容を契機として、その芸術思想や造形志向と共通項をもつ中国山水画、南画を取り入れようとしたものであった。

二　中国の花鳥画と麦僊

第二章では、昭和初期に多く制作された花鳥画を分析し、麦僊における中国の花鳥画の問題について考察する。まず、主な花鳥画について整理すると次のようになる。

制作年	作品名	出品歴
大正　六（一九一七）年	《春禽趁晴図》	第十一回文展
大正十五（一九二六）年	《芥子》	第五回国展
昭和　三（一九二八）年	《朝顔》	第七回国展

昭和　四（一九二九）年　《罌粟》　　第十回帝展
昭和　五（一九三〇）年　《蓮華》　　第一回七絃会展
昭和　六（一九三一）年　《甜瓜図》　第二回七絃会展
昭和　七（一九三二）年　《黄蜀葵》　第三回七絃会展
昭和　八（一九三三）年　《菊》　　　第一回清光会展
　　　　　　　　　　　　《芍薬》　　第一回清光会展
　　　　　　　　　　　　《山茶花》　第四回七絃会展
昭和　九（一九三四）年　《燕子花》
昭和　十（一九三五）年　《蓮花》　　第三回清光会展

この一覧のうち、《春禽趁晴図》は文展、《朝顔》は国展最後の出品作、《罌粟》は帝展復帰後最初の出品作であることから、花鳥画は麦僊の画業の節目に制作されていることが理解できる。また、大正十（一九二一）年から十二（一九二三）年までの欧州遊学後、大正十五（一九二六）年以降に、花鳥画を多く制作しており、昭和三（一九二八）年以降は、清光会展、七弦会展に毎回出品している。七弦会は、日本橋三越主催で、再興日本美術院の安田靫彦、小林古径、前田青邨、金鈴社の鏑木清方、平福百穂、菊池契月、麦僊の七名による会であった。清光会は、文学書や美術書の出版社座右宝刊行会を経営する後藤真太郎の発案で、日本画家からは、麦僊、古径、靫彦、洋画家からは梅原龍三郎、安井曽太郎、坂本繁二郎、彫刻家からは、佐藤朝山、高村光太郎が選ばれ、銀座・資生堂で展覧会が行われた。つまり、これらの会は、小さな鑑賞画会といった性格のものではあったが、当時の日本画界、日本の美術界を代表する画家たちによるものであり、小品といえども同世代の代表的な画家たちと並べて劣るような作品を出品することは出来ないという意識はもっていたであろう。したがって、麦僊においては、花鳥画に対する位置付けは決して低いものではなかったと考えられる。

麦僊の花鳥画について、竹喬の追想においては、麦僊が「既に誰も気付かない頃に、支那宋元の院体花鳥画を見ていた」[13]と記されている。近代日本画家のなかで院体花鳥画に注目していた画家に速水御舟がいるが、御舟が中国の古典世界へと目を向けていくのが、大正十（一九二一）年頃からであることから、確かに麦僊の関心は同時代の日本画家に先駆けたものであったといえよう。麦僊は中国の花鳥画についてどのように捉えていたのであろうか。

麦僊の花鳥画のなかで最も早い時期に制作された《春禽趁晴図》は、大正六（一九一七）年、第十一回文展に出品されている。この作品は戦前に海外にあったといい、『土田麦僊遺作展覧会目録』によれば所蔵者は「大連市首藤　定氏蔵」と記されているが、現在は所在不明になっている。当時の批評によれば、「屏風一面を枇杷、椿、李などで描き埋めて所々に小禽を配つた極端に装飾的のもの」[14]であったという。「徐熙、王若水の花鳥の心持をもつと新しく解釈し、近代洋画の持つ装飾風を加へたものである」[15]と評価された。

まず、麦僊の中国の花鳥画に対する認識について、麦僊の発言を引用して、検討したい。

大正六（一九一七）年、『美術写真画報』第六号に掲載された「徐熙と呂紀の花鳥画」という文章においては、麦僊が実見した作品として、「相国寺蔵王若水の花鳥隻幅」、「根津嘉一郎氏蔵の花鳥二曲屏風」（枇杷と石榴とを描いたもの）、そして麦僊が最も「美しい勝れたもの」と思う作品として「金蓮寺蔵花鳥隻幅」が挙げられている。

さらに、麦僊の所蔵品が五代南唐の画家で花鳥に優れた徐熙（生没年未詳）や、明の画院画家呂紀（生没年未詳）の画風に属するものだと述べられており、次のような評価が記されている。

扨て徐熙、呂紀二氏の画を比較して見るとき、その所に面白い相違点を見出す事が出来る。徐熙の代表的作品としては断定的には言い得ぬが、先づ智恩院蔵蓮鷺図、及び柳澤伯爵家蔵雪柳白鷺図であらう。其の画風を見るに甚だ気韻に富んでいて、大体に於ては写実を基礎としているが、其技法は稚拙な中に非常に大きな自然の実相が捉へられている。是に反して呂紀の作品を見るに、実に技巧の粋を尽したものではあるが、余りに画を拵へ過ぎた巧緻な点があり過ぎる様に思はれる。自分を主にして云えば、呂氏の余りに巧過ぎる点を好まないが。然し総合芸術としては上乗のものとして敬服している。其代表的作品としては細川公爵家蔵の四幅対を挙げねばならぬ。今概括的に此二氏を比較すると、呂紀は画家として立派な人であり、徐熙は広い意味における芸術家として勝れた人であると云ふ事ができる。[16]

この文章において、麦僊は徐熙と呂紀とを比較し、徐熙の画風は気韻に富み、技法は稚拙な中に「非常に大きな自然の実相が捉へられている」と評して、より芸術家として勝れている、とみなしている。

さらに、続けて、桃山時代に狩野派の画家たちが「支那画の研究をしては是を日本の装飾趣味に合わした」ことに触れて、桃山美術は「単なる装飾美術」として発達し、そこに何等の思想のないものだと述べて、「非常によく大自然を解釈した思想を持っている」中国の花鳥画に芸術品としての深さを認めると記している。

これらの文章から、麦僊は、技巧が卓抜であることよりも自然の実相を捉えていることを重視し、技法が稚拙であっても単なる装飾美術よりも自然を解釈した思想のある作品が芸術として価値があるとみなしていたことが理解できる。すなわち、中国の花鳥画に関心を持った要因は、自然の写実を基礎として自然を解釈した深い精神性であったといえよう。

一方で、麦僊が第五回国展に《芥子》を出品した大正十五(一九二六)年頃は、麦僊の心境に変化が芽生えていた時期であった。まず、国展には、創立から十年近くを経たにもかかわらず、公募者の中から突出した画家が出ないという問題があった。さらに、借財の膨張により会員たちは売り絵の制作に追われ、会員相互間の確執が深まっていたという。麦僊は国展への評価や会員間の人間関係に対して焦燥感を抱くなかで、静かな制作、展覧会に煩わされない制作をしたいという思いを募らせていったようである。

昭和三(一九二八)年、第七回国展には、未完の《朝顔》が出品された。『美之国』第四巻第六号に掲載された批評「麦僊氏の『朝顔』」では、前年に福田平八郎が帝展に《朝顔》を出品していたこと、未完のまま出品したことから、一見では悪い噂が多かったが、落ち着いて鑑賞されるにつれて、描写が精緻であり、草花の微細なものを通して自然観照を追求しているとして評価が高まっていったと記されている。[17]

『美之国』第四巻第六号に掲載された「国展第一部に就て」という文章においては、麦僊の心持が次のように記されている。

私一個人の考へでは美術は特殊な才能ある天才者の創造である事勿論であるがしかし焦燥なる革命者の産物ではないと思つて居る。(私はこゝに印象派に対する後期印象派の勃興、後期印象派に対するフオーブの運動を以つて議論し様と思はない。私は只天平の美術が私の最も好む平安朝の爛熟期を迎へ、桃山の美術が光悦、宗達を産んだ自然をいふに外ならないのである。）無作法なる野人の仕事よりも礼容ある貴人の格調を持ちたいと思つて居る。特に創立十年の国展を迎へてこの感を深くするものである。(18)

この文章からは、麦僊が自己の欲求や感情の純粋な表現を求めて南画に惹かれていた大正期の芸術思想から離れて、作品制作において「礼容ある貴人の格調を持ちたい」と考えていたことがわかる。また、その理想として、後期印象派やフォービスムではなく、光悦、宗達といった日本の画家を挙げており、日本美術の伝統をより強く意識していることも指摘できる。

『みづゑ』第二八〇号（昭和三（一九二八）年六月）に掲載された美術記者外狩素心庵による批評は、《朝顔》で麦僊が到達した境地を、次のように指摘した。

今年の国展の邦画は、今迄よりはずつとなだらかな気やすい心持を以つて見る事が出来たやうに思ふ、（中略）今迄の国展振りである処の趣きを以つてして、そこにやれ社会性の感覚的動意があるとか、やれ時代人的の直戟性が高いとか何んとか云つて喜んだ人達には、或は逆に物足りなさを感じたかも知れぬ。（中略）土田氏の朝顔の屛風にしたつて、（中略）画面にべつたりと拡がる垣根の朝顔、（中略）くまやぼかしを入れる所を、あれには別にその必要を感じさせないで、ちやんと済ませ、それに花を咲かせつゝ、伸び行く芽蔓の有様など、如何にもそれが朝顔の自然的な本然的な呼吸の相そのまゝで、別にどこをどうと人の手のけがれを添へない、なる程気概はないかも知れぬが、そこに静かに、たゞ在るがまゝに生きる自然の心は、立派に読める、（中略）即ち画の上に、静なる自然の、然かも生きた一態を傷ぶり損ずる事なしに、又そこに勝手な己を出入させる事なしに、ピタリ之を高い格の中に収めやうとした最もつゝましやかな心の運び、（中略）この運びは到底出来た事ではない。[19]

外狩の指摘は、まず、第七回展全体がそれ以前の社会性や時代性の反映に重きを置いた国展とは異なる趣きのある展覧会になっているということである。第七回展には、徳力富吉郎《初冬》や吹田草牧《醍醐寺泉庭》、林司馬《花鳥図》など、麦僊門下の若手画家たちが澄明な造形を示す花鳥画、風景画を出品しており、こうした傾向には麦僊の志向が反映されていたとも考えられる。

また、《朝顔》について、静かな自然を自我によって損傷することなしに、高い格の中に収めようとする慎ましやかな精神が見られる、と評価している。確かに《朝顔》には「自我」を主張せず、自然の持つ最も美しい線や色を静かに表現しようとする姿勢がみられる。国展の終焉を飾るこの作品は、麦僊の芸術観が主観、感覚を表現するという国展の精神から離れていったことを強く感じさせる。

麦僊は、花鳥画の制作について、人物は「いかに人形のような美しい舞妓を対象にしている場合にあっても、人生の影が漂っていて、私の心へ何か一つの悩ましいものを働きかける。作画の心境を引き入れてくれない」のに対して、花鳥は「素純な自然の心のままに私に無関心に私の描こうとする欲求のままの姿を展じている。心理的な悩ましさや煩わしさがみじんもない。花鳥を描く場合は、常に明るい和やかな混濁のない気持ちで、専念に画三昧の中に没入することが出来るのである。」と述べている。[20] このような心境は晩年に花鳥画の制作へと没頭していった要因の一つであったといえよう。

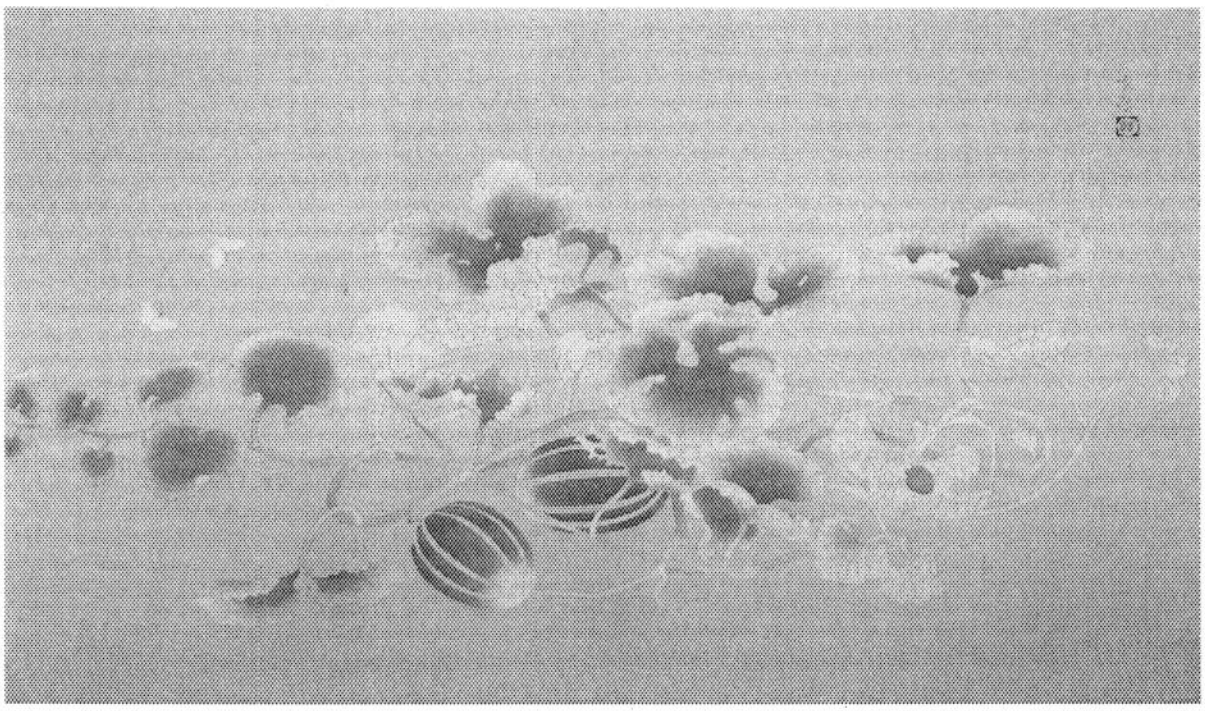
【図3】《甜瓜図》

最後に、作品分析から、花鳥画について検討したい。

主題は、牡丹、芍薬、黄蜀葵、蓮、甜瓜など、中国の花鳥画において古くから描かれてきた伝統的な題材を選択している。構図をみると、昭和六年（一九三一）に制作された《甜瓜図》（図3）は、横長の構図、左上に蝶が舞う様子に、中国、明代の画家呂敬甫筆《瓜虫図》（元時代、根津美術館）の影響が指摘される。また、《蓮華》、《芍薬》、《山茶花》、《蓮花》、などは、小画面に視点を極端に近づけたモティーフの一部をクローズアップして描く、南宋花鳥画の「折枝」の特徴がみられる。

さらに、麦僊の花鳥画の特徴として、咲き始めの花とつぼみ、花が散ったあとの丸い実を同じ画面に描くことが挙げられる。このことに触れて、麦僊は「花は咲きかけか盛りの頃が一番美しいように考えられているが、案外盛りを過ぎた崩れかけた頃が面白いように思う」と述べて、「崩れた花に厳格な形があることは中国の絵画を見るとよく分る」と評価している。[21] したがって、麦僊は中国の花鳥画の形態描写を高く評価し、自らもそれに倣おうとしていたと推測できる。

これらのことから、麦僊の花鳥画は中国絵画を基調としているといえよう。しかし、中国絵画において画題がもつ吉祥の意味が、麦僊の場合、はっきりと見られなくなり、造形表現により意識が向けられているように見受けられる。《瓜虫図》と《甜瓜図》とを比較すると、後者はより瓜にクローズアップした構図である。葉の数は増え、枯れた葉の外周の薄黄色は、《瓜虫図》にはない色彩である。長嶋圭哉氏は「麦僊は中国絵画を形式の上で模倣したというよりも、むしろ、彼のいう自然の「翻訳」あるいは「解釈」の模範として、それらの絵画を掲げていたと見るべきである。（中略）呂敬甫《瓜虫図》を例外として、古典作品に直接インスパイアされたと見られる花鳥画の作例が、ほとんど示し得ない。」と指摘している。[22] 確かに、麦僊は中国絵画に学びながら、その模倣を行おうとしたのではなく、それを独自に昇華しているといえよう。

【図4】《蓮花》

彩色においては、胡粉の量を増やした明度の高い色彩になっていることが指摘できる。加えて、《朝顔》において「ふつうならば、（中略）くまやぼかしを入れる所を、あれには別にその必要を感じさせないで、ちゃんと済ませ」ていると評された[23]ように、隈や暈しといった立体的な効果をもたらす技法を用いずに平面的に処理している。また、《蓮花》（図４）をみると、横長の画面一杯に蓮の花とつぼみ、実と葉を描き込み、同画題の《蓮華》と比較すると、画面に余白がなくなり、よりクローズアップした構図となっている。形、線描、彩色、いずれも単純化されることによって、西洋近代絵画を思わせるような、色面とその対比による構成が際立っている。

中国絵画と西洋近代絵画の融合について、大正十一（一九二二）年欧州遊学時に妻・千代に宛てた書簡においては、次のように記している。

自分がこちらに来てもつと研究したいと思つたものは矢張り日本の浮世

絵だ、（中略）それから矢張り花の画だ、（中略）丁度支那画とルドンとを合した様なものを神秘なそうして確から《ママ》美しい花鳥も描きたい（中略）日本絵具を使つたなら屹度い、ものが出来るといふ気がして居る、以太利の画を見ると尚更そう思ふに違いない、[24]

この文章からは、帰国後の題材について、中国絵画と象徴主義の画家オディロン・ルドン（Odilon Redon 一八四〇～一九一六）とを融合させたような花鳥画を描きたいと考えていたことが理解できる。ルドンの花は、生命力と光に溢れ、色彩の調和した装飾的な絵であるとともに、美や自然の象徴として表されているとされる。中国絵画とルドンとを合わせたような花鳥とは、装飾的でありながら深い精神性を内在する絵画という意味であったのではなかろうか。

ところで、麦僊は制作のたびに膨大な写生を遺しており、花鳥画においても、写生の問題を無視することができない。

花鳥画の写生を見ると、つぼみ、咲きはじめの花、散り際と、花の姿を段階的に描きとっていることが理解できる。《罌粟》を例に見ると、全体の写生とともに、一本一本の芥子を個別に写生しており、花びらや茎や葉は鉛筆による細く精緻な描線によって捉えられている。写生段階で得た花や茎や葉の形を必要以上に簡略化することは好まず、細く長い線描によって形を精緻に捉えようとしたことがわかる。また、写生の段階においても彩色を施す場合もあり、塗り重ねによって繊細な色の移り変りが表されている。少しずつ形と彩色を変えた、幾枚もの写生からは、一本の花、そこに見出される美を正確に捉えようとした麦僊の苦心が伝わってくる。

このような草花の写生の徹底は、麦僊が師栖鳳から受け継いだ、京都の写生派の伝統であると考えられる。しかし、栖鳳の写生と比較すると、麦僊の写生は鉛筆による細く長い線によって、葉や花や茎、あるいはつぼみの形を捉えようとする意識が高まっていることが感じられる。

欧州遊学時の書簡において、麦僊は次のように記している。

（前略）写実家といふよりもロマンチツクに花でも子供でも女でも只それは自分の空想、即ち色形線を表はす対象だと思へばいゝ、（中略）自分はこの頃日本でよくはやる平凡な写実主義を気にしたのは誤りであつた、もつと空想を進めて美しいものを描きたいと思ふ。(25)

この文章には、写実よりも空想を進めた美しいものを描きたいと記されているが、写生からは自然の写実を基礎としてその中から最も美しい線と色とを写し取ろうとする意識がうかがえる。麦僊の昭和初期の花鳥画は際立った造形性を示しているが、それらの作品からは西洋近代絵画と中国古典絵画との複雑な融合が読み取れる。

改めて、本章の目的である、麦僊における中国の花鳥画の問題について考えてみたい。

まず、中国の花鳥画に関心を持った要因は、自然の写実を基礎として「自然を解釈した」深い精神性をもつ花鳥画に惹かれたためであったと考えられる。花鳥画の制作は、麦僊の芸術観が主観、感覚を表現するという国展の精神から離れていくなかで増加していった。表現技法において、画題および基本的な構図は中国の花鳥画を基調としており、中国の花鳥画の形態描写を高く評価し、自らもそれに倣おうとしていたことが理解できる。一方で、中国絵画を独自に昇華する過程で、ルドンなど西洋近代絵画からも学び、明度の高い色彩が調和した装飾的な絵画でありながら、深い精神性を内在する花鳥画を描こうとしたことが指摘できる。これらの影響関係は、中国絵画への関心が、西洋近代絵画の受容によって、深化され独自に昇華された結果だといえよう。

おわりに

本稿では、第一に、南画（文人画）の問題について、大正初期の風景作品を検討した。まず、渓仙や関雪と新団体を創ろうとする動きや、竹喬との深い関わりについて整理し、麦僊が京都における新南画の先駆者たちと近い場所にあり、また自ら彼らに働きかけて新しい芸術を主導しようとしていたことを述べた。ついで、南画に関心を持った要因について考察し、近代画家としての自覚に目覚め、大正期に流行した生命主義の影響を受けた麦僊が、自然に対峙し、自己の欲求や感情を素朴・純粋に表現したいと考えたことを指摘した。最後に、作品分析により、郊外の農村や暖かい南国の土地に取材し、プリミティブな自然の風景や風物とそこに働き生きる人物を描いていること、石濤およびセザンヌに学び、景観を接合する画面構成によって風景を創造していること、軟らかい筆致や淡い彩色において南画の趣を示していることを指摘した。

第二に、中国の花鳥画の問題について検討した。まず、麦僊が大正六（一九一七）年からいち早く宋元の花鳥画に関心をもち、作品を所蔵するとともに、さまざまな作品を見ていたことを確認した。ついで、中国の花鳥画に関心を持った要因は、自然の写実を基礎として「自然を解釈した」深い精神性をもつ宋元花鳥画に惹かれたためであり、麦僊の芸術観が主観、感覚を表現するという国展の精神から離れていくなかで、花鳥画の制作が増えていったことを指摘した。最後に、表現技法においても、画題および基本的な構図は中国の花鳥画を基調としており、中国の花鳥画の形態描写を高く評価し、自らもそれに倣おうとしていたことを明らかにした。一方で、中国絵画を独自に昇華する過程で、ルドンなど西洋近代絵画からも学び、光に溢れ、色彩の調和した装飾的な絵画であるとともに、深い精神性を内在する花鳥画を描こうとしたことを明らかにした。

最後に、これらの考察をふまえて、麦僊の自然表現および麦僊における中国絵画の問題について検討してみたい。

麦僊は、大正初期から昭和初期への変化のなかで、風景作品から花鳥画へと画題を変えていった。風景作品は展覧会出品作ではないものが多く、花鳥画は展覧会出品作が含まれるという違いが見られる。その表現は、芸術思想においては自己表現から内在する精神性へ、造形志向においては、多視点構図からクローズアップした構図へ、淡い色彩から明度の高い色彩へ、点描から色面へと変化していった。

また、中国絵画受容において、南画は、西洋近代絵画、特に後期印象派の芸術思想や造形志向を受容するなかで、それらと共通項をもつ絵画として見直され、取り入れられた。その一方で、花鳥画は、東洋（日本）の古典への関心が高まっていくなかで、欧州遊学により思想においても技法においても受容が深まっていた西洋近代絵画と融合された。麦僊における中国絵画受容は、西洋近代絵画を媒介にした、錯綜する中国絵画受容の一事例だといえるであろう。

注

（1）『中央美術』第三巻第七号、大正六（一九一七）年七月、二～三頁。

(2)「土田麦僊書簡」成城大學大學院文學研究科『美學美術史論集』第四集第二部、昭和五十九(一九八四)年八月、六十三頁。
(3)古田亮著『日本画とは何だったのか 近代日本画史論』、平成三十(二〇一八)年、株式会社KADOKAWA、二〇四～二〇五頁。
(4)竹喬は大正十二(一九二三)年まで雅号を「竹橋」と称していた。
(5)前掲「土田麦僊書簡」『美學美術史論集』第四集第二部、七十二頁。
(6)横山秀樹「大正初期の土田麦僊における風景画の成立と推移について―小野竹喬との関係と類似性―」『新潟県立近代美術館研究紀要』第1号、平成八(一九九六)年三月、一～十六頁。
(7)前掲「土田麦僊書簡」『美學美術史論集』第四集第二部、四十五～四十六頁。
(8)前掲「土田麦僊書簡」『美學美術史論集』第四集第二部、五十七頁。
(9)「土田麦僊 梅ヶ畑村」『和歌山県立近代美術館ニュース』No.34+35合併号、平成十五(二〇〇三)年一月三十一日、三頁。
(10)黒田重太郎「麦僊追想」山南会編『土田麦僊』、昭和十七(一九四二)年、六頁。
(11)宮崎市定「瞎尊者小伝」『文人畫粋編』第八巻、昭和五十一(一九七六)年。
(12)前掲「大正初期の土田麦僊における風景画の成立と推移について―小野竹喬との関係と類似性―」、四頁。
(13)小野竹喬「麦僊兄を憶ふ」『塔影』第十二巻第七号、昭和十一(一九三六)年七月、十三頁。
(14)小泉勝爾「花鳥画(日本画部)」『中央美術』十一月号、大正六(一九一七)年十一月、四十七頁。
(15)古川修「日本画家五氏の作品」『美術新報』十七‐一、大正六(一九一七)年十一月、三十三頁。
(16)「徐熙と呂紀の花鳥画」『美術写真画報』第六号、大正九(一九二〇)年七月、五十五頁。
(17)「麦僊氏の『朝顔』」『美之国』第四巻第六号、昭和三(一九二八)年六月、一〇三頁。
(18)土田麦僊「国展第一部に就て」『美之国』第四巻第六号、昭和三(一九二八)年六月、二十二頁。
(19)外狩素心庵「画の肥瘠と徳の問題(国展邦画を観て)」『みづゑ』第二八〇号、昭和三(一九二八)年六月、二三四～二三六頁。

(20) 土田麦僊「花鳥と人物」豊田豊著『古画　評論随筆編・画人談話編』、昭和九（一九三四）年、古今堂、三六一～三六二頁。
(21) 土田麦僊「花の写生」『アトリヱ』第九巻第八号、昭和七（一九三二）年八月、十七頁。
(22) 長嶋圭哉「未完の「晩年」─昭和期の麦僊について」『土田麦僊　近代日本画の理想を求めて』展図録、新潟県立近代美術館、平成二十一（二〇〇九）年、一二〇頁。
(23) 前掲「画の肥瘠と徳の問題（国展邦画を観て）」『みづゑ』第二八〇号、二三四～二三六頁。
(24)「土田麦僊滞欧書簡─妻・千代宛封書─」成城大學大學院文學研究科『美學美術史論集』第六集、昭和六十二（一九八七）年七月、六十六頁。
(25)「土田麦僊滞欧書簡─妻・千代宛絵葉書─」成城大學大學院文學研究科『美學美術史論集』第七集、昭和六十三（一九八八）年十一月、六十七頁。

図版出典

図1、2　『土田麦僊　近代日本画の理想を求めて』展図録、新潟県立近代美術館、平成二十一（二〇〇九）年。

図3、4　『土田麦僊展』図録、東京国立近代美術館、平成九（一九九七）年。

岡倉天心（覚三）についての覚書
――新伝統主義・ガンダーラ美術・西洋との対決――

中谷伸生

一　アジアの時代

およそ数十年前から、世界はアジアの時代に入りつつあり、ほぼ一世紀にわたって、不当にも高く評価されてきたか、あるいは過少に評価されてきた明治の思想家岡倉天心（覚三）【図1】が再び脚光を浴びつつある。天心に対する評価は、第二次世界大戦の終結に伴って、その思想が、軍部の植民地主義的支柱、あるいはスローガンになったとして批判的にみられ、危険な思想家として半ばタブー視されてきた。また、晩年には日本中心の文化史観へと傾斜していったともいわれる。これについては、確かに、天心の思想にも批判されるような内容があったことも事実であるが、基本的に天心が力を入れたのは「文化」であり、「政治・経済」については、一定の距離

【図１】下村観山《天心先生画稿》（1922年）東京藝術大学藝術資料館

を置いたことを忘れてはならない。両者の次元の異なる領域をめぐって、明確な切り分けがなされないことが多く、しばしば混同した議論がなされ、大きな誤解を受けたことを見逃してはならない。つまり天心は、基本的に文化の問題を扱っており、政治・経済については多くを語ってはいない。

こうした議論に関連して言及しておくと、天心は明治三十六年（一九〇三）に刊行された『東洋の理想』において、次のように述べた。

（日本）民族のインド・韃靼的な血は、それ自身において、この民族を、これら二つの源泉から汲み取り、かくしてアジアの意識の全体を映すものとなるにふさわしいものとするところの遺伝であった。(1)

ここに日本中心主義の主張がみられると指摘する思想家や研究者は多いかもしれない。国家主義的色彩を濃厚に示す保田與重郎は、この言葉に狂喜し、天心の思想に巣食うナショナルな源泉を披瀝しようとして、前後の文章を無視して、都合のよい箇所だけを引用した。しかし、安田の引用は偏っており、天心の言葉を自己の思想に強引に重ねようとする解釈であったといわざるをえない。天心は、長い歴史の中で、戦争に明け暮れた中国が、多くの文化を失った事実を指摘し、それら失われた中国文化が、今なお日本に残存していると言いたかったわけである。究極的に考えると、こうした問題についての核心は、「アジアは一つである。(Asia is one.)」(『東洋の理想』)というよく知られた天心の言葉に帰結されるのではなかろうか。Asia is one. という言葉は、さまざまに解釈されることから、その真意を読み解くことは、依然として難しい。

天心は、主要著書をすべて英文で執筆して出版した。"The Ideals of East with Special Reference to the Art of Japan"(『東洋の理想』・一九〇三年ロンドンで刊行)、"The Awakening of Japan"(『日本の覚醒』・一九〇四年ボストンで刊行)、"The Book of Tea"(『茶の本』・一九〇六年ニューヨークで刊行)の三冊で、ここに天心の思想が集約されている。後年になるほど、政治色を増した思考については、日本帝国主義の擁護とも思われる明治三十七年(一九〇四)に刊行された『日本の覚醒』において述べられた次の文章を読めば明らかになろう。

> 朝鮮と満州の独立は、経済上からも、わが人種保全に必要なのである。なぜなら、つねに増加しつつあるわが人口は、これらの国々の耕作希少な土地において、もし合法的なはけ口が奪われるなら、そこには飢餓が待つてゐるからである。(2)

「合法的な」という言葉は意味深長ではあるが、全体として、この文章に見られる対アジアに関する内容は、『茶の本』で語られた主張とは逆方向の主張あるいは雰囲気となっており、いかなる解釈をしても、とりわけ朝鮮半島についての見解は、侵略の影を拭いさることのできないナショナルな性格を強めているといわざるをえない。

天心は、日本によるアジアへの侵略について、明治三十九年（一九〇六）に刊行された『茶の本』では次のように書いていた。

もしわれわれが文明国たるためには、血なまぐさい戦争の名誉によらなければならないとするならば、むしろいつまでも野蛮国に甘んじよう。われわれはわが芸術および理想に対して、しかるべき尊敬が払われる時期が来るのを喜んで待とう。(3)

この文章は、天心の有名な言葉であるが、意外にも引用されることが少なく、やがて、大東亜共栄圏という軍部のスローガンの源泉に天心の思想が存在するという雰囲気がつくられていくことになる。このように大きな振幅を示す天心の思想は、近代化百年の間、賛同者からも、批判者からも、充分に理解されず、半ば誤解され、半ば忘れられてきたといってよい。

こうした天心の思想をめぐっては、賛否両論のさまざまな議論がかしましいが、ここ数十年ほど前から天心が再び注目されるようになったのは、日本社会が推し進めてきた「脱亜入欧」に端を発する近代化路線が、ようやく行き詰まりを露呈するようになってきたからであろう。すなわち、危険な思想家と言われる天心には、危険な思想として批判される以上の洞察力が認められ、その魅力が多くの読者の共感を呼ぶことになったといってよい。また、天心の思想には、多くの国家主義者の思想とも異なる看過できない重要な主張が見出されることを正確に把握しなければならない。つまり、十七世紀頃から、経済的かつ軍事的に世界の国々の中で優位に立つことになった欧米の力が、二十一世紀に入ってからは相対的に弱体化し、その価値観が揺らぎだした。もはや欧米は日本やアジア諸国の手本とならなくなってきた。日本社会の近代化は、「脱亜入欧」を掲げた明治期以来、基本的にヨーロッパの列強を手本にして、さまざまな制度や文化を築き上げてきた。そうした志向が、現在、先の見えない混沌とした状況に投げ込まれるようになって、人々は天心の思想に立ち返り、そこに今後の方向性を見つけようとしているように思われる。これについても、天心は百年前に、『茶の本』の中で次のように記している。

私の同国人のうちには、諸君（西洋）の習慣や礼儀作法をあまりにも多く取り入れた者がある。こういう人は、こわばったカラ（カラー襟）や丈の高いシルクハットを得ることが、諸君の文明を得ることと心得違いをしていたのである。かかる様子ぶりは、実に哀れむべき嘆かわしいものであるが、ひざまずいて西洋文明に近づこうとする証拠となる。（カッコ内筆者）[4]

天心は、明治維新以後に始まった日本社会にみられる西洋崇拝の危険性を察知しており、その限界を見据えていた。思想的には天心とは相容れないリベラルな思想家だと思われる丸山真男に言及しておくと、丸山は、天心の言葉を引用しながら、その圧倒的な洞察力に触れて、次のように述べている。

大きさのみでは真の偉大をなさない、贅を尽すことも必ずしも高尚にならない。所謂現代文明の大機構の組織に加はる個人は機械的習慣の奴隷となり、自ら作り出したこの怪物に無情にも制駁せられている。西洋は自由といふことを高言してゐるにも拘らず、富を得んと競って真の個性は害はれ、絶えず募り行く渇望に幸福と満足は犠牲にせられてゐる。西洋は中世の迷信から解放せられたことを誇つてゐるが、これに代つた富の偶像的崇拝を何と見るか。現代の絢爛たる仮面の背後には何といふ苦悩と不満が隠されてゐることであろう。」（『日本の目覚め』岩波文庫版、五四頁）という岡倉天心の言葉は、名を伏せたら、オルテガからヴァレリー、トインビーまで、「精神の危機」の思想家の言としてそのまま通用すると思われるほど、「予言的」である。(5)

今日、世界のいたるところで民主主義が抱える部分的な矛盾が噴出し、やはり、およそ百年前の一九二九年に、スペインのオルテガ・イ・ガセットが著した『大衆の反逆』で説かれた不気味な「大衆」化現象が起こりつつある。もっともオルテガの「大衆」概念は深い。二十世紀から二十一世紀への転換期において、欧米の力が相対的に弱まり、アジアの時代を迎えつつある世界の文化の中で、日本はどのような文化を理想とするのであろうか。かつて、アジアの行く末について、独自の主張を海外に向けて発信した天心の思想は、第二次世界大戦時に、大東亜共栄圏のスローガンを掲げて植民地政策を遂行した日本の軍部に利用され、そのイメージは大きく損なわれた。もちろん、天心の思想には、軍部に利用される内容がまったくなかったわけではない。そうした内容については、やはり、十九世紀という時代が抱えていた性格によるものだということも認識しておかねばならない。われわれは、過去の状況を俯瞰的にみることができる有利な現代という高所から、時代の制約があった過去の問題を単純に断罪してはならない、ということを肝に銘じておく必要があろう。天心について考える場合にも、そのことを痛感させられる。いずれにせよ、アジア文明の将来について、明確な指針を示した人物として、近年、天心は再評価されつつあるが、その振幅のある思想は、やはり捉えにくいといわざるをえない。ここでは、そうした振幅と矛盾と難解な天心の文化論に対するささやかな覚書を記してみたい。その際、主として論じるのは、結論的な解釈ではなく、あくまで問題提起だということを断っておく。

二　アジアの文化的範囲とインド

インド美術、すなわちガンダーラ美術研究の意義を、近代化としての西洋化の問題に絡めながら、天心の思想の「振幅」に絡めて論じてみたい。「西洋化イコール近代化」という単純な図式を採用したくはないが、これについては、ここでは深く言及せず、ともかく、天心とインド美術の問題に集中することにする。さて、すでに古典的な学説であるが、ガンダーラ仏教美術【図2】の起源について整理しておくと、まず、ギリシア起源説では、ギリシア人がこの地域を支配していた紀元前一世紀から、古代ギリシアのヘレニズム期の彫刻様式が、ガンダーラの仏教の造形に決定的な影響を与えた、という説がある。こうした説は、明治期においては、欧米の基本的なギリシア・ローマの古典礼賛の価値観に基づくものであり、日本の研究者においても、大正期頃までは、この欧米の主張

【図２】ガンダーラ出土《釈迦如来坐像》（１～２世紀）インド美術館（ベルリン）

は、そのまま受け入れられていた。

これに続いて提唱されたローマ起源説では、古代ギリシア彫刻の摸刻を大量に制作したローマ帝国の彫刻家たちの影響が主張された。確かに、ローマ帝国の彫刻家の数は膨大で、地中海から遥かに離れた北のはてのイギリスにまで範囲を広げたローマ帝国の勢いからいって、ガンダーラへの影響もまったくありえないことではない、と考えられた。このことを実証するものとしては、イギリスのロンドン市立博物館が建つローマ帝国の遺跡を見れば十分であろう。

このローマ説に続いて、グレコ・イラン起源説が登場したが、それはアレクサンドロス大王系のギリシア人によって建国されたバクトリア、すなわち大月氏国（現在のウズベキスタン南部とアフガニスタン北部）で栄えたギリシア系美術が、ガンダーラの仏教彫刻に影響を与えたと主張するとともに、ローマが手本にしたギリシア美術の影響を部分的に指摘するものである。すなわち、クシャン朝バクト

【図3】ファヤーズ・テペ出土《釈迦如来坐像》（2～4世紀）ウズベキスタン歴史博物館

リアに見られるギリシア系イラン美術、つまり、グレコ・バクトリア美術が、ガンダーラ美術に繋がるという説である。筆者は、二〇一二年の夏にウズベキスタン南部に調査旅行を行い、ギリシア系美術の痕跡を探し、さまざまな遺跡や博物館を訪れたが、そこには、そうした痕跡はほとんど見られず、唯一、スルハンダリヤ地方（ウズベキスタン）の彫刻《釈迦如来坐像》【図3】を見たのみである。沙羅双樹の下で瞑想する仏陀の顔貌は、アジア的であるともに、確かに、西方ギリシアの影響を受けているとも感じられるが、ガンダーラの影響をも考えねばならない。

結局、ガンダーラ彫刻の起源については、現在のところ、インドのマトゥラーなどの美術を考慮しつつ、ローマ起源説とグレコ・イラン説とをそれぞれ補って考えるという方向で議論がなされている。マトゥラーの彫刻【図4】は、土着的なアジア的雰囲気を濃厚に漂わせており、ガンダーラ彫刻とはかなり距離があるが、ガンダーラ彫刻に影響を与えた可能性を否定する材料はない。加えて天心は、ガンダーラには、バクトリアとマトゥラー以外に、多少とも中国彫刻の影響があると指摘した。筆者は、二〇〇四年の夏にマトゥラー国立博物館を訪問したことがある。デリーからタクシーを雇って約四時間、マトゥラー国立博物館は荒れており、館内のいたる所に、重要な彫刻が転倒した状態で放置されていた。マトゥラー彫刻の研究がまとめられるのは、まだまだ先のことと思われたが、多くの彫刻を見て回る

【図4】マトゥラー出土《女神頭部像》グプタ時代（5世紀）マトゥラー博物館

【図5】ギリシア彫刻《アンティキュテラの青年》（紀元前4世紀）アテネ国立考古美術館

中、正直なところ、ガンダーラ彫刻との接点がどこにあるかを指摘することは難しかった。

美術史研究の一部には、ガンダーラ彫刻を神的精神性の表現を体現したものと考え、それに対してギリシア彫刻【図5】を形式的写実的な表現として対照的に捉える見方があるが、ギリシア彫刻もまた生と死をめぐる理想的な精神的表現であったことを忘れてはならない。「生より死こそ願わしい」と考えた古代ギリシア人の基本的な世界観を見逃してはならないであろう。[6]

一八九〇年（明治二十三）に始められた天心の「日本美術史講義」で、ギリシア・ヘレニズム美術がインド美術に与えた影響について紹介がなされたが、その時点で天心は、「余は未だ此の事を以って、必然斯くなるべしと断言するものにあらず[7]」と慎重な態度を示した。理想的かつ観念的で壮大な議論を展開しがちな天心ではあるが、美術史研究においては、意外にも実物主義を本領としており、自ら見ていない作品については、慎重な発言を行っている。やがて、インドを訪問した天心は、ヘレニズムの影響説を否定するようになる。『東洋の理想』において、次のように語っている。

インドにおいては、この初期の仏教の芸術は、これに先立つ叙事詩時代のそれからの自然な成長であった。というのも、ヨーロッパの考古学者たちが好んでするように、その突然の誕生をギリシアの影響によるものとして、仏教以前のインド芸術の存在を否定することは意味のないことだからである。(8)

天心のガンダーラ彫刻に対する理解において重要なことは、天心が、アメリカ人のアーネスト・フェノロサ（一八五三―一九〇八）や多くの欧米の研究者によって主張された「ガンダーラ美術へのギリシア・ヘレニズム美術の影響説」に対して、インドへの訪問をきっかけにして、いち早くその説を否定したことであろう。当時、天心の立場は孤立したが、大正期以降、ギリシア・ヘレニズム影響説は、日本においても徐々に否定されていくことになる。

天心は、一八九〇年（明治二十三）から東京美術学校で美術史の講義を行っている。その際、西洋（泰西）美術史の中にエジプト、アッシリア、ペルシア美術を含めたり、含めなかったりしたため、その西洋概念は不明確であると指摘されることがある。しかし、これに関連して述べておくと、西洋美術史の枠組はともかく、天心の西洋概念は明確である。つまり、アジアが植民地化されていく中、アジアの文化もまた恐ろしい勢いで西洋文化によって浸食されていく。それに対して危機感を抱いた天心にとっての西洋とは、いうまでもなく、ヨーロッパ列強を指すことは明白である。すなわち、イギリス、フランス、ドイツ、オランダ、イタリア、そしてアメリカ合衆国などである。それらの国々と彼は対峙した。もっとも、天心が最も関心を抱いて主張したのは、基本的には「文化」に関わることで、政治的、経済的問題はいくぶん希薄であった。そういった西洋の国々に対して、アジアの文化をどのように保持し、どのように創り上げていくのか、というのが基本的な主張であっただろう。

一九〇三年（明治三十六）に刊行された『東洋の理想』は、アジアに興味を示す欧米人を対象にして執筆された。翌一九〇四年（明治三十七）に刊行された『日本の覚醒』は、アメリカの上流階層を対象に執筆されたといわれる。つまり天心は、これらの書物を世に問うことで、日本とアジアの文化を守ろうとする強い意志をもっていたにちがいない。それはまた、欧米文化への強い対抗意識と苦悩を抱かせたにちがいない。「アジアは一つである。（Asia is one.）」という言葉は、ラビンドラナート・タゴール（一八六一―一九四一）やその他のインドの知識人と交流して、アジアの文化を盛り立てることで、西洋と対決しようとした天心のアジア史観に他ならない。天心は、インドを利用したのではないか、とも言われたが、インドの文化人たちと交わされた多くの書簡類を読む限り、本気でインドと手を組んでアジアの文化を守ろうとしたことが明らかになる。インド文化とインドの知識人に対する天心の気持ちは、かなり親密で、彼にとってインドは特別な国であった。

加えて、著書『東洋の覚醒』は、一九〇二年（明治三十五）のインド旅行中に執筆されたが未刊のまま残され、一九三八年（昭和十三）に孫によって発見され、翻訳書が出版された。「ヨーロッパの栄光はアジアの屈辱である！」という文章に代表されるように、ここでは東洋対西洋の図式的対比、つまり、天心が生涯をかけて対決した西洋列強の脅威を踏まえた上での西洋対東洋の図式が明快に論じられている。

「東」と「西」という概念は、もともとギリシア・ローマ世界が、地中海を中心に考えたものだという。「アジア」という概念も同様である。ヨーロッパの他者としてのアジア、そして、「東方（Orient）」という言葉は、地中海の東の地方を指し、イスラム教を信奉する地域を指す概念に他ならない。一九七八年に出版された『オリエンタリズム（Orientalism）』の著者エドワード＝W・サイード（一九三五―二〇〇三）が、「東方（Orient）」という概念について、ヨーロッパの人間が、非ヨーロッパ世界を総称する言葉だと指摘したことは記憶に新しい。

いわゆる「東洋」という言葉は、もともとアジアでは、中国を中心にして、それより東、あるいは西という意味で用いられ、日本などは東の海ということで東洋にあたる。翻って日本で「東洋」をアジアという意味で使い出したのは、欧米各国を意識しだした幕末明治期の近代化の流れに沿ってであった。「東洋」という言葉は、幕末明治期に佐久間象山（一八一一―六四）らが、「東洋」と「西洋」とを対照的に捉える用語として用いたことに遡る。ところで、近年ではいささか古びてみえる「東西」という言い方については、東西といっても、イスラム圏の国々は、一体どちらになるのか、という今日的課題がある。

アジアの地理的、文化的範囲を決めるのに天心は腐心したようで、イスラム圏の中近東地域をアジアに入れるのか、それとも除外するのかで揺れ動いた。すなわち、一八九〇年（明治二十三）から三年間にわたって行った東京美術学校講義において、泰西（西洋）美術史の中にエジプト、アッシリア、ペルシア美術を含めていたが、一九〇三年（明治三十六）に刊行した『東洋の理想』においては、東洋の中にアラブ、ペルシアを組み入れた。しかし、中国を中心とした東アジアにペルシアなどのイスラム圏を含める広大な東洋（アジア）を想定した場合、果たしてそれらが文化的統一体を形成しているといえるのかどうか、という問題が残ったのである。(9)『茶の本』では中国の陸羽著『茶経』の紹介に力を入れた天心は、こうした漢民族がつくった豊かな文化を破壊したとして、中国の北方民族を嫌ったようである。

不幸にして十三世紀蒙古種族の突如として起こるにあい、元朝の暴政によってシナはついに劫掠征服せられ、宋代文化の所産はことごとく破壊せらるるに至った。十七世紀の中葉に国家再興を企ててシナ本国から起こった明朝は内紛のために悩まされ、次いで十八世紀、シナはふたたび北狄満州人の支配するところとなった。風俗習慣は変じて昔日の面影もなくなった[10]。

この文章から推し量るところ、モンゴルが嫌われているようで、東アジアという枠組からモンゴルが除外される傾向があり、天心のアジア概念はいよいよ複雑なものになっている。「アジアは一つである。(Asia is one.)」という言葉の意味が、いよいよ曖昧になり、その謎が深くなったといってよい。要するに、天心のアジア概念、換言すれば、アジアの地理的、文化的範囲を正確に述べることには困難が伴う。イスラム圏と中国北方地域とモンゴルをどのように考えるか、という問題が残されているからである。一つだけいえることは、アジアの中核に、日本、インド、中国の文化を据え、ゆるやかにその周辺のアジア地域の文化的多様性を含み入れていたということだけは間違いない。

三　天心の日本美術論

ところで天心の美術論を概観すると、日本美術に対する評価については、国粋的とみなされた保守主義という立場が貫かれていた。しかし、この「国粋的」という言葉は微妙な概念で、この概念を「ナショナル(national)」という意味に解すべきかどうかは疑問である。むしろ「トラディショナル(traditional)」というニュアンスの方が強いように思われる。つまり、「伝統的」な立場である。先にも述べたように、天心は後年になるほどナショナルな考え方に向かっていったようであるが、少なくとも『茶の本』を読む限り、その立場は「伝統的(トラディショナル）」と解した方が正しいかもしれない。あるいは「新伝統主義」と呼んでおくのがよいかもしれない。

このことに触れて、松本三之介は、志賀重昂や三宅雪嶺らが中心となって活動した正教社の活動に言及しながら、次のように語っている。要約すると、正教社の人々は、ひたすら西洋文明の受容に努めた日本の開化主義に対して、改めて日本民族としてのアイデンティティを問い直し、日本の歴史と文化と独自の国民性とを取り戻し見つめ直そうとした。その意味では、後年の日本の国粋主義や国家主義が陥ったような、偏狭で独善的な排外主義や自閉的な民族主義に走ることはけっしてなかった。彼らの思想には、日本の文化を冷静にそしてできるだけ客観的に見る醒めた眼があった。「国粋」が説かれたが、天皇の神聖性といった政治的イデオロギー性は希薄で、文化主義的な色彩をもつものであった。また、それぞれの民族が文化的特色を発揮することで、世界の発展が可能になるという世界に向かって開かれた精神を基盤とするものであった。岡倉天心の思想と活動も、これとほぼ同様の内容であったと考えられる(11)。松本の言に従えば、要するに天心は、伝統主義者であるとともに、進歩主義者であるという。筆者はこれを踏まえて、天心を「新伝統主義者」と仮に呼んでおきたい。

ともかく、明治政府自体は、欧化政策を採用して、西洋の文化や制度を本格的に採り入れていく、ということであったが、天心はそれに対して異なる考えを示し、対政府ということに関しては微妙な立場をとって対処したといってよい。基本的には、アジアの伝統を守るというのが天心の保守的な立場で、同時に日本の文化を守るべきだという立場であった。おそらく、極端な国粋主義に陥らなかったのは、天心の思想の根底に、インドをはじめとするアジアの文化が想起されていたからにちがいない。鑑画会での天心の講演に、「西洋の事果たして本邦に適するや否やを考ふるに、一として直に之を実施すべきものなし」という主張があるが、ここでも急速な西洋化に対して天心は批判的な立場を堅持している。

また、天心の美術史が、頑迷な保守主義ではないことにも注意しなければならない。天心は、日本の伝統的絵画に新しい要素、すなわち西洋の絵画の長所を加えた作品を高く評価し、世界に通用する絵画の制作を提唱した。そのため、当時隆盛しつつあった洋風画の流れに立つ油彩画を最初は排斥しようとしたのである。アジアの伝統を守れ、と言った天心自身が、欧米の学問を身につけて、それを武器にして活動したわけで、明治の思想家の天心という人物そのものが、新時代の長所と短所を併せ持つという大きな矛盾を背負っていたといってよい。しかし、これが明治という改革期の時代性であったことはいうまでもない。また、日本やアジアの伝統を守れと主張したにせよ、古いものをそのまま残せといったわけではなく、新しい時代に対応する現実感覚を持ち合わせていた。思想家として国際人であった天心は、インド、アメリカ、イギリスを訪問するなど、世界中を駆け巡って、海外の知識人と交流し、世界の文化のあるべき姿を考えた人物である。ここに後年の大川周明（一八八六―一九五七）らの国家主義者との決定的な違いがあろう。単なる和洋折衷を否定し、やはり日本の伝統を重視すべきだと説いた。その伝統には、中国とインドを中心とするアジアの文化が含まれている、という立場であった。もっとも、モンゴルと朝鮮の文化には、あまり関心をもたなかったことを

【図６】狩野典信《竹林七賢図》（18世紀後半）妙心寺聖澤院

忘れてはならない。天心の主張の骨格には、日本は世界に通用する文化を創らねばならないという基本的な思考がある。

そして、日本美術においては、室町時代から江戸初期に至る狩野派を高く評価したが、江戸狩野については基本的に否定的であった。しかし、江戸狩野の中で、江戸の木挽町狩野家第六代の狩野典信（一七三〇—一七九〇）に注目したことは特筆に値する。[12] 江戸狩野の中でも、典信は頭一つ分抜き出た画家で、その美点を天心は見逃さなかった。これについては、京都妙心寺聖澤院の典信による障壁画《山水・麒麟図》および《竹林七賢図》【図6】を見れば納得できるであろう。筆者の研究では、天心は間違いなくこれらの障壁画を見たはずである。[13] さらに興味深いことは、今日でさえあまり注目されていない江戸中期の山口雪渓（一六四四—一七三二）を高く評価したことであろう。[14] これについては、美術批評家としての天心の眼の鋭さを認めるべきである。また、俵屋宗達（一五七〇—一六四三）と尾形光琳（一六五八—一七一六）らの琳派については、いわゆる日本的な内容と形式をもつ絵画であることから、天心は高い評価を与えた。もっとも、光琳については、「創作している間は大名気分にならなければいけない」という光琳の意識を引用して、「哀れを誘う」と指摘した。[15] こうした主張については、芸術の理想に対する天心の気持ちが奈辺にあったかを窺わせる。また、酒井抱一（一七六一—一八二八）と鈴木其一（一七九五—一八五八）とを比較して、微妙な言い方ではあるが、其一の方が優れていると仄めかすあたり、天心の審美眼の品格の高さを確認することができよう。つまり、多少とも俗っぽい曲線を多用する抱一の嫌らしさを見抜いていたのかもしれない。浮世絵については、フェノロサの意見の影響ということも考えられ、最初はあまり高い評価を与えなかったようである。偉大な芸術には大いなる理想が含まれるという芸術観に立つ天心にとって、浮世絵は小芸術とみなされ、インド美術や中国美術の影響を受けつつ展開した奈良時代以降の宗教美術の流れからは外れていると主張する。洋風画は否定され、文人画については、フェノロサと同様に、基本的には評価しなかったが、池大雅（一七二三―一七七六）がどのような人物であったかについて詳細に記すなど、一定ていどは評価しているようにも思われるが、大雅の作品自体についてはまったく触れていないことから、日本の文人画からは一定の距離を置いていたと考えられる。そして、日本の文人画は、江戸時代後期の田能村竹田（一七七七―一八三五）を最後に、マンネリ化したという批判である。加えて、渡辺崋山（一七九三―一八四一）への言及がないが、爽やかで切れ味のよい崋山の代表作《校書図》（一八三八年・天保九年）など、ごく限られた作品はともかく、全体として素人風で、情緒の無い絵画に終始した崋山を評価しなかったのは、美術批評家としての天心の慧眼を明らかに示しているといってもよい。もっとも、崋山の評価については、研究者間で意見が分かれるであろう。さらに、忘れてはならないことは、天心は日本美術史の大系をつくることに貢献し、フェノロサとともに作品調査を行って、法隆寺夢殿の救世観音の彫刻を世に出すなど、近代的な感覚に基づいて、重要な文化財の保存を企てた大きな功績をもつことであろう。

四　西洋との対決

さて、天心は始めフェノロサの美術論の影響を受けたと思われるが、フェノロサによると、美術の「善美」は「技量の精巧」、つまり、技術の上手い下手ではなくて、「心意ヲ愉悦セシムル」もの、すなわち、心を楽しくさせるものであるという。要するに、「快」の感情に言及するものだといってよい。あるいは「天然ノ実物ニ疑似スル」もの、つまり、西洋絵画の写実ではなく、「人意ノ想像」による「妙想（アイデア）」であるという。要するに、芸術家にとっては、技術ではなく想像力が必要だという主張である。こうしたフェノロサの影響下に、天心は、アジア美術を基本として、西洋美術の長所を組み入れるという美術創作論を展開した。そして、ヨーロッパ美術に倣うことは自殺と同じである、というフェノロサに共感した。もっとも、フェノロサの美術史は、古代ギリシア・ローマ美術の影響をインド美術などのアジアの美術に認めるなど、根底においては西洋中心史観であったことを見逃してはならない。天心が美術史家として成長するにつれて、フェノロサの学問との距離が広がっていったのも自然の成り行きであっただろう。

ところで天心は、『茶の本』において、西洋文化との対決、という姿勢を鮮明にした。『茶の本』では、「いつになったら西洋が東洋を了解するであろう。否、了解しようと努めるであろう[16]」と話し出す。当時は、ヨーロッパ列強が、アジアの国々の植民地化を進めており、その状況を目の当たりにして、強い危機感を抱いたようである。その意味で、アジアは文化的にも西洋に対抗できるものをもたないと、やがては西洋に飲み込まれてしまう、という危機感を抱いていた。これは武力による植民地化のみならず、文化的な植民地となる危険性を察知していたからに他ならない。半ば裏腹ではあるにしても、天心の危機感は、まったく逆の世界観を抱いていた明治政府と同じ立場であった。これは奇妙な捩じれであったというべきであろう。政府の要望に応じて、東京美術学校に不本意にも西洋画科を導入せざるを得なかった天心にしても、一方で、明治政府と同様の危機意識があり、西洋文化との対決という、きわめて深刻な問題を抱えていたことは明らかである。

やがてこの課題は、天心没後の時代に、アジア史観とは逆方向へと前進させる社会において、「西洋への憧れ」として日本の文化と社会を徹底的に西洋化することになる。すでに明治中期に天心は、日本の各地に建てられた西洋風の建築について、「現在日本に見るような様式建築の無分別な模倣を見てはただ涙を注ぐほかはない」と嘆いており、皮相な洋風建築が乱立する状況に警鐘を鳴らしている。その後の日本は、まさに天心の警鐘を裏切るやり方で、日本全国のあらゆる場所で、押し寄せる西洋化の波に棹さして、和様の建築の乱立状態を招き、街並みは無秩序な様相を呈することになる。しかし、最も醜い街並みを容認するようになったのは、第二次世界大戦後であったことを見逃してはならない。

天心が嘆いた無分別な安っぽい様風建築は、京都や奈良の民家にも侵入する格好となって、戦争でも壊されなった古都の街並みは、戦後、日本人の手によって次々に破壊されていくことになる。京都に関していえば、第二次世界大戦直後の街並みの多くは、黒々とした瓦屋根が市街を覆い尽くしており、そのまま残しておけば、街全体が世界遺産となってもおかしくない情景であった。現在見られるように、あちらこちらの街中に醜いマンションが長い首を伸ばすという情景は、無残な都市計画を露呈するもので、見るに耐えない。鴨川を挟んで両側に建ち並ぶ近代的なビルディングの無秩序で汚い林立を眺めると、なぜもう少し統一感のある景観にしないのか、という憤りを覚える【図7】。百万人以上の人口を抱える京都という都会において、近代的な建物がすべて駄目だというつもりはない。し

【図7】京都鴨川から眺める先斗町の街並（2015年）

かし、無秩序に並ぶビルディングの手前に歴史的な町屋が並んでいるが、そうした並列は、「新しいもの」と「古いもの」との統一感をまったく考えておらず、これではまるで汚いスラム街に等しいといっても過言ではない。

かつて、イスラム原理主義者タリバーンが、アフガニスタンのバーミヤンの大仏を爆破した事件があったが、その時、日本の多くの人々やメディアは、タリバーンの非道さを連日批難し続け、文化破壊を嘆いたものである。しかし、その行為は暴挙であるにしても、タリバーンには政治的、宗教的な理屈があった。翻って、毎日のように、京都や奈良の伝統的な民家を金銭に絡んで壊し続ける日本人に、タリバーンを批判する資格があるとは思えない。改めて、日本が歩もうとしていた近代社会の非人間的な在り方を洞察していた天心の思考、すなわち、日本をはじめとするアジア地域の文化的伝統を守って、そこに西洋文化の長所を採り入れる、という主張を思い起こすべきであろう。

五　近代化以後の未来を問う

日清戦争（一八九四―九五）が勃発して、日本が清国に勝利した。それまで長い間、中国に憧れてきた日本人は、この戦争の結果を契機にして、文化的には中国から離れていく。つまり、もはや中国は自分たちの手本にはならない、ということである。ここで日本は欧化政策をさらに推進させ、国策として手本を西洋に切り替えることにした。決定的な「脱亜入欧」である。この大きな転換は、明治維新によるというよりも、日清戦争の勝利以後ということになろう。ヨーロッパに追いつき、肩を並べなければ、日本も他のアジア諸国と同じように植民地にされるという危機感であり、これは明治政府の基本的な方針であった。そうした状況から、日本社会の中国離れと西洋化は、民衆の意向というよりも、上からの改革と言われた。ともかく、日清戦争後の下関条約で、遼東半島を獲得した日本に、フランス、ドイツ、ロシアが半島の返還を求めるという三国干渉の圧力が加わり、日本はいよいよ脱亜入欧へと向かわざるをえなくなった。

そうした日本政府の意向を拒否できなくなって、天心は、不承不承にではあるが、東京美術学校に洋画科を受け入れる決断をした。その際には、対立を深めていた洋画家の小山正太郎らが参加する明治美術会を排除するやり方で、八年間にも及ぶフランス留学から帰国した黒田清輝を抜擢したのである。要するに、青年時代に長くフランス生活を経験した黒田は、日本の古い伝統や因習のしがらみに束縛されない洋画家であり、天心にとってそうした黒田は好ましいものであったにちがいない。以後、黒田が率いる白馬会系絵画が日本のアカデミズムを形成する流れとなり、ヨーロッパの前衛を追いかけた近代洋画は、世界の後衛を歩むという皮肉な結果を招くことになる。洋画の導入について天心は妥協したが、結果としては、アジア文化を基調としながらも、西洋文化の長所を採り入れるということになった。天心が危惧した洋画の導入については、その後の百年の経過を見渡してみれば、油彩画の日本への移植は、ある意味において失敗だったともいえる。日本美術院などの近代の日本画がどれほどの成果を上げたのかも問わねばならないが、少なくとも、近代洋画は、萬鐵五郎など、ごく一部の洋画家を除いて、全体としては、大きな成果を上げることができなかったようにも思われる。近代洋画に対する評価は、今後、徐々に低くなっていくと推測されるが、そのことは、二十一世紀の後半になれば、一層明らかになろう。『茶の本』で語られたように、東西文化の融合を図るという天心の思想の骨格は、大きな理想として掲げられねばならなかったが、その結果については、成功だとも、失敗だとも、簡単に断定して論じることはできない。

かつて、日清戦争後にアジアを捨てた日本、つまり脱亜入欧路線を驀進した日本。戦後の経済成長期に、南アフリカ共和国で名誉白人と呼ばれて喜んだ日本。脱亜入欧の影響は、その後も大きく、たとえば、二十一世紀に入った今日でも、日本における美術史学の現状を紹介しておくと、約二千四百人の会員を擁する日本の美術史学会において、少なくとも、その三分の一の約八百人近くの会員が、西洋美術史、とりわけ、天心が対抗心を抱いたヨーロッパ列強、つまり、フランス、イタリア、イギリス、オランダなどの美術を研究する美術史家たちである。誤解がないように述べておくが、日本の研究者が西洋美術史を研究することは有益であり、大いに奨励すべきである。しかし一方で、日本美術史の研究者を別にすれば、日本においては、二〇一九年の時点において、インドや中国をはじめ、日本以外のアジアの美術史を研究する美術史家は、西洋美術史家の五分の一にも満たないことを忘れてはならない。

要するに、問題となるのは、西洋美術の研究とアジア美術の研究とのバランスである。いうまでもなく、こうした現状は、研究者個人の意識の問題ではなく、日本の近代社会が志向した西洋化、つまり、脱亜入欧の結果である。『茶の本』の中で天心は、「アジアの青年は現代的教育を受けるために、西洋の大学に群がってゆく」[18]と皮肉っぽく記している。そうした状況が、ここ二十年ほど前からようやく大きな変化をもたらしつつある。今日、アジアを軽視した思考は、反省期を迎えているが、その先をどうするかという展望は未だ見えにくい。天心の著作を読むと、そういった日本の在り方に対する鋭い批判を随所に見てとることができるであろう。その意味では、明確な展望を求めて、今、天心が見直されつつあるというのは、自然の流れだといえるかもしれない。要するに、明治の中期に壮大なアジア史観を唱え、アジア美術の調査研究に情熱を傾けた天心の重要性と洞察力が喚起されるといってよい。

とりわけ、インド美術の研究の重要性と、その西洋中心史観の過剰な在り方について、根本的な問題提起を行った姿勢は評価されるべきであろう。西洋との対決という天心のイデオロギーが、イギリスからの独立を求めて立ち上がるインドの民衆たちへの共感を含めて、ギリシア・ヘレニズム美術のガンダーラ美術への影響という西洋史観に基づく学説を否定することになったという見解もあるが、本当にそうであろうか。見逃せないのは、美術史家、美術批評家としての天心の眼の存在であろう。日本美術やアジア地域の美術作品に対して、かなりの目利きであった天心は、美術作品を保有する現地の調査によって、作品自体を直接見るということを重視した。インド美術についても、作品を見るまでは、かなり慎重であった天心の学問的な姿勢を軽く見てはならない。

二〇一九年現在、日本人はインドに冷たい、とインドの人々が語ることがある。確かに、多くの日本人はインドのことをほとんど知らない。いや関心がない。インドについて何を思い浮かべるかといえば、大半の日本人はターバンとカレーだけではないか、と。二十数年前の二十世紀末期に、再びアジアを発見した日本は、今、経済的観点を鮮明にして中国との貿易を拡大しつつある。しかし、インドへの関心は依然として低い。しかし、天心は、インドの重要性を明治時代に明確に認識していた。経済の問題とは別に、天心の洞察力の深さと鋭い直観力を認めざるをえないが、そこには、アジアの文化の核心をめぐるアジア理解が存在していたからであろう。

以上の諸問題を踏まえて、天心をいかに理解すればよいか、という問いに答えるのはかなり難しい。この思想家については、危険だと感じさせるだけの大きな魅力がある。天心の思想は、時期的にも大きく変化している部分があり、その振幅はあまりにも大きい。注意しなければならないのは、部分的な主張を恣意的に採り上げて礼賛したり批判したりすることを控えねばならないことであろう。樹木にたとえて天心を理解しようとすれば、枝葉に拘泥せずに、幹としての骨格をしっかりと把握することであろう。そうした場合にのみ、その大きな功績の全体像が姿を現すにちがいない。

注

（1）岡倉天心『東洋の理想』、講談社学術文庫、昭和六十一年（一九八六）、二〇頁。
（2）岡倉天心『日本の目覚め』、岩波書店、昭和十五年（一九四〇）、五四頁。
岡倉天心『日本美術史』、平凡社、平成十三年（二〇〇一）一月、二一四頁。
（3）岡倉覚三（天心）『茶の本』岩波書店、昭和四年（一九二九）（二〇一四年第一一五刷）、二三頁。
（4）同書、二三頁。
（5）丸山真男『日本の思想』（岩波新書）、岩波書店、昭和三十六年（一九六一）（本稿での引用は二〇一八年の第一〇五刷から）、三〇頁。
（6）眞方忠道「生より死こそ願わしい―ギリシア彫刻の一断面―」、『美術フォーラム21』第八号、美術フォーラム21刊行会、平成十五年（二〇〇三）、二〇―二五頁。
（7）岡倉天心『日本美術史』、平凡社、平成十三年（二〇〇一）、七二頁。
（8）前掲書、岡倉天心『東洋の理想』、講談社学術文庫、七四頁。
（9）拙著「洋の『東西』をめぐって」、『東西学術研究所々報』第九十一号、関西大学東西学術研究所、平成二十八年（二〇一六）、一頁。
（10）前掲書、岡倉覚三（天心）『茶の本』、三九頁。
（11）松本三之介「解説」、前掲書、岡倉天心『東洋の理想』所収、二一六―二一八頁。
（12）前掲書、岡倉天心『日本美術史』、二一一―二一二頁。
（13）拙著『大坂画壇はなぜ忘れられたのか――岡倉天心から東アジア美術史の構想へ――』、醍醐書房、平成二十二年（二〇一〇）、七二頁。
（14）拙著「岡倉天心が評価したもの・しなかったもの――江戸狩野と大坂の文人画――」、『美術フォーラム21』第十三号、平成十八年（二〇〇六）、六四頁。

(15) 前掲書、岡倉天心『東洋の理想』、一七〇頁。
(16) 前掲書、岡倉覚三（天心）『茶の本』、一三頁。
(17) 同書、六二頁。
(18) 同書、二五頁。

図版出典

【図1】東京国立博物館編『近代日本美術の軌跡』（一九九八年）、【図2〜4】『世界美術大全集（東洋編）』、小学館（一九九九年）

Ⅲ

【哲学・思想部門】

鈴木大拙における「自由」と「創造」

――『荘子』を手がかりとして

末村正代

鈴木大拙（一八七〇～一九六六）は、世界に禅を紹介した思想家として知られる。禅について書かれた数多くの英文著作は欧米を中心にひろく読まれ、日本仏教が世界的な知名度を獲得する礎を築いた。二〇世紀の東洋を代表する思想家のひとりと言って過言ではないが、やはり著述のほとんどが禅や浄土を主題とすることから、鈴木に関する研究は仏教方面からなされるものが圧倒的に多数である。しかし、鈴木思想の成り立ちをつぶさに観察すると、九六年に及ぶ生涯には多くの思想的背景が折り重なっており、実際には仏教にとどまらないより広範な影響のもとで思想を形成していたことを見て取ることができる。

本稿はこうした複数の思想的背景のなかから、とくに鈴木と『荘子』の関係に着目し、鈴木思想の自由論、創造論との関連を検討する。はじめに鈴木と中国のつながりについて簡単に触れ、著作に見られる様々な『荘子』への言及を紹介したうえで、鈴木思想の眼目である自由論、創造論について考察を進めたい。

一　中国との関わり

まず鈴木と中国とのつながりについて概観しておく。鈴木は、「仏壇内の位牌を儒教式に替へたほど、儒教に親しんでゐた」〔二二／二二二〕[1]という父のもと、他の明治知識人と同様、幼少期から漢籍の勉強をしていたようである。著述のところどころで触れられる幼少期の回想から、幼いころの修学の様子をうかがうことができる。[2]

その後一八九七年に一度目の渡米を迎える。きっかけは、在米のドイツ人哲学者ポール・ケーラス（Paul Carus 一八五二～一九一九）が、シカゴ万国博覧会の万国宗教会議で知り合った鈴木の師・釈宗演（一八六〇～一九一九）に、東洋文献と英語をともに扱うことができる人物の紹介を依頼したことであった。かくしてアメリカへ渡った鈴木は、ケーラスのもので『老子道徳経』の英訳[3]などを手伝いながら、のちに『古代中国哲学史』として刊行される三本の論考を『モニスト』誌に掲載[4]している。ケーラスとの共訳や『古代中国哲学史』の執筆によって確立された実証主義的・現実主義的・道徳重視・倫理重視などという中国に対する見解は、生涯を通じて鈴木の中国観の基盤となるものであった。

帰国後も学習院時代（一九一八年）と大谷大学時代（一九三四年）に二度、視察のために中国を訪問している。一九三〇年代はじめには、敦煌文書をきっかけとして胡適（一八九一～一九六二）との親交が芽生えた。両者に関しては一九五三年のハワイ大学出版『東西哲学』誌上での論争[5]が知られているが、実際には長きにわたって日本や中国、アメリカなどで交流を重ねていたようである。とくに一九五〇年代のアメリカでは、ともにニューヨークに滞在していたこともあり、年譜や周囲の人々の回想から二人が親しく接していた様子がうかがえる。一九五〇年代というと鈴木がアメリカの諸大学で講義を行っていた時期である。コロンビア大学での華厳哲学講義はつとに知られているが、この時期の諸講義は仏教思想に限ったものではなく、ひろく東洋思想全般について講じるものであった。(6) 実際に、一九五一年のコロンビア大学の初回講義の草稿においても鈴木は老荘思想と儒教に触れている。

二 『荘子』との関わり

先述の通り、鈴木は学究生活の初めから晩年に至るまで、中国とのつながりをもちつづけていた。時に応じて、老子や孔子、朱子などの主要な中国思想家(7)を取り扱っているのであるが、なかでも多く言及しているのは『荘子』である。鈴木が『荘子』を重用する姿勢は、ごく初期の著作である『古代中国哲学史』にすでに表れているが、注目すべき点は、晩年に近づくにつれて次第に『荘子』への言及が増加することである。とくに一九五〇年代後半以降、社会の近代化・機械化にともなって「自由」や「創造性」が失われつつあるという文脈で、鈴木は『荘子』に言及することが多い。

ここで道家の主要テキストである『荘子』の概略を述べておく。(8) 従来、その作者とされる荘子（荘周）は、老子を継承するものとしての位置を与えられ、老子とともに「老荘」を形成すると理解されてきた。これは司馬遷の『史記』にもとづく解釈であるが、老子から荘子へという前後関係を証明する積極的な根拠はないため現代ではこの説を疑問視する研究も多く、荘子は戦国中期から前漢にかけて、老子は戦国末から漢初にかけての思想家である可能性が高いとされる。最古の『荘子』に関する記録は『漢書』に見られる「荘子五二篇」との記載で、これは唐代までは残存していたが、後に散逸し、現行本は西晋の郭象による郭象注三三巻三三篇である。構成は内篇、外篇、雑篇の三篇に大別され、内篇が荘子の手によるもの、外篇・雑篇は後代による増広や編纂によるものと考えられている。内篇は逍遥遊、齊物論、養生主、人間世、徳充符、大宗師、應帝王の七篇からなり、外篇は駢拇、馬蹄、胠篋、在宥、天地、天道、天運、刻意、繕性、秋水、至楽、達生、山木、田子方、知北遊の一五篇からなり、雑篇は庚桑楚、徐无鬼、則陽、外物、寓言、譲王、盗跖、説剣、漁父、列禦寇、天下の一一篇からなる。その思想は、老子と同じく作為を否定し自然を重んじる「無為自然」を基盤とし、知性による分別的二項対立の無化を説く「斉同」を核心とする。

鈴木の『荘子』に対する評価もいくつか紹介しておきたい。すでに初期の『古代中国哲学史』では、「中国が生んだ最も傑出せる道学者」〔二六／四一三〕と評価し、「荘子には、特定の体系も方法も全くなかつたが、彼の思想は神秘的な暗示と、一見不明なる仮定とに富んでをり、事実上、老子哲学を行く所まで行かしめたものであつた」〔二六／三九六〕と言う。この高い評価は晩年に至るまで一貫しており、一九五七年には、「荘子は中国文人思想家の中でも、最も秀でた文章家であるにも拘はらず、彼の思想はそれほど十分に評価されてはゐない。彼は彼の生きてゐた時代に膾炙されてゐたと思はれる色々の話や物語を実に巧みに集録してゐる」〔二八／三二〇〕と述べている。さらに一九六〇年には、「シナ哲学で最も重要な地位を占めて居るのは、老子や孔子よりも、荘子だと、自分は考へる。理由はまた別にこれに触れる機会もあることと信ずるが、東洋思想の根柢に荘子的なものがあつて、それが綿々として、吾等の「無意識」の中に活きて居る。それを何とかして忘れないようにしたいと希ふ」〔三五／一三三〕という言葉もある。同じ中国思想である儒家を「形式的、律法的、機械的方向に動かんとする」〔二〇／二七七〕と評し、他方、老荘の思想的特徴として「無規律的放蕩性を帯びてをり、自由性・創造性」〔同〕を重んじる点を挙げている。宗教において、「自由」と「創造」を重視する鈴木自身の思想と、きわめて親和性が高いことをうかがわせる。

三　鈴木の自由論

それでは鈴木が宗教の核心とみなす「自由」や「創造」の内実とは、どのようなものであろうか。ここから鈴木の自由論について、鈴木の著述に沿って確認したい。はじめに、鈴木が宗教と「自由」や「創造」との関係を述べた部分を引用する。

一口にいふと、宗教は、如何なる形態を呈するにしても、その本質は、人間本来具有の創造的能力を、何等不自然の拘束なしに、そのままに、自由に、自制的に、活動せしめんとつとめる性能を持つてゐるものである。〔三四／三七五〕

解脱は宗教の終局の目的です。しかし解脱は、単に離れてしまつたといふことではなくて、そこには自主・自由といふものがなくてはならぬ。［……］自由を得ることは、善悪などの値打ちのつけられる世界を超越してしまふことです。［……］これがあると創造の世界が出来て行く、自分で創めて造つてゆく世界なのです。

〔……〕自由は人間としての吾等がその本然に帰るとき自ら出て来るところのものである。〔七／一四五〕

前の引用からは、鈴木が宗教の本質を、人間のもつ創造的能力を自由に発揮する点に見ていることがわかる。言うまでもなく鈴木は禅者であり、すべての宗教はその根幹に宗教的神秘体験（禅の見性に類する経験）をもつとする立場である。しかし宗教の根幹に経験を据えることと、宗教の意義ないし本質に経験をおくこととは別である。経験は前提であって、目的ではない。鈴木にとってあらゆる宗教の根底に経験があることは疑いのない事実であったが、それを経験した者は経験の場に留まるのではなく、そこで得られた能力を世俗に対して発揮してゆくこと、その点に宗教の存在意義を見出していた。臨済禅においては悟後の修行に含まれ、浄土真宗においては還相廻向と呼ばれる、いわゆる利他行である。後の引用も同様である。こちらは宗教の目的を解脱（経験）としているが、鈴木にとっては単にその達成だけが目的ではない。概して解脱とは、輪廻という生の連鎖の苦しみから解放され、寂静である涅槃に至ることを指す。つまり「値打ちのつけられる」世界、善悪などの二項対立的価値判断に支配された世界を離れることである。ここでも鈴木は、解脱を超えた後に自由があり、さらに創造の世界があることを示唆している。いずれにしても、鈴木は宗教に本質的な在り方が、経験にもとづいて、自由に世界を創造してゆくことだと解している。

三ー一　翻訳語「自由」と漢語「自由」

それでは鈴木の「自由」とは、いかなる在り方を指しているのであろうか。「自由」には大別して、二つの用法がある。liberty や freedom の翻訳語としての「自由」と、中国哲学・中国仏教文献に登場する漢語としての「自由」である。両者の意味を確認しておこう。

第一に翻訳語の「自由」であるが、まずlibertyとfreedomはそもそも何を意味しているのか。ODEの改定第二版には、libertyの項目に「社会のなかで、権威が行動や政治的所見に課す抑圧的な制限から解放されている状態」、「運命や必然性による支配からの解放」とあり、freedomの項目に「望むように行動したり、話したり、考えたりする力または権利」、「意志に起因する自己決定の力／運命や必然性から独立しているという性質」とある。libertyやfreedomに対して「自由」という訳語が定着したのは、儒学者・中村正直（一八三二～一八九一）によるJ・S・ミルの *On Liberty*（一八七三）の翻訳、『自由之理』（一八七二年）以降であろう。この訳書の流行によって、「自由」はlibertyの訳語として一般に広く普及した。『広辞苑』〔第六版〕の「自由」の項目には、「一般的には、責任をもって何かをすることに障害（束縛・強制など）がないこと」とあり、現代においては主としてこの意味で用いられることが多い。いずれにしても自己に対峙する望まざる障害から解き放たれること、またその解放の結果、自己の希望や意志にもとづく行動が可能となることを意味している。つまりlibertyやfreedomが意味する「自由」とは、何らかの抑圧ないし支配と対になる概念と考えられる。

他方、漢語としての「自由」は、翻訳語のそれをはるかに遡る。『岩波仏教辞典』〔第二版〕を参照すると、漢語の「自由」は、①「自らに由る・自らに本づく」、②「自分の思い通りにする・勝手気ままにふるまう」という二通りの意味をもつ。鈴木の自由論と関連するのは①であるが、その用例は、『孟子』（公孫丑下「吾が進退は豈に綽綽然として余裕有らざらんや」に対する趙岐の注「進退すること自由、豈に綽綽たらざらんや」）や、『後漢書』（閻皇后紀「閻景・閻晏ら［……］威と福と自由なり」）、『荘子』（大宗師「道は［……］自らに本づき自らに根ざす」）などがある。仏典では、『法華経』（信解品「諸仏は法に於て最も自在なるを得」）、『維摩経』（法供養品

「不可思議の自在なる神通」)、『臨済録』(示衆「生死に染まず、去住自由なり」、「他の万境に回換せられて自由を得ず」)などに見られる。唐宋代には、解脱の境地を言い表す語として禅学文献でも多用されるようになるが、本来的な漢語「自由」は、翻訳語のように対になる対象をもたず、自在や自主と同義、自己自身が主となり本となる在り方、究極的な主体性を意味している。

鈴木が宗教の本質として語る「自由」が、漢語の「自由」であることは、言を俟たない。以下に引いた部分は、liberty や freedom と「自由」に関する鈴木の言葉である。

> 西洋のリバティやフリーダムには、自由の義はなくて、消極性をもつた束縛または牽制から解放せられるの義だけである。それは否定性をもつてゐて、東洋的の自由の義と大いに相違する。〔二〇/二三〇〕

> 「自由」とは、自らに在り、自らに由り、自らで考へ、自らで行為し、自らで作ることである。さうしてこの「自」は自他などと云ふ対象的なものでなく、絶対独立の「自」――「天上天下唯我独尊」の、我であり、独であり、尊である――であることを忘れてはならぬ。〔二一/二一九　傍点筆者〕

> この自由といふことは、自分から出てくるといふことである。西洋のリバティとか、フリーダムといふ言葉は、圧迫から離れるといふやうな意味で、そこに消極性をもつてをる。多くの人は知らずにをるだらうが、「自由」といふ言葉は、圧迫性から解放されるといふ意味の自由ではなくして、おのづからそのものがそのものであるといふ、それをさして自由といふのです。〔二〇/四四〕

つまり鈴木が宗教という主題のもとで「自由」を論じるとき、それはlibertyやfreedomの翻訳語として「何らかの状態からの解放（解脱）」という消極的な意味を有するだけでなく、漢語本来がもつ「自らに由って在る」というより根本的で積極的な意味をも有しているのである。付言しておくと、ここで言われる「自ら」とは、自己と他者という二項対立のもとで成立する相対的自己、つまり他者を前提とした自己ではない。この「自」は、自他という分別を取り払ったところ、宗教経験の場において蘇生する絶対的自己を指す。鈴木は仏陀が悟りによって得た「自由」を評して、「自己自身の内の自由、自己の道理としての自由であって、自己の外なる一切の束縛からの自由ではなかった」（鈴木大拙 二〇一六 頁一六）と述べている。禅ではこれを「本来の面目」、「一無位の真人」などとも言う。

三―二 「自由」と必然・自然

上記のような「自らに由って在る」在り方が、「おのずからそのものがそのものである」と説明される場合、それはいかなる状態を指しているのか。鈴木はこの「自由」を、自身の禅経験にもとづきながら、人間や事物がもつ「必然性」と結びつけて理解する。

ここで、鈴木の禅経験について簡単に触れておく。鈴木は学究生活に入る以前、鎌倉・円覚寺の今北洪川（一八一六～一八九二）や釈宗演のもとで参禅をつづけていた。最初の見性体験が、一八九七年の渡米直前の臘八接心であったことは鈴木自身が手記のなかで明らかにしている。臨済禅では一度目の見性の後も継続して修行をおこない、二度三度と見性を重ね、深めてゆくことが重要とされる。渡米後の鈴木も何らかの禅修行を継続していたようで、在米中に再度見性を得たと書き残している。その二度目の見性の引き金となったのが、『碧巌録』第一則「武帝問達磨」に登場する、「臂膊不向外曲（肘外に曲がらず）」という言葉であった。以下、二度目の見性について述べた言葉である。

〔二度目の〕見性後、わしはまだ自分の体験を十分明らかに自覚しないで、尚夢の中に彷徨するものがあったようだ。わしが在米中、「ひじ外にまがらず」という一句が、不図した機会ではっきりと分った。すべてが明了になった。「ひじ外にまがらず」とは、客観的には一種の必然性であるが、この必然そのものが、主体的には自由そのものであることを意識した。〔三四／四〇九 〔〕内引用者〕(9)

「肘外に曲がらず」とは、文字通り、肘は内にのみ曲がるもので外へは曲がらない、という意味である。単に肘の必然的性質を言い表しているだけに思われるこの表現が、なぜ「自由そのもの」であると言いうるのか。ここで前項の liberty や freedom の意味を思い出したい。これらの語には「運命や必然性による支配からの解放」(liberty) や、「運命や必然性から独立しているという性質」(freedom) という意味が含まれていた。鈴木の「必然そのものが、主体的には自由そのものである」という主張は、これら翻訳語の意味と対立する。では、鈴木にあって、必然性が「自由」であるとは、いかなる意味で言われるのであろうか。

肘について考えてみると、肘の必然性とは、内にのみ曲がり外へは曲がらないという性質である。翻訳語「自由」の意味から考えると、「自由」とは、肘が外へ曲がらないという必然性から解放される事態を指すことになろう。つまり内にも外にも曲がる肘ということになる。しかし四方八方に曲がるものを、肘と呼びうるであろうか。肘は肘である限り、内にしか曲がらないし、外へ曲がるのであれば、それは肘ではない。つまり肘が肘そのものであるためには、外へ曲がらないという必然性を否応なしに伴うのである。翻訳語のように、四方八方に曲がることを「自由」と考えるなら、外へ曲がらないことは被制約性であり、その意味では不自由であるとも言える。しかし、肘は肘自身の必然性を伴ってこそ肘であるという立場、すなわち漢語的「自由」の立場から見ると、外へ曲がらないことこそが肘の本来的な在り方である。つまり鈴木の言う「自由」とは、必然性から解放された肘が四方八方へ曲がること、万能性を得るという意ではなく、肘が本来的にもつ必然性を備えたまま、肘そのものとしての働きを発揮することである。人間や事物が、そのものの本来の性を遺憾なく発揮することが、「おのずからそのものがそのものである」在り方であり、鈴木にとっての「自由」であった。

不自由が自由なんです。これが一番大事だと思います。この腕を曲げますね。腕は内側にはこう曲がっても、こっちの外側にはいかない。こっちへは自由だが、あっちには不自由だ。それを不自由というかもしれんが、そうではない。内側にやるのが自由で、こっち外側に曲がらんのも自由なんですね。こう曲がる自由と同じ自由なんですね。〔一九／二八五〕

自由の本質とは何か。これをきはめて卑近な例で云へば、松は竹にならず、竹は松にならず、各自にその位に住すること、これを松や竹の自由といふのである。これを必然性だといひ、さうならなくてはならぬのだといふのが、普通の人々および科学者などの考へ方だらうが、これは、物の有限性、あるいはこれをいはゆる客観的などいふ観点から見て、さういふので、その物自体、すなはちその本性なるものから観ると、その自由性で自主的にさうなるので、何も他から牽制を受けることはないのである。〔……〕自分が主人となつ

て、働くのであるから、これが自由である。〔二〇／二三二～二三三〕

こうした「自らに由る」在り方、つまり必然性と不可分である在り方に対して、鈴木は「自然」という語も用いている。一九六三年の講演では、「東洋の自由という字の本来の意味は、自ずから、自然と同じ意味になる」〔二九／二八四〕と述べている。ここで言う自然とは、人間に対する対象的事物という意味ではなく、「自（おのずか）ら然る」という人間や事物の本然的な在り方を指している。換言すれば「ありのままで在ること」であり、さらに「ありのままで在る」とは、先述のような、「そのものがそのものである」という必然性を備えた在り方である。肘について言うならば、肘が他ならぬ肘として、つまり外へ曲がらぬ肘として在ることである。したがって、「自由」が必然であると言われるとき、「自由」は自然であるとも言いうる。ここに至って、鈴木の「自由」は必然や自然とひとつながりとなる。そうであれば、「自らに由る」は「自（みずか）らに由る」と読むよりも、「自（おのずか）らに由る」と解する方が、鈴木の思想により近いのかもしれない。最後に、「自由」と必然、自然について述べた言葉を引いておく。

我々は、自然とは絶対必然の法則に全く支配された残酷な事実で、ここに自由が這入り込む余地は無いと考へる。然し禅にいはせれば、自然の必然と人間の自由とは、一般に想像してゐるやうな相反する理念ではなくて、その必然が即ち自由であり、自由そのものが必然であるのである。〔一二／二五八〕

四　鈴木の創造論

以上、鈴木の思想における「自由」について考察した。次いで、鈴木が「自由」とともに宗教の意義・本質として挙げる「創造」について述べたい。先の引用で鈴木は、「これ〔自由〕があると創造の世界が出来て行く、自分で創めて造つてゆく世界」〔七／一四五〔〕内引用者〕であると述べていた。宗教的経験によって獲得された「自由」な在り方にもとづいて、そのものが本来的にもつ働きを発揮してゆくことを「創造」と呼んでいるようであるが、それはいかなる働きを指しているのであろうか。この点に関しては、『荘子』の寓話に関する鈴木の言葉を取り上げて、「創造」の具体的な様相を考察したい。

鈴木が中国思想家のなかでも殊に『荘子』を高く評価し、近代化・機械化が進展する時代への警鐘として『荘子』を引いていたことは、既述の通りである。そして多くの場合、そこで言及されるのは「はねつるべ」という寓話である。はじめに寓話の概要とそれに対する鈴木の言葉を紹介し、鈴木の言う「創造」が指し示す意味を考察する。

四―一　寓話「はねつるべ」と近代における機械化

『荘子』（外篇・天地第十二）

子貢南のかた楚に遊び、晉に反る。漢陰を過りしとき、一丈人を見る。方将に圃畦を爲る。隧を鑿ちて井に入り、甕を抱きて出し灌ぐ。搰搰然として力を用ふること甚だ多く、功を見ること寡し。子貢曰く、此に械有らば、一日に百畦を浸し、力を用ふること甚だ寡くして功を見ること多からん。夫子欲せざるか、と。圃を爲る者卬ぎて之を視て曰く、奈何せん、と。曰く、木を鑿ちて機と爲す。後は重く前は軽し。水を挈ること抽くが若く、數かなること泆湯の如し。其の名を槔と爲す、と。圃を爲る者忿然として色を作して笑ひて曰く、吾之を吾が師に聞けり。機械有る者は、必ず機事有り。機事有る者は、必ず機心有り。機心胸中に存せば、則ち純白備らず。純白備らずんば、則ち神生定らず。神生定らざる者は、道の載らざる所なり。吾知らざるに非ず、羞じて爲さざるなり、と。子貢瞞然として慙ぢ、俯して對へず。(市川・遠藤 一九六七 頁三八一～三八二)

概略を述べると、孔子の門人・子貢が甕を使って畑に水を遣っている老人に、わずかな力で大きな効果が得られる「はねつるべ」という機械を勧めたところ、老人は「機械を使うと機械に捉われる心が生じ、純真さが失われ、道が宿らない」と言って拒絶した、という寓話である。

鈴木はこの寓話の筋書きを、生活の隅々まで機械化が浸透した現代社会と重ね合わせる。一九五〇年代後半以降、鈴木が再び『荘子』を取り上げはじめた背景には、当時のゆきすぎた機械化に対する危機感があった。近代化がもたらした利便性は人々の生活水準を飛躍的に上げた一方、その急激な変化は公害問題など様々な弊害を生んでいた。以下は一九五七年にエーリッヒ・フロムと共催した「禅仏教と精神分析学」会議における講演の一部であるが、ここには鈴木の懸念がよく表れている。

機械といふものは、人間を追い立てて仕事を完遂させせ、機械がやり遂げるやうに仕組まれてゐる仕事の目的の達成にまで、どうしても人間を持つて行かねばおかぬ。つまり、人間の仕事とか労働といふものは単なる手段に過ぎない。云ひ換へれば、機械的になつた人間の生命といふものは、もはや創造性を喪失して単なる道具と化し、人間とは物を造り出す機械以外の何ものでもないのだ。そこで哲学者は人間一人一人の意義といふものを説くが、これは至極もつともなことである。何故かと云ふと、現代といふ高度に生産的な機械化の時代にあつては、機械がすべてなのであつて、人間は殆んどその奴隷となり果てんとしてゐる事実に当面してゐるからである。私は荘子の恐れたのは実にこれだと思ふ。〔一八／三二一～三二二〕

右の引用で明らかなように、鈴木は機械化の進展が人間の創造性を喪失する事態を招くことを危惧している。機械の第一義は功利的で能率的であることである。確かに人間はその利便性によって利益を得たが、同時に、明確に定められた目的をもつ機械によって否応なしに駆り出され、目的達成の手段や道具として労働することを余儀なくされている。機械が主となる労働の場では、人間の創造性はむしろ目的達成の妨げとなるため、その働きは封印され、やがて消失する。こうした鈴木の危機感は、晩年が近づくにつれてさらに色濃いものとなる。一九六〇年には、まさにこの点を主題として『荘子』の一節――機械化と創造性との対立への一つの示唆――」という論考を著している。論中で鈴木は次のように問うている。「法則・機械・必至・圧迫などといふ一連の思想、さうして、これと正反対の思想……人間・創造・自由・遊戯自在、これらが、どういふふうに協調していけるか、あるいは、また、どうしても協調していけぬか。自殺か、自活か」〔二〇／二七九〕。

機械を使うことによって次第に機械に囚われてゆく人間の心を、鈴木は「はねつるべ」中の「機心」や「機械かたぎ」という言葉で説明する。さらに没年一九六六年の「機心ということ」と題する論考では、機心を「はからいのある心」と表現する。

問題はこの「機心」である。これは何の義か。一口にいへば、機心ははからひのある心である。〔二〇／三四九　傍点筆者〕

「機心」のある限りは、はからひがある。対抗意識がある。対抗はこの世界に免れないところだが、これにとらへられてゐてはならぬ。これをこえたもの、あるいは包むものを見なくてはならぬ。無功用行はこれから出る。華厳の菩薩行はここにある。「真実妙用」の義、「目的なき祈り」の義を悟らなくてはならぬ。〔二〇／三五二　傍点筆者〕

機械の特質が合目的性にあるならば、機械化した「機械かたぎ」の人間もまた同じ性質をもつこととなり、その行為は総じて合目的的となる。そして合目的的行為は必ず、目的達成に向けた「はからい」を含まざるをえない。つまり鈴木にとって機心とは、合目的性という「はからい」をもつ心であり、機心を離れ、創造性を回復するためには、先の引用にあるように機心をこえたもの、包むものを見なければならないと言うのである。

四―二　無功用行としての「創造」

右記の通り、晩年の鈴木が機械化の進展という近代社会の変化を背景として、『荘子』への言及をくり返す経緯を確認した。そこでは、機械に囚われて創造性を喪失した心が合目的な「はからいのある心」、「機心」と呼ばれていたのであるが、そうであるならば、創造性を回復した心とは「はからいのない心」であり合目的性を離れた心、つまり無目的な心となるはずである。それでは無目的な心、またそれにもとづいておこなわれる行為とは、いかなるものであろうか。鈴木はこうした行為を指して、「無功用行」と言う。

東洋的にいふと、この「目的」なるものは、「無目的の目的」で、いつ現実化する、と刻限を切つて、企画せられぬかもしれぬ。が、禅者のいはゆる「無功用の行」なるものに従事するとき、人間は最も自由で創造的である、と自分はいふのである。これが、自分の宗教的信念である。〔二〇／一二五〕

大悲の中から湧き出る大方便、これを無功用の行と名づける。無縁の慈悲である。弥陀本願である。〔二〇／四二一〕

さらに別の箇所では、無功用行について、「何も目的を考へない、かうやるからかういふ報いがあるのだといふやうなことを考へないところの、いはば無目的的行動」〔三四／三七二〕とも述べている。「無功用」とは、功用、つまり意識的な行為を離れた、自然的行為や作用を指す。目的の無い、したがって「はからい」のない行為とは、目的という限定を超えた無限定行為であるとも言える。後の引用の鈴木の言葉にあるように、それはつまるところ、限定をもたない菩薩行なのである。こうした行為は、無限定であるが故に自由であり、「はからい」を超えているが故に自然である。この無功用の菩薩行に従事する境涯において、人間は本来的に有する創造性を発揮することができる。鈴木の言う「創造」とは、こうした無功用なる菩薩行を指していると考えられる。

五　結び

以上、鈴木の自由論、創造論についてそれぞれ考察した。鈴木にとって「自由」とは、liberty や freedom の翻訳語ではなく、「自らに由る」という漢語としての「自由」であり、それは人間や事物が本来的に有している必然性を伴うあるがままの自然な在り方を意味していた。他方「創造」とは、近代化のもとで膨張する合目的的「はからい」を有する在り方、つまり『荘子』の寓話に見られる「機心」を離れた、無目的で無制限な行為を意味していた。こうした「自由」な境涯においておこなわれる「創造」が、無功用なる菩薩行なのである。ここに至って、鈴木の宗教思想の眼目である「自由」と「創造」は逢着する。

鈴木思想の根幹が禅であることは言うまでもないが、今回取り上げたように、幼少期から培った漢学的素養もまた思想的基盤の一部を形成していると考えられる。禅を軸としながらも洋の東西を問わず縦横無尽に種々の思想を用いた鈴木の語り口は時に幻惑的であり、それ故にかえって平板で一面的に理解される傾向も見られる。しかし近年の研究で徐々に明らかにされつつあるように、その思想は、様々な背景や契機が重なり合って形成された、重層的構造であったと言えるのではないだろうか。

文献一覧

鈴木大拙著、久松真一・山口益・古田紹欽編（一九九九～二〇〇三）『鈴木大拙全集増補新版』全四〇巻、岩波書店。
鈴木大拙著、志村武訳（初出一九〇七～一九〇八）『古代中国哲学史（*A Brief History of Early Chinese Philosophy*）』、

第二六巻所収。

鈴木大拙（初出一九三九）『無心といふこと』、第七巻所収。

鈴木大拙（初出一九四三）『宗教経験の事実（庄松底を題材として）』、第一〇巻所収。

鈴木大拙（初出一九四四）『日本的霊性』、第八巻所収。

鈴木大拙（初出一九四七）「明治の精神と自由」、第二一巻『東洋と西洋』（一九四八）所収。

鈴木大拙著、小堀宗柏訳（初出一九五四）「禅における自然の役割（The Role of Nature in Zen Buddhism）」、第一二巻『禅の研究（*Studies in Zen*）』（一九五七）所収。

鈴木大拙著、小堀宗柏訳（講演一九五七）「禅仏教に関する講演」、第一八巻、『禅と精神分析（*Zen Buddhism and Psychoanalysis*）』（一九六〇）所収。

鈴木大拙（初出一九五九）「東洋思想の特殊性」、第二〇巻『東洋の心』（一九六五）所収。

鈴木大拙（初出一九五九）「旅立ちを前にして（談話）」、第三五巻所収。

鈴木大拙（初出一九六〇）「近ごろの考へ一項」、第二〇巻『東洋的な見方』（一九六三）所収。

鈴木大拙（初出一九六〇）「『荘子』の一節―機械化と創造性との対立への一つの示唆―」、第二〇巻『東洋的な見方』（一九六三）所収。

鈴木大拙（初出一九六〇）「我々の無意識の中に活きる荘子」、第三五巻所収。

鈴木大拙（講演一九六二）「禅に関して」、第二九巻所収。

鈴木大拙（講演一九六三）「最も東洋的なるもの」、第二九巻所収。

鈴木大拙著、土岐慶哉訳（初出一九六五）「若き日の思い出」、第三四巻所収。

鈴木大拙（初出一九六五）「自由と宗教」、第二〇巻『東洋の心』（一九六五）所収。

鈴木大拙（初出一九六五）「現代人と宗教 ― 無意識層に働きかけるもの ―」、第三四巻所収。

鈴木大拙（初出一九六五）「業と大慈大悲」、第三四巻所収。

鈴木大拙（初出一九六六）「機心といふこと」、第二〇巻『大拙つれづれ草』（一九六六）所収。

鈴木大拙（初出一九六六）「老人と小児性」、第二〇巻『大拙つれづれ草』（一九六六）所収。

鈴木大拙（二〇〇八）「中国における仏教思想の展開」、松ケ岡文庫『財団法人松ケ岡文庫研究年報』第二二号、六七〜九八頁。

鈴木大拙著、重松宗育・常盤義伸編訳（二〇一六）『鈴木大拙 コロンビア大学セミナー講義』（財団法人松ケ岡文庫叢書第五）、松ケ岡文庫。

市川安司・遠藤哲夫（一九六六）『老子・荘子（上）』（新釈漢文大系七）、明治書院。

市川安司・遠藤哲夫（一九六七）『荘子（下）』（新釈漢文大系八）、明治書院。

小川隆（二〇一一）『語録の思想史――中国禅の研究』、岩波書店。

岸陽子訳（一九九六）『荘子　改訂版』（中国の思想一二）、徳間書店。

邢東風（二〇〇八）「鈴木大拙と中国」、松ケ岡文庫『財団法人松ケ岡文庫研究年報』第二二号、六三〜六五頁。

末木文美士（二〇〇八）「鈴木大拙「中国仏教の印象」和訳後書」、松ケ岡文庫『財団法人松ケ岡文庫研究年報』第二二号、五九〜六二頁。

竹村牧男（二〇〇四）『西田幾多郎と鈴木大拙――その魂の交流に聴く』、大東出版社。

竹村牧男（二〇一二）『〈宗教〉の核心――西田幾多郎と鈴木大拙に学ぶ』、春秋社。

中島隆博（二〇〇九）『『荘子』――鶏となって時を告げよ』（書物誕生――あたらしい古典入門）、岩波書店。

水野友晴（二〇一九）『「世界的自覚」と「東洋」――西田幾多郎と鈴木大拙』、こぶし書房。

森三樹三郎（二〇〇三）『老荘と仏教』、講談社。

注

（1）鈴木からの引用は『鈴木大拙全集増補新版』（岩波書店、二〇〇〇〜二〇〇三年）を使用し、（巻数／頁数）の順で略記する。

（2）ここでは一九五五年の引用を挙げておく。「父が六つのかのときに死んだので、小さな時は長兄の監督で漢籍の素読を習った。これはまだ十代にならぬ時かも知れぬ。何でも『詩経』を教わって居たころ、ある夏の暑い日に復習しなければならなかった。如何にも暑くてねむくて仕様がなかった。本を読むことを止めたいが、その理由が立たぬので、小児心で考えた。夏は草木を見ても成長する時期で、じっと家の中で座って無理に勉強するときでない。秋が来て冬ごもりの時が一番よいのだ。こんなにねむいのに、そして九十度（そのころは華氏）の暑さには、頭よりもからだの養いが先になるべきだと――そう考えて昼寝してしまったことがある。その後エマスンを読んで、人間は何にでも言いわけをするように出来て居るということを知って、今でも微笑を禁じ能わぬ」〔三五／二〇七〕。

（3）Carus, Paul (ed.), *Lao-Tze's Tao-teh-king: Chinese-English, with introduction, transliteration, and notes*, Chicago: The Open court publishing company, 1898. この英訳は鈴木にとって大変な作業であったらしく、晩年、「そのときには、まだ十分に、思惟方法において、東洋的なるものと西洋的なるものとの区別を意識しなかつた。それでも、英訳の仕事を手伝つてゐるうちに、老子の思想を云ひあらはし得る適当な英語が見つからぬので大いにまごついた。仕事の主人役の人と、ときどき論争をたたかはした。なかなかけりがつかぬので困つたことがたびたびあつた。西洋人の頭で東洋を解し、またこれを反対にする場合、容易ならぬ思惟的難局に出くはすのである。この事実は、そのころから痛切に感じてきた」〔二〇／一二三〕と述懐している。

（4）Suzuki, Daisetz Teitaro, A Brief History of Early Chinese Philosophy– Introduction, Philosophy, *The Monist*, Vol. 17, No. 3, 1907, pp. 415–450./Suzuki, Daisetz Teitaro, A Brief History of Early Chinese Philosophy– Ethics, *The Monist*, Vol. 18, No. 2, 1908, pp. 242–285./Suzuki, Daisetz Teitaro, A Brief History of Early Chinese Philosophy– Religion, *The Monist*, Vol. 18, No. 4, 1908, pp. 481–509. これをもとに*A Brief History of Early Chinese Philosophy*, London: Probsthain & Co., 1914. が出版され、一九四九年にはその邦訳『古代中国哲学史』（志村武訳、新潮社）が刊行された。

（5）鈴木論文はZen: A Reply to Dr. Hu Shih、胡適論文はCh'an (Zen) Buddhism in China: It's History and Method（ともに*Philosophy East and West*, Vol. 3, No. 1, Hawaii: University of Hawaii Press, 1953.）である。なお鈴木と胡適との論争や交流については、小川隆（二〇一一）、第三章に詳しい。

（6）一九五五年の次の言葉からは、思想的観点のみならず言語などの諸方面から東洋思想に関する講義を展開していたことがうかがえる。「今学校で一寸話して居ることは、漢文或はシナ語の特質と禅思想との密接な関係についてです。これは特に連語と云ふべき同じ字を重ねたものを使用することです。英語などでは、概念性の文字が多いので、客観的にははつきり規定せられる場合も多いが、文字の主観性とも云ふべきものが、よく現はれにくい。浄裸裸赤洒洒などいふ言葉、「孔子の燕居するや、申申如たり、夭夭如たり」といふ形容、『老子』の、「我は愚人の心沌沌たり。俗人昭昭として我独り昏きが如く、俗人察察として我独り悶悶たり」などいふところ。何れも概念的には云ひ尽くし能はぬものが、その内面的気分の溢れるまでに盛られて居るところは、漢文でなくてはと思考せられるのである」〔三四／九四〕。

（7）鈴木の儒教、特に宋学に対する立場は、『禅と日本文化』所収「禅と儒教」に詳しい。宋学を「シナ人心理の精華」〔一一／八四〕と高く評価する一方で、禅と宋学との相補的関係については次のように述べている。「禅は事実、仏教に依つて代表された印度思想に対してシナ的であり、是がために禅は唐代に発達して宋代に栄えたやうに、シナ人の心理傾向を反映するものに他ならないと、これだけを述べておく。その意味は禅は極めて実践的で倫理的であつたと云ふことである。此点から云へば、禅が儒教的色彩を帯びるといふことには十分の理由があつた。が、禅宗史の初めに当つては、其哲学は印度的であつた、即ち仏教的であつた。儒教の伝統的教義には之に相当するやうなものは何も無かつたからである。而も此要素こそ、後になつて儒者が意識的にか、無意識的にか、自己の思想体系の中に体現せんと欲したところのものなのであつた。換言すれば、禅は其実践性を儒教から得、儒教は禅の教へを通して、或点間接にだが、印度的な抽象的思索癖を吸収し、結局、孔子一派の教へに形而上学的な基礎を与へることに成功した」〔一一／八五〕。

（8）岸陽子訳（一九九六）「解題」、森三樹三郎（二〇〇三）「老荘思想——中国的世界観」、中島隆博（二〇〇九）「『荘子』の系譜学」を参照。

（9）小川隆はこの体験を次のように分析している。「とりわけ興味ぶかいのは、その「見性」が、伝統的な看話禅の参究だけでは完結せず、在米生活のなかで、西洋近代の思惟との契合という形ではじめて完成されている——少なくとも大拙自身が後年そのように意味づけている——ことである。大拙は右の回憶のなかで「西洋の哲学」でなく「禅」でなければならぬと確信したと語っている。しかし、右の経緯をすなおに読めば、逆に伝統的な「禅」だけでも不足だったのであって、そこに「西洋の哲学」から得た「自由と必然」の一致という思想的な「意識」が裏打ちされて、始めて大拙自身の「見性」が成立したのであった。これはのちに考えるように、大拙の「禅思想」の核心となる考えである。大拙は、禅における「体験」の重要性を説くと同時に、禅が「体験」のみに止まるものではないという点をも強く訴える。その原点が、このアメリカでの個性的な「見性」にあったのであった」（小川隆　二〇一一　頁四〇一〜四〇二）。

付記　本研究は、JP19K00080の助成を受けたものである。

近世日本における古典籍理解の解釈学的問題

井上克人

はじめに

本稿は、我が国の近世における漢籍受容のあり方、とくに伊藤仁斎の古義学、荻生徂徠の古文辞学、そして漢籍ではないが、本居宣長の国学における古典籍の解釈に見る学問方法をふり返ってみたものである。

ただ、その場合、江戸期の古学派の思想を、いわゆる日本思想史学の枠に留めることなく、そうしたローカルな狭い枠を超えて、彼らの思想を世界の哲学の舞台に上げ、それをドイツ解釈学と照らし合わせながら比較思想的な視座に立って、彼らの学問姿勢の特質を探ってみたいと思う。考えるに、ヨーロッパの哲学者たちが、プラトンやアリストテレス、そして新プラトン主義の哲学など、ギリシアの古典哲学を受容し、解釈し、またそれを咀嚼していったのと同じように、日本近世の思想家たちは、中国の古典籍を受容し、解釈し、咀嚼して、それを自家薬籠中のものにしていったのだが、その真摯な学問姿勢は、西洋の場合と同列に並べてよいのではないか、ということである。

一

「解釈学（Hermeneutik）」という名称は、「解釈する」という意味のギリシア語 ἑρμηνεύειν に由来する。『岩波哲学・思想事典』（一九九八年刊）によれば、古代ギリシアでは「解釈術」という語が詩や神託を解釈するための技法として用いられていたようだが、そもそも西欧の知的伝統においては「解釈学」の主たるテキストは、まずは旧約および新約聖書、古典文学や哲学、そして法典などであった。したがって、元来解釈学は聖書解釈学、古典文献学、法解釈学として成立したのである。それが十七世紀の中頃になると、こうした個別的・特殊的解釈学を統合して、「一般解釈学」を構築しようとする試みがなされるようになった。一般解釈学は、あらゆる種類の言語的テキストに適用しうるような、解釈の原則や規則を整理し、体系化することをめざすものであった。ただし解釈学は十七世紀から十九世紀にいたるまでは、文献学・神学・法学などの基礎学ないし予備学と見なされるに過ぎなかったが、十九世紀初頭になると、従来の個別的解釈学を超える、〈理解〉の一般理論としての新たな解釈学が成立した。その最初の代表者がシュライエルマッハー（一七六八～一八三四）であった。

彼は「理解（Verstehen）」という単純な事実から出発するが、その際、理解する主体とテキストの間に共通性というよりもむしろ理解を妨げる異質なものがあって、そこに解釈学的反省を誘発させる側面があることを強調し、理解よりも誤解の方が自明であるという根本原則を打ち立てたのである。具体的な解釈の方法に関して、彼は二つの方法を提起した。一つは、解釈の対象となるテキストを、それと分野を同じくする諸著作群の中に位置づけ、他の諸著作と比較対照することにより当該対象の言語的特徴を分析するという方法であり、他の一つは、テキストをその著者の個性的な創作の心的プロセスに遡って解釈するという方法である。そして後者の方法は、つきつめていくと、「著者自身より以上に著者を理解する」という夙に知られたスローガンとなって来る。これは、比較対照よりも直観性を重んずるロマン主義的傾向を強めることになった。

さて十九世紀後半になって、自然科学とは区別された「精神科学（Geisteswissenschaften）」の方法論としての性格を解釈学に与えたのはディルタイ（一八三三～一九一一）である。精神科学の対象となるのは人間だが、その際、「体験」（自己覚知する生）、「表現」（生活様式や文化体系、社会組織などの形態をとった「精神」の客体化）および「理解」という、三者の連関に基づいて論究されることになる。ディルタイが、「感覚的に与えられた表出」から出発する認識過程と定義した「理解」を媒介としてのみ人間は自己自身の正体を学び知ることができると強調したことは重要である。理解は精神科学のすべての作業過程を基礎づける手続きであり、その中でも「文字にして固定された生の表出」であるテキストの技術的理解こそが「解釈」と名づけられる。解釈が成功するためには解釈者の個人的、技術的天才を必要とするが、そのような技術を普遍妥当的な規則へと整理し、確保するのが解釈学の使命とされた。

ディルタイのこうした「生の哲学」の基本的志向が歴史性の理解にあると見做し、これを存在論的に徹底化させたのは、M・ハイデガー（一八八九～一九七六）である。主著『存在と時間』（*Sein und Zeit*　一九二七年刊）

によれば、ディルタイは生を歴史的作用連関として捉えたが、その生とは人間自身がまさにそれであるところのものにほかならない。解釈学とは、歴史的存在としての人間のこの特別な在り方の自己解明なのである。したがって、ディルタイの解釈学が本来もっていた意図を貫徹させるためには、歴史であるところの存在者（人間＝現存在、Dasein）の構造をその他のものと峻別しつつ取り出すことが必要であった。

ハイデガーによれば、解釈とは理解を「仕上げる」ことである。その際、人は自明的で目立たない日常的生活の理解のうちに潜んでいるものを、ある特定の解釈可能性へ向けて照準を合わせ、ある特定の概念性へとつねにすでに態度決定してしまっている。すなわち、「理解にもたらすべきすべての解釈は、すでに解釈すべきものを理解していなければならない」という理解の「先行構造」があるのである。これは古来、「解釈学的循環（Hermeneutischer Zirkel）」として知られていたものであるが、この「循環」は現存在の実存論的先行構造そのものに根ざしている。

さて、こうしたハイデガーの解釈学を引き継いだのが、H・G・ガダマー（一九〇〇～二〇〇二）である。彼は、「哲学的解釈学の要綱（Grundzüge einer philosophischen Hermeneutik）」というサブタイトルが付された主著『真理と方法』（*Wahrheit und Methode* 一九六〇年刊）の「序論」の冒頭で、自身の研究テーマが「解釈学的問題」の究明にあるとし、それがどういう問題であるかということについて該博な学識を基礎に深い省察を試みている。(1) 以下では、ガダマーに即して「解釈学」を再検討してみたい。

二

ガダマーによれば、解釈学の問題は単に科学的な方法学（Methodik）の問題でないと言う。解釈学が取り扱うテーマは、藝術や哲学や宗教の分野だが、そこには近代科学的な方法では捉えきれない「真理経験」（Erfahrung von Wahrheit）が必ず含まれていて、こうした科学的ならざる真理経験を、しかも学問内部の問題としていかに解釈するかという問題が、精神科学（Geisteswissenschaften）の領域における所謂「解釈学的問題」であると言う。しかも彼は、単に藝術や哲学や宗教の問題ばかりでなく、一般に歴史の理解もしくは解釈といった問題に触れて、上述のような「解釈学的問題」が、われわれの歴史理解の根本に伏在している問題であると言う。

歴史の「理解」ということがわれわれにおいて成立するためには、過去のものが何等かの意味において、われわれと共に現在同時に存在している、ということがなければならない。それは一方では、考古学的に過去の遺物が現在われわれの眼前に、もしくは手元に研究対象としてわれわれと同時的に存在しているということだが、他方、そうした同時性とは次元を異にして、例えば藝術史の理解というようなことがわれわれにおいて成立するためには、様々の時代の藝術作品の存在というものが、より内的な意味においてわれわれと共に同時に存在している、ということがなければならない。この場合の藝術作品の存在というのは、絵画や彫刻や文学が単に外的に史料として存在しているということではなく、藝術作品がまさに「藝術品」と見做しうるような本質を具えたものとして存在している、ということである。藝術作品は製作年代や時代様式、或いは表現形態がそれぞれ異なっていても、藝術史の理解がわれわれにおいて成立してくるためには、それがみな「藝術」という名にふさわしい価値をもった作品である、とわれわれにおいて経験されるところがなければならない。言い換えれば、時代的様式的にいろいろ異なっていても、それらがすべて共に藝術作品として見られ得る世界、歴史的継起を内に包摂した同時的な藝術の世界がわれわれにおいて成立していなければならない。歴史理解の同時的な視点、つまり藝術創造の原点はいつも現在であり、そのような現在のメタモルフォーゼが藝術の歴史であるという歴史理解の同時的な視点がなければ、藝術史の理解はわれわれにおいて成立しない。このような藝術作品の藝術作品としての同時性ということは、単に過去の遺物がわれわれと同時に存在しているといった外面的な同時性ではなく、藝術作品の藝術作品としての本質にまで理解が届いたところで成立している同時性であると言えよう。

さて、次に考えなければならないのは、歴史の理解とそれに基づく歴史の記述ということである。そこにはどうしてもそれを抜きにしては考えられない「時間の隔たり」の克服という問題がある。例えば、われわれが過去の文献を読解できるためには、われわれが生きている現在の言葉とは非常に異なった古代の時代のそれを、例えば古代言語の文法やその時代の修辞法を修得し、さらにその時代背景を様々な史料に基づいてつぶさに分析を加えていくといった実証的な解読をするという仕方で、われわれの時代と過去の時代を引き離している「時間の隔たり」が克服されなければならない。しかしながら、そのような実証的文献学の方法で成立する異時の同時化の成立（歴史的同時性の成立）は、例えば、古典が保蔵する本質的真理がわれわれの自己表現としてわれわれ自身の所有となり、われわれに継承されるといった場合に成立するような意味での「時間の隔たり」の克服というようなことと比較すれば、単に外的な意味での異時の同時化（歴史的同時性）の成立ということに過ぎないであろう。テキストにおける言葉の障害という意味での「時間の隔たり」が真に克服され、言葉が言葉として意味するところが真に露わになることによって、却って古典の本質が、それを自己の側から理解する、そのことによって真の意味での「時間の隔たり」がそこで始めて露わになる、とも言える。したがって、われわれが内的本質的な意味において経験する「時間の隔たり」、つまり、われわれに或る異質なものとして経験される古典的テキストの伝承の本質が、現在という時代を生きるわれわれの自己否定を通してより深い意味でのわれわれの表現として理解されるとき、はじめて「時間の隔たり」ということの真の意味での克服が成立し、より深い意味での異時の同時化ということが成立するのではないであろうか。[2]

三

ガダマーは前著のなかで、先述したF・E・D・シュライエルマッハーに始まりW・ディルタイにおいて完成される近代解釈学の発展のなかに、そもそもどのような「解釈学的問題」が伏在していたのかという問題を綿密詳細に追求している。彼はシュライエルマッハーとディルタイとをそれぞれ近代解釈学の創始者と完成者として見做しているのだが、そこには二人の相異なる視点があると言う。つまり前者に関しては、〈他者の理解〉の問題という視点であり、後者に関しては、〈自己表現〉の問題という視点である。まず〈他者の理解〉の問題とは、われわれが何かを理解し解釈しようとすることは、その何かがわれわれにとって誤解の可能性を含んだ他者性を具えた何ものかであるからである。単に自明な事柄を、われわれはことさら改めて理解し解釈しようとはしないであろう。しかしながら、他方、その何かについての理解と解釈がわれわれにおいて完成するということは、われわれにとって他者性を具えたものとして否定的に現れるこの何ものかが、却って肯定的により深い意味でわれわれ自身の所有となり、より深い意味での「自己表現」として理解し解釈されるということである。ガダマーは、古典的テキスト読解のこうした否定面と肯定面とを、それぞれシュライエルマッハーとディルタイに振り分けて、それを両者に固有な「解釈学的問題」ということの二つの局面として究明しようとするのである。

敷衍して言えば、ガダマーは他者の理解の問題という前述の第一の視点から、シュライエルマッハーの考えた「普遍的解釈学の理念（die Idee einer universalen Hermeneutik）」として、（1）未知なる他者的異質性の経験（die Erfahrung der Fremdheit）、（2）誤解の可能性（die Möglichkeit des Mißverständnisses）、という二つの事柄を問題とする。[3]（1）の未知なる他者的異質性の経験に関して言えば、われわれが過去のものを理解し解釈しようとする場合の初歩的な解釈学的問題状況に即して言えば、差し当たりは過去の時代の古典を構成している古代語に関する文献学的な解釈の困難さに必然的に随伴する未知性の経験ということであろう。しかしながら、そのような意味での「時間の隔たり」に由来する未知性の経験は、理解・解釈が当然克服すべき前提条件であるに過ぎず、それは古代の言葉や修辞法の習得によってある程度は克服可能であろう。しかしながら、それが克服されたとしても、そうした未知性とはまったく質の異なった種類の、いわば内容それ自体が持っている未知的異質性が古典的テキストには含まれるのである。そもそも古典的テキストを読解するという営みは、単なる文面の額面通りの理解ではなく、テキストが言わんとするその内容そのものの固有な本質が何であるかを問題にすることであって、したがって、読者の勝手な所謂「近代的解釈」をそれにつけ加えたり、伝承的解釈の自明な前提に安易に依存することがあってはならない。そのことは逆に言えば、われわれが既に持ち合わせている先入見なり自明な理解を投入して勝手な解釈をしようとすれば、そのような解釈はテキスト自体に固有な内容の誤解になり、躓きになる、ということである。

シュライエルマッハーの「普遍的解釈学の理念」である「未知的異質性の経験」と「誤解の可能性」とは相互に連関し、いわば一つの解釈学的問題状況を形成していると見做して差支えない。そのような意味でガダマーはシュライエルマッハーの「解釈学は誤解を避ける術である（Hermeneutik ist die Kunst, Mißverstand zu vermeiden.)」という言葉を引用し、「このような否定的表現（dieser negative Ausdruck）の中に解釈学のすべての課題が含まれている[4]」という言葉に深く共鳴する。

四

さて、次に近代解釈学の完成者であるディルタイについて、彼の論稿『解釈学の成立』に即して、再度改めて言及したい。彼はシュライエルマッハーにおいていわば他者ないしは汝として否定的に経験されたものを、却って自己の「生（Leben）」の表現と見るような解釈学的問題状況の肯定面を、特に取り上げて問題にしたと言える。ディルタイによれば、私たちが歴史を理解しようとする際に文献のもつ測り知れぬ意義は、人間の内面がただ言葉においてのみ、その完全で創造的な、そして客観的に理解される表現を見出す、という点にある。したがって理解の技術の中心は、文書の含んでいる、人間存在の名残り（Reste）を、解釈することにあるのである[5]。

偉大な思想家や宗教的天才、そして本物の哲学者の著作は、つねにその人自身の精神生活の真実の表現たりうるのであって、それ自体紛うことなき〈徴表〉として、完全で客観的な解釈が可能である。そして解釈学とは、古人が書き残したものを解釈する技術の理論である。この学問は、普遍妥当的な解釈の可能性を、理解の分析から明らかにすることによって、全く普遍的な問題の解決へと進む。

シュライエルマッハーは理解の分析、それゆえにこの目的処理それ自体の認識へと立ち戻り、そしてこの認識から普遍妥当的解釈の可能性、その手段、限界、規則を導き出した。つまりそれは、「追形成（Nachbilden）」、「追構成（Nachkonstruieren）」しての「理解（Verstehen）」である。こうした理解を分析できるのは、ただ、古典的テキストの著者の文筆生産の過程に、読者である自分が参与し、著者との生きた関係を結ぶことにおいてのみである。生気に満ちた文筆上の作品の成立する創造的な過程を、「生き生きとした生身の直観（lebendige Anschauung）」で捉えて読み取ること、言い換えれば身をもって読むことで、彼は、書かれた徴表から作品全体を、またこの全体からその著者の意図と精神のありようを理解する別の過程を認識するための条件を知ったのである。(6)

理解にあっては、解釈者の個性と解釈される著者の個性とは、決して比較しがたいものとして対立しているわけではなく、両者はともに人間の本性に基づいて形成されているのであって、その普遍的な人間本性によって、互いに語り合い理解し合うための共通性が、可能ならしめられている。個人的な区別は、つまるところ人格相互の質的な差異によってではなく、ただその人の心の事象の段階的な相違によって条件づけられているにすぎない。さてしかし、解釈者が「われに固有の生身（eigene Lebendigkeit）」を歴史的背景（ein historisches Milieu）のなかに移し入れるならば、そこから彼は、つかのまにせよ、他者（古典的テキストの著者）の生を自分の生の内に「追形成」するにいたることができる。(7)

ただ、ここで留意すべき点は、いわゆる「解釈学的循環（der hermeneutische Zirkel）」である。すなわち、ある作品の全体を理解するためには、作品を構成している個々の言葉やその言葉の結びつきから理解するべきなのだが、他方、個々の言葉を完全に理解するには、その前提として、すでに作品全体の脈絡の理解が必須である、という循環である。この循環は、個々の作品とその筆者の精神のありよう、また筆者の発展との関係においても繰り返されるし、さらに同様に、この個々の作品と、その作品が属する著述分野との関係においても立ち戻ってくる。(8)

そして、ディルタイは、夙に知られたシュライエルマッハーの言葉で締めくくっている。「解釈学的な手続きの最後の目標は、著者自身が自分を理解していた以上によく、著者を理解することである（Das letzte Ziel des hermeneutischen Verfahrens ist, den Autor besser zu verstehen, als er sich selber verstanden hat.)。これが、無意識的創作の理論の必然的帰結をなす命題なのである」と。(9)

五

では、ガダマー自身の解釈学の特色はどこにあるのか。それは、解釈者自身がそこに息づいている歴史的現実の「先入見」の重視である。従来の解釈学では、あくまでもテキストに即したかたちで理解すべく、先入見は排除すべきものであった。しかし彼はそれを新たな視点で捉え返すのである。彼は言う、「自分の用いている方法の客観性に頼り、自身の歴史的制約性を否認することによって、自分が先入見を免れていると確信していると思い込んでいる者は、先入見の暴力を経験する。先入見は背後からの力（vis a tergo）として、彼を制御できない仕方で支配する」と。(10)その先入見を一言で言い表せば、伝統の「影響作用史（Wirkungsgeschichte)」にほかならない。「理解はその本質に従えば、影響作用史的な出来事なのである。[11]」

『真理と方法』の第二部で、ガダマーは従来の解釈学に代わる新しい「哲学的解釈学」をうち立てた。歴史主義的な解釈学は、テキストやそこに含み込まれた歴史的出来事を、どこまでもその時代から理解すべきだという歴史的意識の要求に従って、形式的な解釈学的循環をテキストや歴史に適用し、理解し解釈する者自身が置かれている歴史性を否定してしまったのである。しかし、先述したようにM・ハイデガーによれば、理解は有限な人間存在の存在様式として、それ自身すでに歴史的なのであって、歴史的状況を離れて個人はないのである。人文科学での理解、過去から伝承されたテキストの理解は、歴史主義的解釈学が考えていたように、現在と現在に由来する先入見を排して時代を飛び越え、テキスト成立時の著者の心情とかを再構成することではない。理解とは要するに過去から伝承されてきたテキストの意味への現在における参与（Teilhabe, Partizipation）なのである。理解が参与である以上、テキストの内容を現在に生かす適用は、理解においていつもすでに起きていると考えなければならない。テキストそのものの意味を捉えたあとで、それをあとから自らの状況に適用するのではないのである。この理解をガダマーはまた、「問いと答えの弁証法（die Dialektik von Frage und Antwort）[12]」としても記述した。まず、過去から伝承されたテキストが解釈者に語りかけ、問いかける。古典的テキストは解釈される余地のある何かの徴表ではなく、それ自身からわれわれに語りかけてきて、われわれはそれに真に分けあずかるのである。テキストの内容の真実性に動かされ、解釈者にとって自明で無意識であったもの（先入見）が自明性を失い、そのことによってはじめて、解釈者は自らの先入見を吟味し、テキストに問いを立てるようになる。要するに、どんな理解にも「自己自身を理解する」ということが起きている。理解は理解する者自身に適用されるべきなのである。テキストは解釈されるのだが、しかしそれはただ、われわれが自分自身をよりよく理解することを学ぶためなのである。またガダマーは、古典的テキストが持つ伝統的な「保存の優位」についてこう語る。「古典的なものは、特定の歴史的な現象に帰しうるような性格ではなく、歴史的な存在そのものの卓越した存在様式、保存の有する歴史的な優位を表わしている。保存（Be-wahr-rung）は、繰り返し確認されながら、真なるもの（ein Wahres）を存在させる」と。[13] そしてさらに、「〔古典的テキストが〕古典的であるのは、自身を意味し自身を解釈するゆえに、自己保存するものである。したがってまた、語りつつ存在しているものが古典的なものである。語りつつというのは、過ぎ去ったものについての言明として、それ自身なお解釈されるべき何かの単なる徴表として、というのではなくて、そのつどの現在に、あたかもそれが特にその現在に向けて語られたように、古典的なものは何かを語っているのである」と。[14]

六

哲学や宗教の文献における解釈の問題は、そこに表現されている基本タームがそもそも何を意味するかということの解明に帰着する。基本タームとは、仏教では「空」、「真如」、「如来」、「理事無礙・事事無礙」、「本願」、「往相・還相」などといった言葉であるし、儒教であれば、「天」をはじめ、「仁・義・礼・智・信」の五常、「義・親・別・序・信」の五倫、「四端の心」、「理・気」、「明徳」、「格物・致知」などであろう。しかしこうした言葉の解明とは、言葉を語学的に正確に捉え、文献学的な調査によって的確に把握するということには尽きないところがある。つまりそれらの言葉が何を意味するのか、その言わんとする「何」そのものの究明が重要なのである。

その「何」は、語り出された「真理」として、時間・空間を超えて永遠に現在する。しかしその〈永遠の現在〉は時の流れと無関係ではない。永遠なるものはその永遠なるかたちを「古典」として維持し保存しつつも、歴史の流れのなかに歴史的なかたちを取ってあらわれ、歴史を作っていく。いわば永遠の現在が歴史の現在へと展開し、逆に歴史の現在が永遠の現在に帰来するのである。しかし、歴史のうちで永遠なるものに触れた人間がそれを解釈し表現するとき、その解釈や表現は当然その時代の制約を受ける。そして時代の推移とともに「古典」という過去的なものの性格を帯びてくる。そこで、解釈者はいつもテキストを通して、そこに語り出されている「何」を問い直し、それを受け取り直すことを、身をもって志さねばならぬ。このような問い、身となった志こそ、古典的テキストの解釈者に求められる姿勢ではないだろうか。解釈は身をもってする解釈である。身がそのまま解釈である。

そのためには、人間は身を真実に現在のうえに据えねばならぬ。永遠と歴史が互いに帰来・来帰する真の時間のうちに立たねばならぬ。現代において古典的テキストを時機相応のものにするためには、新しい解釈が必要である。しかしそれは伝統的な用語を現代語に置きかえるとか、時代の要求に従って捉えなおすとか、そういう種類の結果に終わるものであってはならないであろう。さらに進んで、身をもって「何」を問い、その「何」と真摯に対峙する姿勢が必要であろう。それが真の「解釈」なのであろう。

さて、以下では、上記のような解釈学の立場や、解釈学的問題と照らし合わせながら、日本近世における思想家たちが、どのような仕方で漢籍と対峙したのか、そこにどのような学問的な姿勢と覚悟があったのかを見ていきたいと思う。取り上げるのは主として林羅山（一五八三～一六五七）を手始めとして、伊藤仁斎（一六二七～一七〇五）、荻生徂徠（一六六六～一七二八）、そして漢籍ではないが「漢意《からごころ》」を批判して日本古代の古典的テキストの解読に取り組んだ本居宣長（一七三〇～一八〇一）だが、彼らは古典的テキストの研鑽から得られた学解と知見があっただけではなく、それとともに、移り変わる歴史的境位に立って、そこに出現して来た新たな諸問題に直面し、それらの問題の深所へ自らの学解と知見を融け込ませつつ、自らの身を賭けて古典的テキストの「何」を新しく問い直すという大きな決断の勇気、開拓的に道を求めるという実存的なフロンティア精神があったと言っても過言ではない。

七

例えば、ここに「鳶飛魚躍」という言葉がある。「鳶が飛んで、魚が躍る」、ただそれだけのことである。ではこの単純きわまりない言葉はいったい「何」を言わんとしているのか、それを解読することが重要である。じつはこの語は『詩経』大雅の旱麓《かんろく》篇にある「鳶は飛んで天に戻《いた》り、魚は淵《ふち》に躍る」が原文であり、それが『中庸』第三章第一節に引用されて、「その上下に察《いた》（至）るを言うなり」とある。「察《いた》（至）る」とは明らかという意味である。つまり道のはたらきが上下にどこまでも行き渡っていることを述べたものである。

さて、近世を代表する最初の儒学者、林羅山はこの語を引用して、次のように解釈した。「鳶飛び魚躍り道其の中に在り。蓋し上下分を定めて、君、君の道有り。父、父の道有り。臣と為りて忠、子と為りて孝、其の尊卑貴賤の位、古今乱るべからず。之を上下察《つまびら》かなりと謂ふ也。鳥魚の微小を挙げて、天地万物の理、此に具はる。(15)」

すなわち、羅山は「鳶飛魚躍」を「上下定分の理」と捉え、あたかも空間の上下に価値的区別があって、「上」

は尊く「下」は卑しいものと理解した上で、人間社会における上下の身分的差別を捉え、それはあたかも天地間の上下の差別のようにアプリオリのものとする。人々は自分の生れた身分を天賦のものとして受け取り、その中における自己の分に安んずるということを説いたのである。林羅山のこうした発想が、徳川期における上下身分を基礎付けるイデオロギーとして理解されたわけである。しかし、『詩経』や『中庸』で語られる「鳶飛魚躍」は果たしてそういうことだったのか。むしろ「道」は天地間のいたるところに行き渡っている、という意味であって、必ずしも天地間の上下のランク分けをしているとは言えない。例えば、王陽明の詩に、次のようなものがある。

従来尼父欲無言　　従来尼父《じふ》言うこと無からんと欲すと。(尼父＝孔子)
須信無言已躍然　　須らく信ずべし、無言已に躍然たるを
悟到鳶飛魚躍処　　悟到せよ、鳶飛魚躍の処
工夫原不在陳編　　工夫原《もと》と陳編に在らず(次欒子仁韻送別　其一)

これは、王陽明の門人の欒《らん》子仁が、知識偏重の学問をして体調を崩し、その薬害によってノイローゼ気味になって郷里に帰ろうとする際に、送別として贈った詩である。孔子「天何をか言わんや。四時行われ、百物生ず。天何をか言わんや。」春は生じ、夏は長じ、秋は収《みの》り、冬は蔵す。四時それぞれの生態を顕わす。それが天であり、誠である。この天(誠)のはたらきは実に偉大であり、活発であり、露堂々である。この大いなる天のはたらきを陽明は「躍然」と表現する。鳶が両翼をいっぱいに広げ、高く天に舞い上がって、悠々として飛んでいる。

魚は深い淵の中で、銀鱗を翻して勢いよく躍っている。これが宇宙の大生命――『中庸』ではこれを「誠」という文字で表現している――の顕現である。天の鳶飛から淵の魚躍まで、天地上下の間に「誠」の大いなるいのちの営みがいっぱいにみなぎっている。「工夫原《も》と陳編に在らず。」「工夫」とは考えること、「陳編」とは古い書物を指す。「悟到」とは自覚することである。つまり「道＝真理」は書籍の文字の中に在るのではない、書物以前、文字以前の処こそ肝要なのであって、露堂々たる天地の息吹、それを己が境涯とすることこそ学問修行の真骨頂だというのである。[16]

因みに、「魚、水を行くに、ゆけども水のきはなく、鳥、そらをとぶに、とぶといへどもそらのきはなし。しかあれども、うを・鳥、いまだむかしよりみづ・そらをはなれず。……鳥、もしそらをいづれば、たちまちに死す、魚、もし水をいづれば、たちまちに死す。以水為命しりぬべし、以空為命しりぬべし。以鳥為命あり、以魚為命あり、以命為鳥なるべし、以命為魚なるべし。」(『正法眼蔵』「現成公案」巻一[17])と語る道元(一二〇〇～一二五三)は、鳥と魚の対比とそこに漲る大いなるいのちの営み(仏法)を読み込む発想を、この『詩経』の「鳶飛魚躍」から得たのかも知れない。

また、社会的身分差別を生み出した源泉を朱子学に見て、それを痛烈に批判した安藤昌益(一七〇三～一七六二)は『自然真営道』を著し、自然を「土活真」として捉えて、自然の躍動せる循環の中で自ら正しく農耕を行う生活を「直耕」と名付け、このような労働の中にこそ人の人たるゆえんがあると主張したが、彼は、「天地」の語は上下の差別をイメージさせるとして、あえて「転定《てんち》」という造語を用いているのも興味深い。

さて、林羅山の解釈だが、彼の理解は「鳶飛魚躍」の語の本来の意味から逸脱しており、やはり徳川期初期の時代の風潮の真只中にあって、そうした時代的「先入見」からは免れていなかったと見ることができよう。まさにガダマーが謂うところの「先入見の魔力」が、林羅山をしてそのように解釈せしめたのであろう。解釈は単なる個人的見解ではなく、その解釈者には自身がそこに置かれている時代的背景が根強く浸潤していることは無視できない。

八

これから述べようとする仁斎、徂徠、宣長という系譜は、少なくとも顕著な二つの点でつらなっている。第一は、朱子学に対する批判である。複雑な歴史的現実を形而上学的な空理空論でもって解き明かそうとする衒学的な学問姿勢への反発である。第二は、古典的テキストの解釈をその言語から出発させる方法である。ことに後者は、近世日本の学問の方法として、その特異さが注目される。しかし、三人はそれぞれ相容れない相違点があることも確かである。まず仁斎はその学説を、「論語」「孟子」の「字義」から出発させる。

三名がそれぞれ批判した朱子学の形而上学は理気二元論から出発し、「理」と「性」の超越性を強調する。例えば『中庸』篇の冒頭の文章の第一句、「天命之謂性（天の命ずる之れを性と謂う）」だが、朱熹は『中庸章句』に於いて、この五字をもって、「天」すなわち自然がその原理である「理」を、人間の原理として、人間に分与したもの、それは「性」と呼ばれる、の意として読む。そして朱熹を中心とする宋儒の見解によれば、「性」は、かく自然の統一原理である「理」の賦与であるゆえに、人間の内奥に在って静止し、静止するゆえに純粋であり、また静止するゆえに万人に均一な形で存在するとする。そうして「性」は善の要素のみをもち、悪の要素をもたないとする。ところが仁斎はそうした朱子の説を虚妄とする。彼にあっては、運動のみが存在であり、静止は存在ではないとする世界観に立つ。仁斎によれば、「性」もまた運動を属性とする概念であり、人間の生命の本来、すなわち生まれつきである。そうしてここの「中庸」の首句、「天の命ずる之れを性と謂う」とは、各人が生まれつきとして、「天」から賦与されたもの、そうして「天」からの賦与とは、一様に善を指向する心の動きを、現実のうまれつきとして賦与されていることをいうのだと解釈する。仁斎の書いた「中庸」篇の逐字的な注釈書『中庸発揮』には言う、「性とは生の質（性者。生之質）」、生命の本来であり、「人其の生ずる所にして、加損する所無き者也（人其所生。而無加損者也）」[18]。手のはいらないままの生命の状態、そうした意に読める。つまり生まれつきである。しかしそういうだけでは「性」の属性の全部ではない。人間は生まれつき、刺激に対する心理の反応を、反射的に、善への指向の基本として持つことを、そのもっとも重要な属性とする。すなわちそれは「孟子」のいわゆる「四端の心」にほかならない。ところが朱子学は「性」を形而上的な自然の理法である「理」にむすびつけて静止したものとする。それに対し、仁斎は、「性」をもって、現実の人間の生命の活動にむすびつける。仁斎にとっては「性は生也」、それは生命のことなのである。存在は運動であり、運動のみが存在である。彼の思想の根底にあるのは、生動的・躍動的宇宙観である。「聖人は天地を以て活物と為《し》、異端は天地を以て死物と為《す》」（『童子問』巻の中第六十七章[19]）、「蓋《けだし》天の活物為る所以の者は、其の一元の気有るを以てなり。（中略）唯《ただ》天地は一大活物、物生じて物に生ぜられず、悠久窮り無し。」（同、巻の中第六十七章[20]）「天地の間は、皆一理のみ。動有て静無く、善有て悪無し。蓋静とは動の止、悪とは善の変。善とは生の類、悪とは死の類、両《ふたつ》の者相対して並び生ずるに非ず。皆生に一なるが故なり。」（同、巻の中第六十九章[21]）。彼によれば天地も人間も自然も生命と活動に満ちている存在なのであって、この直観と確信に立って「天地の間、一元気のみ」と断定する。この気の立場は、理があってのち気が生ずるとする朱子学に対立するものであり、「理は気中の条理」に過ぎないとする。彼のこの気の立場をさらに徹底させ、天地の開闢以前の理ともいうべき「太極」「無極」という考え方を否定。彼の宇宙論は朱子学の形而上学的解釈を否定するものであった。

そのような仁斎にとっては『論語』こそ「最上至極宇宙第一の書」にほかならなかった。彼は幼少の頃から当時輸入された限りの中国書を読もうとした。また中国語を読む能力においても優れた才能を持ち合わせていたようである。文語体の「漢文」を正確に読んだのは言うに及ばず、朱熹と門人の対話を口語のまま筆録した「朱子語類」を、十代の若いころから読んだのを、自由に正確に引用している。やはり直観と類推によっての独学であったに相違なく、彼が語学的にも、教師を要しない天才であったことを示している。こうした語学者としての天才的な能力、つまり言語への敏感さが、彼の学説の形成にも大きな要素として働いている。彼の「古義学」は、孔孟の思想そのまま「古義」、すなわち原意の再獲得を目標とするが、研究は「論語」「孟子」その他の儒家の古典に用いられた中国古代語の単語としての意味、その検討をもって、出発点の少なくとも一つとすること、「語孟字義」が、その総括的な表現である。[22]

ともかく、仁斎は『論語』を何度も反復熟読したのである。そのことによって、彼は『論語』がもつ精神、孔子その人の本性や考え方を自家薬籠中のものとなすに至った。まさに彼はシュライエルマッハーが言うところの「生き生きとした生身の直観」で以ってテキストを読み解き、「著者自身以上によく、著者を理解する」ごとき解釈者となったわけである。そのような身をもっての熟読によって培われた直観によって、仁斎は四書に綿密な文献学的批判を加え、『大学』は漢代の作であることを主張し、孔子の遺書であるとする朱熹の定説を根底から覆すことになった。『大学』では、「忿《いか》り、恐れ、楽《わら》い、憂い」などの人間の情念のはたらきを否定しているが、愛弟子の顔回の死に慟哭する如き情感豊かで人間味あふれる孔子が、「三綱領・八条目」を金科玉条のように提唱し、人間の情念のはたらきを否定するような『大学』を書くはずがない、と。その他、『中庸』には原『中庸』と後の増成とがあり、かつ『論語』の衍義であると論じた。

九

さて、ここで読書について考えてみると、われわれはまず知的理解が行われて後に情意的作用がそれに付加するもののように思いがちだが、事実はむしろその逆であって、情意的直観が先行し、これが基礎となって知解に達するのがその真相ではなかろうか。文の直観は読みによって得られる。だが同じ読みにしても、全体的直観を主眼として行う場合と、部分的語句的詮索を目標として行う場合とでは著しい差異を生ずる。ここに前述した「解釈学的循環」の問題が生じてくる。また直観の意義を個人的主観的なものと考える場合と、普遍的客観的なものとして考える場合とでも、少なからぬ相違を生ずるのが常である。しかも普遍的客観的意義を有する直観をもたらすものは、読みの反復すなわち熟読のほかにはない。ここに日本の近世教育に於いて行われた「素読」の方法的意義がある。知的理解よりも深い情意的把握と、敏捷さよりも重要な普遍的客観的な直観とを確立させるためには、この素読の精神は、重要な要素となる。[23]おそらく、仁斎は幼少の頃から「素読」を通じて古典籍を読んだであろうということである。

ここで留意したいのは、「素読」という読書の形式が、実は普遍的客観的な直観に至るということであり、また他からの解釈を交えないで、ただひたすら反復熟読するという身体的な了解の方法が、「素読」の中心的要素としてあったのではないか、ということである。

このような、身体的な「読書」体験＝「素読」あるいは「音読」が、時として「黙読」になった場合でも、テキストへ向かう精神的構えとして「情意的直観」による読書、いわば主体的に身をもってする読書＝身読となったと考える。それは古典のテキストの著者が自ら立脚しているリアリティから示唆している〈普遍的真理＝道〉と対峙し、それに身体的に肉薄するごとき姿勢である。そこに仁斎の古義学の手段・方法があったのではなかったか。

漢籍の素読は言葉のひびきと律動とを反復復誦する操作を通じて、日常言語とは次元を異にする精神の言葉を魂に刻印する学習過程である。文章がもつひびきと律動の型は、殆ど生理と化して体得される。それがやがて黙読による知の体得を充足するのである。かつて唐木順三はこう語っていた。

> 古典を真に読むことには、僕は身体的な動作が必ず伴うのではないかと思ふ。さうして、それによつて我々の精神が逆限定をうけるのではないかと思ふ。四書五経の木版刷の大きな活字に向つて、朱点を入れたり、扇子をもつて読んだりする読み方、師匠の声につられて読む素読の仕方にも動作は伴つている。奈良朝以来の写経、ヨォロッパ中世を通じての古典の筆写、寺院や修道院での仏典や教典の読み方等を想像してみても、それが身体的な行為とともに映像世界をともなったものであることは推察されよう。[24]

また、亀井勝一郎も、親鸞の「聞法」について言及し、いみじくも次のように語っていた。

彼は経文先師の言葉に接し、また選択筆写しながら、しずかに声を発して朗誦したであろう。誦するとは、言葉のもつ調べや陰翳や、つまり言葉のいのちをはっきり聞きわけて、心のうちに吸い込むことだ。誦するときの自分の声は、自分の声にして自分の声ではない。如来の声がのりうつっている。われならぬ声をわれにおいて聞くことだ。写すとは、かく吸い込んだ言葉のいのちを、再び形としてあらわすことだ。経文先師の言葉への味到と肉体化はこうして行われるであろう。親鸞は口ずさみながら写したに相違ないと思う。(25)

十

さて、次に荻生徂徠だが、彼の「古文辞学」とはそもそもどのような性格のものだったのか。

当時多くの塾で行われていた儒書の講義は、「講釈」という形式であった。「和訓」すなわち訓読法によって荘重に読む。そして日本語に訓読したものについての「字義」を解説したあとは、そこに表現されている倫理の真意をめぐって説示し、討論するといったものであった。徂徠が驚いたのは、この「講釈」の盛行であった。そこに違和感をもった徂徠は、こうした講釈の責任を山崎闇斎（一六一八〜一六八二）に帰し（「蘐園随筆」巻二）、心酔して書簡をしたためたにも拘わらず返書を送ってこなかった伊藤仁斎に反感を抱くようになってからは、仁斎をも講釈の責任者に加えている。徂徠によれば、こうした「講釈」は、古典的テキストの原文の変形であり、冒瀆にほかならなかった。

彼は言う、書物を読むとは原典をそのままに読むことである。世上の「講釈」のように、無用の附加をすることではない。われわれの読む中国の古典、その本来の面目は、何よりもまずそれが中国語であるということである。したがって、まずあくまでも中国語として読まねばならぬ。それは長崎通事の仕事と意識されていたゆえに、彼はそれを「崎陽《きよう》の学」と呼ぶ。いかめしく荘重な雰囲気をもつ訓読をまずもって廃棄しなければならぬ。その代替として、平易な日本の口語に置き換える、すなわち「訓」を廃棄して「訳」を方法とすることが肝要なのである。「講釈」の師は「訓読」することによって、テキストの文言を何か特別に高遠なもののような錯覚をまず起こさせた上で、持って廻った「講釈」を附加して、一層高遠な真理に仕立て上げる。しかし日本人も中国人と同じく人間である以上、『論語』の内容とても、そうわれわれとかけはなれたことではない。

儒学を身に着けるためには、ます書物を読まねばならぬ。その書物は「唐人ノ書キタルモノ」であり、中国語である。中国語であるからには、理想的には中国音直読の「崎陽の学」が必須であり、二次的には、解釈者が生きている現代の日本の俗語による明快な「訳」が重要である。そのためには原典の「古文辞」の中に自己の体験を充填する必要がある。そうしてこそ原典の「古文辞」は、自己の体験と同様に、自己身辺のものとして完全に把握される。そう考えた彼は、それを自己の学問の方法とした。それがすなわち彼のいわゆる「古文辞の学」である。ディルタイの解釈学で言われる「自己理解」を、徂徠はこうした形で捉えていたと見倣すことができよう。「蓋し古文辞の学は、豈《あ》に徒《た》だ読む已《のみ》ならん邪《や》」。「亦た必ず諸《これ》を其の手指《しゅし》より出だすを求む焉」。つまり、ただ読むだけでは駄目であって、筆をもつ自分の手から吐き出さねばならぬ。「能く諸《これ》を其の手指より出だせば、而うして古書は猶お吾れの口より自ずから出づるごとからん焉(26)」。そうすれば、古書の言葉はあたかも解釈者自身の口からおのずと発するようになる、というのである。中国語を理解するにはその中に飛び込んで中国語を日本語のごとく身近なものにせよという論理である。それが今や古今を超克するものとしてはたらく。そうしてこそ古人

と同じ座敷で対座して挨拶を交わし、対話することが叶うのである。「紹介」すなわち通訳や注釈は無用である。(27)
敷衍して言えば、『訳文筌蹄』「題言十則」の中で、徂徠は次のように述べる。

> 此の方の学者、方言を以て書を読み、号して和訓と曰ふ。諸を訓詁の義に取れり。其の実は訳なり。而も人其の訳たることを知らず矣。……唯だ此の方には自ら此の方の言語有り、中華には自ら中華の言語有り。体質本より殊なり。何に由りて吻合《ふんごう》せん。是を以て和訓廻環《かいかん》の読み、通ずべきが若しと雖も、実は牽強たり。而も世人省みず。書を読み文を作るに、一に唯だ和訓にのみ是れ靠《よ》る。……故に学者の先務は、唯だ華人の言語に就きて、其の本来の面目を識らんことを要す。而して其の本来の面目は、華人の識らざる所なり。(28)

要するに徂徠は日本人が中国語のテキストを訓読して、自らの言語（「方言」）をもって「書」を読み、理解したつもりになっていることを痛撃するのである。訓読は実はすでに「和訳」にほかならない。それでは中国古代の聖賢の言葉の真意は了解できないのだ、と。かくして徂徠は、「和訓廻環の読み」（訓読）ではなく、「従頭直下」の中国式の音読を推奨するのである。テキストが書かれた時代と今の日本は時代も隔たり言語も異なっている。しかし、中国本国といえども、古代の中国と今の中国の隔たりもまた同様である以上、「其の本来の面目が華人の識らざるところ」でもあるというのである。まさにこれは、第二章で述べた〈時間の隔たり〉の問題であろう。そしてそうでありつつも、普遍的「道」を求めるにはいかにすべきかと、徂徠は問いかけることになる。

こうして、言語の有限性を認めつつ、「古今・漢和」の間の断絶を克服すべく提唱されたのが「華音」による直読の主張であり、「廻環顚倒（訓読の読み）」して和文脈に読み替えるのではなく、「訳」することの主張であり、独自の経書注釈の方法であった。それは、古代テキストに記載されている記述を、後世の論争的言辞による「解釈」を通じて理解するのではなく、その記述を記述として有意味たらしめていた当時の社会内の諸事情を、その内に読み込んでいくことを通じて、つまり彼の用語を使えば「物」＝「古言」として把握することを通じて理解しようとするものであり、これが徂徠独自の「方法」なのであった。その代表作が『論語徴』であった。(29)

十一

これまで、解釈学的問題を念頭に、わが国の近世思想家の解釈学として伊藤仁斎の「古義学」、荻生徂徠の「古文辞学」をふり返ってきたが、最後に、漢籍ではないが、「漢意《からごころ》」を批判して日本の古典籍の解釈学を試みた本居宣長を取り上げたい。彼の学問方法も「古学」と呼ばれてしかるべき姿勢があった。しかしそれは上記の二者とどう異なるのであろうか。宣長は次のように語っている。

ある人の、古学を、儒の古文辞家の言にさそはれていできたる物なりといへるは、ひがごと也、わが古学は、契沖はやくそのはしをひらけり、かの儒の古学といふことの始めなる、伊藤氏など、契沖と大かた同じころといふうちに、契沖はいさゝか先だち、かれはおくれたり、荻生氏は、又おくれたり、いかでかかれにならへることとあらむ。（『玉勝間』「六五　ある人のいへること」(30)）

宣長が提唱する古学は、荻生徂徠の古文辞学に準拠したものと見なされがちだが、そうではなく、古学の開祖はむしろ契沖（一六四〇～一七〇一）であって、自分は契沖の学問姿勢に則っていることを強調する。事実、宣長はその著作の中でしばしば契沖について言及している。「古学とは、すべて後世の説にかゝはらず、何事も、古書によりて、その本を考へ、上代の事を、つまびらかに明らむる学問也。此学問、ちかき世に始まれり。契沖ほふし、歌書に限りてはあれど、此道（古学）すぢを開きそめたり。此人をぞ、此まなびのはじめの祖《おや》ともいひつべき。[31]」、「近代難波ノ契沖師此道ノ学問ニ通シ、スヘテ古書ヲ引証シ、中古以来ノ妄説ヲヤフリ数百年来ノ非ヲ正シ萬葉ヨリハシメ多クノ註解ヲナシテ、衆人ノ惑ヒヲトケリ[32]」（『あしわけをぶね』）、「難波ノ契沖師ハ、ハジメテ大明眼ヲ開キテ、此道ノ陰晦をナゲキ、古書ニヨツテ近世ニ妄説ヲヤフリハシメテ本来ノ面目ヲミツケタリ[33]」（同）のごとくである。宣長が契沖の著書に出会ったのは、京都遊学中、『百人一首改観抄』などの歌書を通してであった。両者に共通するのは、後代の注釈を排斥し、どこまでも原典に即して注釈する姿勢であった。『万葉代匠記』と『古事記伝』とがその成果であった。

「此集（『万葉集』）を見ば古のひとの心に成て今の心を忘て見るべし」（『精撰本代匠記』惣釈）という立言に、古典籍に向かう契沖の姿勢がうかがえる。またこうも語る。「此書を証するには此書より先の書を以てすへし。」（『精撰本代匠記』一）要するに契沖における注釈とは、彼の時代にはすでに失われていると見えた真実の日本人の姿を原典に即して発見しようとする試みだったと言えよう。それは後述する日本人がすでに持ち合わせている「影響作用史」の自覚でもあったということである。

さて、宣長に戻るが、彼は次のように語る。

がくもんして道をしらしむとならば、まづ漢意《カラゴヽロ》をきよくのぞくさるべし、から意の清くのぞこらぬほどは、いかに古書をよみても考へても、古の意はしりがたく、古のこゝろをしらでは、道はしりがたきわざになむ有ける、そもそも道は、もと学問をして知ることにはあらず、生まれながらの真心《まごゝろ》なるぞ、道には有ける、真心とは、よくもあしくも、うまれつきたるまゝの心をいふ、然るに後の世の人は、おしなべてかの漢意にのみうつりて、真心をばうしなひはてたれば、今は学問せざれば、道をえしらざるにこそあれ、（『玉勝間』「一二三　学問して道をしる事」[34]）

宣長にとって、「生まれながらの真心《まごゝろ》」とは何か。それは一言で言い表せば、「物のあはれを知る」心にほかならなかった。それは、「物に感ずる心」、感動によって存在の本質を認識するという行為である。宣長の「物のあわれを知る」の説をひとわたり見ておこう。

世の中にありとしある事のさまざまを、目に見るにつけ耳に聞くにつけ、身に触るるにつけて、その万の事を心に味へて、その万の事の心をわが心にわきまへ知る、これ、事の心を知るなり、物の心を知るなり、物の哀れを知るなり。[35]

動くとは、ある時はうれしくある時は悲しく、または腹立たしく、または喜ばしく、あるいは楽しく面白く、あるいは恐ろしくうれはしく、あるいは愛《うつく》しく、あるいは悪《にく》ましく、あるいは恋しく、あるいはいとはしく、さまざまに思ふことのある、これすなはち物のあはれを知るゆゑに動くなり。[36]

すべて世の中にありとある事にふれて、その趣き・心ばへをわきまへ知りて、うれしかるべきことはうれしく、をかしかるべきことはをかしく、悲しかるべきことは悲しく、恋しかるべきことは恋しく、それぞれに情の感きが、物のあはれを知るなり。[37]

ところで、「物のあわれを知る」心がもっとも鮮明に表現される場面は、主として恋であり（『紫文要領』[38]、『石上私淑言』第七四項[39]、または武士が戦場で死ぬ間際であり（『紫文要領』[40]）、或いは親が愛児に先立たれた場合である（『石上私淑言』第六七項[41]）。物のあわれを知る人間ならば、こうした場面において、悲しい時には素直に悲しがり、恋しいはずの事に対しては素直に恋しがる。それが人間の真実のあり方であろう。こうした悲しがり恋しがる振舞いは、傍人の眼には必ずや愚かしく女々しく映るでもあろう。宣長は、情感豊かな人間であれば、おのずとこうした「女々しさ」が本質的に具わっているものなのだ、と強調する。因みに、日野龍夫は上記のような「物のあわれを知る心」は、とくに宣長の独創的発想ではなく、江戸時代のごく普通の生活意識の中にあったことを強調するが[42]、こうした情感は、なにも江戸時代の民衆に限られるものではなく、神代の昔から大和人がすでに持ち合わせていた潜在的な素養であって、これも日本人ならではの「影響作用史」（先入見）として挙げられる特性であろう。宣長は、つまるところ、そうした影響作用史の自覚に、彼の学問方法を位置づけたと言えるのではないだろうか。

十二

宣長と仁斎は、対象を異にし、価値の基準を同じくしないけれども、態度を共通にするところがあったといえる。仁斎にとって、人間の真実は日常の中にこそある。仁斎が人間の「性」を「天」に関係させることは朱子学と同じだが、しかし朱子学では「性」を超越的で形而上的な自然の理法、すなわち「理」にむすびつけて静止したものとするのに対し、仁斎は、先述したように、「性」をもって現実の人間の生命の活動にむすびつけるのである。仁斎にとっては「性は生也」、それは生命のことなのである。性とは生の躍動なのである。そして特筆すべきは仁斎の「仁」への傾斜である。それは彼の思想と学説の基底として常に流れる心情である。彼の思想の重点は、真理は人間を離れては存在しないということにある。彼が尊重するのは、「中庸」の「道とは、須臾も離す可からざる也、離す可きは道に非ざる也」という言葉、そしてまた孔子の語「道は人に遠からず、人の道を為して人に遠きは、以って道と為す可からず」であった。自ずからなる生の躍動としての「仁」と、「物のあわれを知る」心と、ともに情意的なものの重視が共通していよう。

では次に、荻生徂徠と本居宣長の関係はどうか。徂徠によれば、「先王」が語る真実（＝道）はあまりにも広大無辺であって、一個人の制限された狭い見解でもってしては把握できないものなのである。われわれはテキストを解読する時、しばしばわれわれの先入見によって、いわば自身の都合のよいように限られた内容理解をしてしまいがちである。その結果、テキストが私たちに語りかけていることを誤解してしまうのである。しかしそれは当然なのであって、先述したように、シュライエルマッハーのいわゆる「誤解の可能性（die Möglichkeit des

Mißverständnisses）」がテキスト解釈には付きまとうからである。なぜならば、テキストが語る内容は、われわれの現実的なパースペクティヴの外側にある超越的他者だからである。言うなればテキストが語る真実の覆蔵的超越性がそこにはあるからである。宣長の「漢意」に対する批判も同様である。「漢意」とは中国人民の精神である。とはいえ、それは国民性とは無関係であって、むしろ人間の身構え、言いかえれば情念を差し置いて、道徳的に妥当し政治倫理に適った論拠を基礎とする姿勢を示すものである。つまり宣長は、理論的知性に先立つ情念的なものを重視したのである。宣長は日本の古典的テキストを読むに当たって、中国的な理論的価値体系を媒介させることなく、情念に基づく日本的な型、すなわちガダマーのいわゆる「影響作用史」を恢復させようとしたのである。

そして、彼らの古文辞学、古学の学問方法に見る特質は、後世の注釈を頼らずに、どこまでもテキストに即して理解することであった。つまり解釈者は自己の主観性を方法論的に保留し、われわれが理解しようとするテキストの著者に自らを委ねなければならない。それは過去からのメッセージを現在の研究者仲間に伝える媒介者の役割を演ずることにほかならない。その場合、留意したいのは、解釈は「私ならこう考える」ではなく、テキストが語る通りに受け取ること、言い換えれば、「他者（著者）が私を通してこう考えている」ということでなければならない。思惟する主体は読者ではなく、テキストの著者自身、ひいてはそのテキストが語る「言葉」すなわち古文辞なのである。古文辞が思惟し、古文辞が語るのであって、解釈者はただ、それを聴き取って伝えるだけなのである。

ここで思い起こすのは、ハイデガーの言語論である。彼は『或る日本人との対話』の中で、「解釈学（Hermeneutik）」という言葉の語源について、大略次のような興味深い論究を試みる。「解釈学的」（hermeneutisch）という表現はギリシア語の動詞 ἑρμηνεύειν（ヘルメーネウエイン）に由来していて、これは名詞 ἑρμηνεύς（ヘルメーネウス）に関係があるが、この ἑρμηνεύς は、思惟の遊びをすれば、Ἑρμῆς（ヘルメース）神の名と言葉を合わすことができ、その方が学問の厳密さよりも拘束する力がある、と。ヘルメースは神々の使者であり、彼は運命の用向きをもってくる。したがって ἑρμηνεύειν とは知らせをもたらす陳述（Darlegen）を意味する。このような陳述が、プラトンの対話篇『イオン』（534e）の言葉 ἑρμηνῆς εἰσιν τῶν θεῶν（使者たちは神々のものである）に従って言えば、彼等自身が神々の使者たちにほかならないような、そういった詩人たちによって既に言いだされていることについての解釈となる。従ってそのような意味においての das Hermeneutische（解釈学的なもの）とは、いわゆる評釈ということではなくして、それに先立って、使いの用向きと知らせをもたらす、ということ、またそうした意味で解釈とは「語ること」であった。(43)

ところで、すでにハイデガーは主著『存在と時間』の中で、「語ること（das Rede）」について、次のような説明をしていた。「語ること」としてのロゴスは、「明らかにする（δηλοῦν）」こと、つまり、語ることにおいて、語られているものを露わにすることを意味する。アリストテレスは、語りのこの機能をアポパイネスタイ（ἀποφαίνεσθαι）、つまり何かあるものを、そのもの自身のほうから現出させることとしてさらに鋭く解明した。ロゴスは、何かあるものを「見えるようにする（φαίνεσθαι sehen lassen）」のであるが、それはすなわち、語られているものを、語っているまさにその人自身に（für）、あるいは互いに語り合っている人たちに（für）見えるようにしているのである。語りは、語られているものを、それ自身の方から（ἀπὸ）現出させ見えるようにするのである、と。(44)

ところが、のちに、ハイデガーは言葉について次のように論じるようになる。「存在（＝真理）は、自らを明るくしながら、言葉へと到来します。存在（＝真理）は、絶えず言葉への途上にあるのです。……かくして言葉はそれ自身存在（＝真理）の開かれた明るみのなかへと高められるのです。[45]」（括弧内、引用者）つまり、ハイデガーによれば、言葉とは人間が自由に駆使する所有物もしくは道具ではなく、むしろ「存在の家（das Haus des Seins）」なのであって、人間は〈言葉〉という存在の家に住みながら、存在の真理を見守りつつ、存在の真理に属しており、かくして人間は脱自的に――存在している（ek-sistiert）のである。[46]つまり語るのは、人間ではなく、「言葉が語る（Die *Sprache* spricht.）[47]」のである。言葉は人間存在の根源的地平であり、私たちの経験は言葉というエレメント、言うなれば〈言葉の海〉の中にあって、そこから出ることはない。私たちの世界経験とは要するに言語的経験にほかならない。言葉のあるところにのみ世界はあるのである。しかもそうした私たちの経験の深層的地平である言葉には、言葉自身の意味の深みへと垂直的に関わってゆく自覚的・翻転的な方向があるのであって、それが、「言葉が語る」ということにほかならない。そうした言葉の語りに聴き入ることそのことが人間の〈語る〉という行為、また〈書く〉という行為へとつながってゆくのである。ハイデガーは言う、「いかなる時、いかなる仕方で人間が語っても、人間が語るのは、ただ前もって彼がすでに言葉に耳を傾けているということによってのみである。[48]」「本来、語るのは言葉であって人間ではない。人間は、彼がその都度言葉に応えつつ――語る（ent-sprechen）限りに於いてはじめて、語るのである[49]」と。

　解釈の営みが存在＝真理の用向き（＝語りかけ）を語り伝えることにあるとするならば、その「語る」ということはどういうことなのか。存在＝真理そのものは言葉を超えた次元のリアリティであって、そうした語りえざるものを語ることは不可能なのではないか。それ自身語りえざる究極のものは、しかしどこまでも語りえぬものとしての超越性を保ちつつも、同時に自らをまさにそのようなものとして、いわば〈沈黙の言葉〉として自らを開示し、私たちに語りかけてくる自己内発的な性向をも併せもつものなのではないだろうか。語りえざるものは、それ自身のうちに自らを言葉として紡ぎ出す自ずからなる力がこめられているのであり、それが私たちをして思索＝解釈へと駆り立てるのである。

解釈とは語り得ざる真理を言葉へもたらす営みにほかならない。ハイデガー自身も「言葉にもたらす（zur Sprache bringen）」[50]という風に使っている。ハイデガーにあって、言葉の本質は〈語る〉ことによって存在を顕わにすることにあった。だが存在＝真理は〈語りつくされるもの〉ではなく、どこまでも〈語られぬままに留まらざるを得ぬもの〉なのである。したがって語ることは、そうした〈語られざるもの〉を基盤にして、その領域内においてのみ可能なのである。語ることと語られざることとはどこまでも内面的な一つの関係を有している。人間は、存在の真理のなかへと投げ入れられている。それは、人間がそのようにして、脱自的に存在へと身を開き、そこへと出で立ちながら、存在の真理を損なわれないように見守るためなのである。[51]

真の実在を究明すること、それは真実在があるがままに立ち現れるような仕方でなくてはならない。真実在の如実なる現前、それをそのまま捉えようとする思索＝解釈は、ハイデガーの「思索の経験」と照らし合わせて見るとき、真実在のおのずからなる現前と、それが思索＝解釈の対象として、つまり思索＝解釈されるべき事柄としての現前との、一にして一に非ざる「二重襞（die Zwiefalt beider aus ihrer Einfalt）」[52]に関わる仕方で進められねばならない。この端的如実なる現前は、思索＝解釈されるべき事柄としての現前となるに及んで、それ自身はその背後に身を閉ざし引きこもる。こうした露現と覆蔵との二重襞への関連、それは真実在からの呼びかけ、思索＝解釈への促しを、それとして守り続ける「道」としての性格をもっていよう。

荻生徂徠が対峙した古典籍は中国語で書き記されている「先王の道（ことば）」にほかならなかった。そこに語り出されている真理を、和訓によらずに直接中国古語に習熟することを通して肉薄しようとした。真理（＝道）は先王を通して先王の言葉となって語り出されているのである。宣長が『古事記』に向かう姿勢も同様であった。古代日本語の習得を通じて「惟神（かんながら）の道」を聴き取ろうとしたのである。たしかに古典的テキストそのものは単なる文字データの集合に過ぎない。こうした文字データそのものは文字通り思索することはないであろう。思索するのはどこまでもそれを読む読者である。にもかかわらず、解釈学の方法論的姿勢から見るならば、読者は個人的な考えをテキストに投入してはならないのであって、読者が好むと好まぬとに拘らず、テキストが語ろうとしていることのみを忠実に読み取らなければならないのである。しかしこのことは、読者が何も思索しないということを意味しない。まったく逆である。しかしそれが独りよがりの主観的なものであってはならない。古典的テキストの解釈者は批判的に思索しなければならないが、それは著者、すなわち「先王」もしくは規範的テキストを書いた古人に代わって行うのでなければならない。読者はテキストを読むにあたって、それが個人的な先入見を凌駕したものとして把握するためには、テキストに対してどこまでも受動的でなければならない。荻生徂徠や本居宣長によれば、古典的テキストに込められた真実は根拠づけを必要としないものなのである。彼らが立脚したのはこうした方法論的態度にほかならなかった。いわば己れを虚しくしてテキストが語る真実にどこまでも忠実な姿勢で臨むという方法であった。

十三

さて、最後に指摘しておきたいのは、仁斎、徂徠、宣長が自己にとってはどこまでも他者なる古典的テキストと対峙しそれを解釈するにあたって、後代の注釈による先入見を批判・排斥し、テキストに即する仕方で「自己理解」に努めようとしたものの、つまるところ彼らがゆきつくところは、日本人であればこそ古代から無意識裡に伝承され、意識の深層部分に浸透していた情意的なものではなかったか、ということである。それがすなわちガダマーが言うところの「影響作用史」という先入見ほかならない。彼らはこうした影響作用史を自覚にまで齎したと言うことができよう。それは一言で言えば、おのずから躍動する根源的な生命《いのち》のリズムへの共感であり、それが身体のリズムと融け合っておのずと沸きでる情感であり、さらに言えば、大いなる自然への「畏れ」の感覚にほかならなかった。「天地の間、一元気のみ」と説き、世界を躍動してやまない生命のはたらきと見ると同時に、人々の生まれながらに持つおのずからなる心の動き、すなわち「仁」を強調した伊藤仁斎。そして荻生徂徠が抱いていた自然への「畏れ」の感覚である。彼は次のように語っている。「夫れ先王の道は、天を敬うを本と為す。詩書礼楽、皆な然らざるは莫《な》し」。「弁名」の「敬」の項である。[53] この宗教的な思考は、年とともに深まったようであって、『論語徴』では一層頻繁に説かれる。『論語』に現れる「敬」の字は、すべて抽象的なつつしみでなく、天への敬虔であると説く。『論語』冒頭の巻「学而」第一の「事を敬して信」の「徴」に、「敬は皆な天を敬い鬼神を敬うに本づく。其の敬する所無くして敬する者は、未《い》まだ之れ有らざる也」。「八佾」篇「礼を為して敬せずんば」の「徴」に、「礼は敬を以って本と為す。天と祖宗を敬する也・後儒或るいは主一無適を以って解と為す者は皆な古言を識らざる也」。一を主とし適く無しとは、心の静寂をもって「敬」の内容とする宋儒の語である。「憲問」篇の「己れを修むるに敬を以ってす」の「徴」に、「敬する所を言わざるも、天を敬する也」。天、鬼神、祖先神、みな超自然の存在である。それへの尊敬は、政治重視の説とともに、徂徠の学説の重点である[54]。徂徠はまた『徂徠先生答問書上』でも、理一元論によって合理的な形而上学を説く朱子学を痛烈に批判して、人智の限界を説いている。「風雲雷雨に限らず、天地の妙用ハ、人智の及ばざる所ニ候[55]」。要するに徂徠は、神秘を肯定する態度を、これまた宋儒への反発として有力に持っていたことは無視できない。

そして、本居宣長は「玉鉾百首」で、「斯留登伊布波誰乃癡物測弓母余能許登和理波底比那伎物（シルトイフハタレノシレモノハカリテモヨノコトワリハソコヒナキモノ）[56]」と述べており、人智の有限を出発点として、神々の存在を強調するのである。ここに徂徠と宣長とが共通の土壌に立っていることが示されよう。

注

（1）Hans Georg. Gadamer: *Wahrheit und Methode*, Gesammelte Werke, Bd 1, S.1-5, J.C.B. Mohr (Paul Siebeck) Tübingen, 1986

（2）解釈学と歴史的同時性については、東専一郎「解釈学的問題としての同時性の問題」（『同時性の問題』創文社、一九七五年所収）に依拠した。本論文は、本稿執筆の動機を与えてくれた貴重な論究であり、逐一引用個所は示さなかったが、文言など所々本論文に負うところがあることをご容赦願いたい。また、同書『同時性の問題』は筆者の長年に渉る哲学的思索の源泉をなし、絶えず思索の導きとなったものである。本書の著者であり、また筆者の恩師でもあった、今は亡き東専一郎先生に、改めて感謝の意を表したいと思う。

（3）Hans Georg.Gadamer: a.a.O., S.182f. 尚、東専一郎同論文を参照。

（4）a.a.O., S.188f.

（5）Wilhelm Diltheys Gesammelte Schriften Bd.5, Verlag von B.G.Teubner 1924, S-319
（6）a.a.O., S.327
（7）a.a.O., S.330
（8）a.a.O.,
（9）a.a.O., S.331
（10）Hans Georg. Gadamer: a.a.O., S.366
（11）a.a.O., S305
（12）a.a.O., S.476
（13）a.a.O., S.292
（14）a.a.O., S.294f.
（15）「鳶飛魚躍道在其中蓋上下定分而君有君道父有父道爲臣而忠爲子而孝其尊卑貴賤之位古今不可亂謂之上下察也擧鳥魚之微小而而天地萬物之理具於此矣」（『林羅山文集下巻』巻第六十八、京都史蹟会編纂、ぺりかん社、一九七九年、八四六頁）
（16）菅原兵治『王陽明の詩』黎明書房、一九七二年、参照
（17）『道元禅師全集』第一巻（酒井得元・鏡島元隆・桜井秀雄監修）、春秋社、一九九一年、五頁
（18）伊藤仁斎『中庸発揮』（関儀一郎編『日本名家四書註釈全書』第一巻、鳳出版、一九七三年、所収）九頁
（19）日本古典文學大系『近世思想家文集』（家永三郎・清水茂・大久保正・小高敏郎・石濱純太郎・尾藤正英編）岩波書店、一九六六年、一四〇頁
（20）同書、一四〇～一四一頁
（21）同書、一四二頁
（22）吉川幸次郎解説「仁斎東涯学案」参照。『日本思想史大系　伊藤仁斎・伊藤東涯』（吉川幸次郎・清水茂編）岩波書店、一九七一年、所収。
（23）『西尾実国語教育全集』第二巻、教育出版、一九七四年、五四頁を参照されたい。

(24) 唐木順三『新版　現代史への試み』筑摩書房、一九六三年、四九頁
(25) 亀井勝一郎『親鸞』春秋社　一九六六年　八五頁
(26) 日本思想大系36『荻生徂徠』、岩波書店、一九七四年、六四八頁以下
(27) 吉川幸次郎解説「徂徠学案」(同書所収)参照。
(28)『荻生徂徠全集』第一巻、みすず書房、五四七~五四八頁。
(29) 中村春作『思想史のなかの日本語―訓読・翻訳・国語』勉誠出版、二〇一七年、三五頁参照。
(30)『日本思想大系40　本居宣長』(吉川幸次郎・佐竹昭広・日野龍夫編)岩波書店、一九七八年、二六四頁
(31)『宇比山踏』『日本の思想15　本居宣長集』(吉川幸次郎編集、筑摩書房、一九六九年、五九頁
(32) 本居宣長『排蘆小船』(『本居宣長全集』第二巻、筑摩書房、一九六八年)一四頁
(33) 同書、七八頁
(34)『日本思想大系40　本居宣長』(吉川幸次郎・佐竹昭広・日野龍夫編)岩波書店、一九七八年、二五頁
(35)『紫文要領』新潮日本古典集成『本居宣長集』(日野龍夫校注、新潮社、1983年)一二五頁
(36)『石上私淑言』同書、二八一~二八二頁
(37)『石上私淑言』同書、二九九頁
(38)『紫文要領』同書、一四一頁
(39)『石上私淑言』同書、四二四頁
(40)『紫文要領』同書、二〇三頁
(41)『石上私淑言』同書、四一一頁
(42) 新潮日本古典集成『本居宣長集』(日野龍夫　校注、新潮社、一九八三年)解説、五一五頁参照。
(43) Martin Heidegger: *Unterwegs zur Sprache* , GA. Bd.12, S.115
(44) Martin Heidegger: *Sein und Zeit*, Max Niemayer Verlag, S. 32, GA, Bd2, S.43
(45) Martin Heidegger: *Brief über den Humanismus*, GA. Bd.9, S.361-362
(46) a.a.O., S.333

(47) Martin Heidegger: *Der Weg zur Sprache*, GA. Bd.12, S.243

(48) Martin Heidegger: *Hebel-Der Hausfreund*, in: *Aus der Erfahrung des Denkens*, GA, Bd.13, S.148

(49) a.a.O.,

(50) Martin Heidegger: *Brief über den Humanismus*, GA, Bd.9, S.361

(51) a.a.O., S.330

(52) Martin Heidegger: *Aus einem Gespräche von der Sprache*, GA, Bd.12, S.116

(53) 日本思想大系36『荻生徂徠』、岩波書店、一九七四年、九八頁

(54) 吉川幸次郎解説「徂徠学案」（同書）参照。

(55)『荻生徂徠全集』第六巻、一九七三年、一八二頁

(56)『本居宣長全集』第十八巻、筑摩書房、一九七三年、三二三頁

【平成二十八年度〜三十年度の研究活動報告】

「はじめに」でも記したように、当研究班は、前期（平成二十五年度〜平成二十七年度）に引き続き、東アジア圏における近世近代の文化交渉の様態に研究の対象を限定し、どのような情報がどのような人々によってどのようなプロセスを経て伝播したのか、さらに伝播した情報がいかなる文化的影響を引き起したのかに注目して、文化事象相互の比較研究を行うことを目的としてきた。その際、各研究員のそれぞれの専門分野に立脚しながら、近世近代における東アジア圏の文化交渉の俯瞰図の一部を構築することをめざしてきた。年度ごとの研究活動は以下のとおりである。

平成二十八年度は海外からの招聘研究者を交えて、一回の講演および二回の研究例会を実施した。講演は「欧米における中国辺境地域・内陸アジア研究の源流」についてであり、研究例会は「近代日中の人物往来と文化交渉」、そして「世界の日本研究—中国と欧米の場合」をテーマに行った。いずれも予想を越える多くの参加者があり、活発な質疑応答があった。

平成二十九年度は「近代における日・中・米の文化交渉の諸相」というテーマで、やはり中国からの招聘研究者を交えて研究例会を実施した。テーマは第一部「明治大正期の日中文化交流」、第二部「アメリカの大統領と中国・日本」であった。多くの参加者があって、貴重なコメントもいただいた。

平成三十年度は、二回の研究例会を実施した。第一回目は綜合テーマとして「アジア文化交渉の諸相」を掲げ、とくにこれまでになかった企画として非常勤研究員および準研究員が中心となって各自の研究成果を報告し、分野の異なる研究員相互の研究の交流を行い、得るところ多大であった。第二回目は、中国からの研究者を交えて、明治維新期の文化交渉、文明輸出の諸相をテーマに実施した。いずれも多くの参加者があって、貴重な質問やコメントをいただき、ともに盛会裏に終わった。

【刊行物】〔東西学術研究所編纂および関西大学出版部のものに限る〕

〔平成二十八年度〕

中谷伸生・藤田髙夫・松浦章・髙橋沙希（共著）『文化交渉学のパースペクティブ―ＩＣＩＳ国際シンポジウム論文集』〔吾妻重二編著〕〔東西学術研究所研究叢刊52〕関西大学出版部、二〇一六年八月

松浦章（単著）"The Cultural Interaction of East Asia Seas in the Early Modern"〔東西学術研究所研究叢書53〕関西大学出版部、二〇一六年九月

井上克人（編著）・陶徳民・中谷伸生・藤田髙夫・松浦章・日並彩乃・辜承堯（共著）『近世近代日中文化交渉の諸相』〔東西学術研究所研究叢書第４号〕株式会社ユニウス、二〇一七年三月

陶徳民（単著）『日本における近代中国学の始まり―漢学の革新と同時代文化交渉』関西大学出版部、二〇一七年三月

〔平成二十九年度〕

松浦章（編著）『天保七年薩摩片浦南京船金全勝號資料―江戸時代漂着唐船資料集十』〔東西学術研究所資料集刊13－10〕関西大学出版部、二〇一八年二月

陶徳民（編著）『平山省斎と岩瀬忠震―開国初期の海外事情探索者たち（Ⅱ）―』〔関西大学東西学術研究所資料集刊39－2〕関西大学出版部、二〇一八年三月

中谷伸生（単著）『日本の近世近代絵画と文化交渉』〔東西学術研究所資料集刊43〕関西大学出版部、二〇一八年三月

中谷伸生（共著、吾妻重二編著）『泊園書院と漢学・大阪・近代日本の水脈』〔関西大学創立一三〇周年記念泊園書院シンポジウム論文集〕〔東西学術研究所研究叢刊56〕関西大学出版部、二〇一七年八月

氷野善寛（共著、内田慶市編著）『北京官話全編の研究―付影印・語彙索引　下巻』〔東西学術研究所資料集刊40－3〕関西大学出版部、二〇一八年三月

図録『山本竟山の書と学問 - 湖南・雨山・鉄斎との文人交流ネットワーク』（中谷・奥村・杉村共著）関西大学博物館・関西大学東西学術研究所、二〇一八年四月

〔平成三十年度〕

中谷伸生（単著）『シャルトル大聖堂　秋山博愛撮影写真追懐』（東西学術研究所資料集刊45）関西大学出版部、二〇一九年三月

陶徳民（単著）『西教東漸と中日事情―拝礼・尊厳・信念をめぐる文化交渉―』（東西学術研究所研究叢刊57）関西大学出版部、二〇一九年三月

【関西大学東西学術研究所紀要】

〔平成二十八年度〕〔『関西大学東西学術研究所紀要』第四十九輯〕二〇一六年四月

（本号は、前年度、すなわち当研究班の前期分の最後の年度である平成二十七年度の各研究員の研究成果だが、前期の研究報告書『近世近代日中文化交渉の諸相』の中の「研究活動報告」に記載されていなかったので、ここに改めて記載しておく。したがって、前年度の非常勤研究員および準研究員の氏名と論文タイトルが含まれている。ただし、本誌の発行年度は平成二十八年度であり、本期の最初の年度の研究成果としても数えられるので、本年度の非常勤研究員の氏名と論文タイトルも記載しておいた。ご了承願いたい。）

中谷伸生「木村蒹葭堂の絵画を貫くもの」

松浦章「野村治一良と日本海航路―大阪商船・北日本汽船・日本海汽船―」

陶徳民“Searching East-Asia-related Archives in Springfield, Illinois: A Journey to the Mecca of Lincoln Studies”

宮嶋純子「日中四分律論書における語義解釈の比較―元照『資持記』と照遠『資行鈔』を中心として」

桑野梓「近江八幡市・阿弥陀如来立像及び両脇侍像について」
熊野弘子「曲直瀬道三の察証弁治―泌尿器疾患を中心に」
日並彩乃「復古大和絵に纏わる『近代性』の言説に関する一考察」
辜承堯「青木正児の中国戯曲研究に関する考察―近代日中の中国戯曲研究を視野に―」
呂超「宮崎市定の中国史像の形成と世界史構想」

〔**平成二十九年度**〕〔『関西大学東西学術研究所紀要』第五十輯〕二〇一七年四月
中谷伸生「文化交渉学としての日本美術史学」
松浦章「三北輪埠公司の汽船航運」
熊野弘子「曲直瀬道三の察証弁治と中国医法の受容―腰痛を中心に」
施燕「源豊宗の美術史の形成をめぐって―その人物と学問―」
髙橋沙希「デッサンからみた青木繁作品」
中村朋美「ロシア帝国と広東貿易―十九世紀初頭の東アジア海域におけるロシアの貿易構想」
辜承堯「青木正児における中国民族の研究―『北京風俗図譜』と『支那童謡集』を中心に」

〔**平成三十年度**〕〔『関西大学東西学術研究所紀要』第五十一輯〕二〇一八年四月
中谷伸生「中西家（吹田市岸部）旧蔵の作品群―絵画を中心に工芸など―」
松浦章「一九四〇年代後半における輪船招商局の航運活動」
熊野弘子「曲直瀬道三の察証弁治と中国医学の受容―頭痛を中心に」
髙橋沙希「青木繁の『せゝらき集』挿絵について」

張万挙「佐藤鐵太郎の海軍国防思想の発端—『国防私説』をめぐって—」
日並彩乃「東洋的歴史画の研究：菱田春草筆《王昭君》を中心に」
村木桂子「福野神明社蔵《北野社頭阿国歌舞伎図屏風》の美術史的意義について」

〔令和元年度〕〔『関西大学東西学術研究所紀要』第五十二輯〕二〇一九年四月
（本号は前年度すなわち平成三十年度の各研究員の研究成果に当るので記載しておく。）
中谷伸生「長澤蘆雪—流派を越えて—」
村木桂子「陽和院書状にみる『長恨歌図屏風』—元禄十四年の屏風製作の一例」
日並彩乃「願海編著・冷泉為恭画『仏頂尊勝陀羅尼明験録』」
陶徳民「リンカーン伝記作家としての内ヶ崎作三郎—忘れられた文化史家の国際感覚と政治姿勢について」
松浦章「乾隆年間廣東貿易における外国産綿花の輸入をめぐって」
髙橋沙希「日本近代洋画における青木繁の風景画」
黄逸「大英国を訪れた蒲安臣《バーリンゲーム》使節団と岩倉使節団—一八七〇年前後の英字新聞をめぐって」

【研究例会】

〔平成二十八年度〕

〔第一回研究例会〕

日　時　二〇一六年六月二十七日（月）
（講演）欧米における中国辺境地域・内陸アジア研究の源流—ハーバード燕京研究所の紹介を兼ねて—
李若虹氏（ハーバード燕京研究所副所長）

〈第二回研究例会〉

日　時　二〇一六年九月八日（木）

テーマ　近代日中の人物往来と文化交渉

（1）湖南の章学誠研究のインパクト―内藤文庫所蔵の胡適・姚名達張爾田の書簡と寄贈書に関する考察―　陶徳民（研究員）

（2）内藤湖南における文廷式像および評価　張凌雲氏（貴州師範大学専任講師・東西学術研究所訪問研究員）

（3）文学的表象とポジションの移転―佐藤春夫の『南方紀行』を中心に―　呉光輝氏（厦門大学教授）

（4）川端康成の文学と中国美術　周閲氏（北京語言大学教授・国際日本文化研究センター外国人研究員）

〈第三回研究例会〉

日　時　二〇一六年十一月一二日（土）

テーマ　世界の日本研究―中国と欧米の場合

（1）中国における日本研究―南開大学日本研究院の歩みから見る　宋志勇氏（南開大学日本研究院院長）

（2）キリシタンの伝来と受容―中日の比較　趙徳宇氏（南開大学日本研究院教授）

（3）ヨーロッパの日本研究の近況―EU―日本学プログラムのパートナー校から見る　大島薫氏（日本文学研究班研究員）

（4）『日本』物語の語り方―アイビーリーグ校とシカゴ大の事例をめぐって　陶徳民（研究員）

〈平成二十九年度〉

日　時　二〇一七年六月二十四日（土）

テーマ　近代における日・中・米の文化交渉の諸相

第一部　「明治大正期の日中文化交流」

（1）「漢文筆談で放った時論の精彩―清国初代駐日公使館員と明治漢学者の交流について」

劉雨珍氏（南開大学外国語学院教授・国際日本文化研究センター研究員）

（2）「大正期の青木正児と中国の知識人―胡適・呉虞・魯迅との交流について」

辜承堯（非常勤研究員）

第二部　「アメリカの大統領と中国・日本」

（3）「ジョージ・ワシントンと中国―人物像と政治文化の視点からの考察」

潘光哲氏（台湾中央研究院近代史研究所研究員・国際日本文化研究センター研究員）

（4）「エイブラハム・リンカーンと日本―濱田彦蔵と将軍家茂とのコンタクトについて」

陶徳民（研究員）

〔平成三十年度〕

（第一回研究例会）

日　時　二〇一八年七月四日（水）

総合テーマ　東アジア文化交渉の諸相

（1）一八七〇年前後の東西文化交渉の一側面―米国の新聞に見る蒲安臣《バーリンゲーム》使節団と岩倉使節団―

黄逸（準研究員）

（2）経験にもとづく宗教理解―ウィリアム・ジェイムズと鈴木大拙

末村正代（非常勤研究員）

（3）長恨歌図屏風の制作意図について

村木桂子（非常勤研究員）

（4）「苦肉の策」としての『教育勅語』―明治国家成立期のイデオロギー構築にかかわった人々に関する考察

陶徳民（研究員）

〈第二回研究例会〉
日　時　二〇一八年十月二十九日（月）
総合テーマ　明治維新と十九世紀後半における日本・西洋・中国の間の多元文化交渉
第Ⅰ部　明治維新に対する勝者と敗者の貢献　東西研資料集刊『開国初期の海外事情探索者たち』の編集所感から一
陶徳民（研究員）
第Ⅱ部（講演）「文明」輸出としての「明治維新」一近代日中文化交流史上の事例を手掛かりに
劉岳兵氏（南開大学教授、日本研究院院長）
〔要約と通訳　李瑞華（関西大学大学院東アジア文化研究科博士後期課程）〕

〈第三回研究例会〉
日　時　二〇一九年三月二十九日（金）
テーマ　風景を見る・読む・考える
〔研究発表〕
趣旨説明　中谷伸生（研究員）
（1）「源豊宗の『秋草の美学』と中国絵画」　施　燕（非常勤研究員）
（2）「長恨歌図に見る仙境の風景」　村木桂子（非常勤研究員）
（3）「海北友雪筆　総持寺縁起絵巻について―描かれた境内からみる制作年代―」　桑野　梓（非常勤研究員）
（4）「創られる風景―江戸時代における大坂の名所―」　内海寧子（関西大学非常勤講師）
（5）「マックス・エルンストと風景」　嶋田宏司（関西大学非常勤講師）
（6）「宗教的想像力と風景」　磯　忠幸（関西大学非常勤講師）

（7）「やまと絵風景画の研究―松岡映丘と新興大和絵」　日並彩乃（非常勤研究員）
（8）「青木繁の絵画における人物のいる風景」　高橋沙希（非常勤研究員）
（9）「土田麦僊と大原」　豊田　郁（非常勤研究員）

【研究員】（五十音順）
（平成二十八年度）井上克人（主幹）、陶　徳民、中谷伸生、藤田高夫、松浦　章
（平成二十九年度）井上克人（主幹）、陶　徳民、中谷伸生、藤田高夫
（平成三十年度）　井上克人（主幹）、陶　徳民、中谷伸生、藤田高夫

【客員研究員】
（平成二十八年度）竹内　洋
（平成二十九年度）竹内　洋、氷野善寛、松浦　章
（平成三十年度）　竹内　洋、松浦　章

【非常勤研究員】
（平成二十八年度）桑野　梓、施　燕、高橋沙希、中村朋美、日並彩乃
（平成二十九年度）太田由佳、熊野弘子、桑野　梓、辜　承堯、施　燕、高橋沙希、中島小巻、中村朋美、日並彩乃
（平成三十年度）熊野弘子、桑野　梓、施　燕、末村正代、高橋沙希、豊田　郁、中島小巻、中村朋美、日並彩乃、村木桂子

【準研究員】

（平成二十八年度）王　君強、辜　承堯、左　春梅

（平成二十九年度）王　君強、張　万挙、陳　慧慧

（平成三十年度）　黄　逸、張　万挙、陳　慧慧

【執筆者紹介】（執筆順）

藤 田 高 夫	関西大学文学部教授
松 浦 　 章	関西大学名誉教授
熊 野 弘 子	関西大学東西学術研究所非常勤研究員 岐阜保健大学医療専門学校専任教員
中 村 朋 美	日本学術振興会特別研究員 RPD（関西大学）
陶 　 徳 民	関西大学文学部教授
桑 野 　 梓	茨木市立文化財資料館学芸員
豊 田 　 郁	池田市立歴史民俗資料館学芸員
中 谷 伸 生	関西大学文学部教授
末 村 正 代	関西大学東西学術研究所非常勤研究員
井 上 克 人	関西大学文学部教授

関西大学東西学術研究所研究叢書 第7号

東アジア圏における文化交渉の軌跡と展望

令和2（2020）年2月5日　発行

編著者　井　上　克　人

発行者　関 西 大 学 東 西 学 術 研 究 所
〒564-8680　大阪府吹田市山手町 3-3-35

発行所　株式会社　ユ　ニ　ウ　ス
〒532-0012　大阪府大阪市淀川区木川東 4-17-31

印刷所　株式会社　遊　文　舎
〒532-0012　大阪府大阪市淀川区木川東 4-17-31

ISBN978-4-946421-73-0 C3020　　落丁・乱丁はお取替えいたします。

Cultural interactions in East Asia: past evidence and future prospects

Contents